AF493662

# OBSERVATIONS MATHÉMATIQUES, ASTRONOMIQUES, GÉOGRAPHIQUES, CHRONOLOGIQUES, ET PHYSIQUES,

Tirées des Anciens Livres Chinois, ou faites nouvellement aux Indes, à la Chine & ailleurs, par les Pères de la Compagnie de JÉSUS.

*Rédigées & publiées par le P.* ETIENNE SOUCIET, *de la même Compagnie.*

BIBLIOTHÈQUE ROYALE

## TOME III.

Contenant un Traité de l'Astronomie Chinoise.

*Par le P.* GAUBIL, *de la même Compagnie.*

A PARIS,
Chez ROLLIN Père, au Lion d'or, sur le Quay des Augustins, proche du Pont Saint Michel.

M. DCC. XXXII.

*AVEC APPROBATION ET PRIVILÉGE DU ROI.*

# TRAITÉ DE L'ASTRONOMIE CHINOISE.

## PREMIERE PARTIE.

### *Astronomie Chinoise depuis les prémiers siécles de la Monarchie jusqu'à l'an 206. avant Jésus-Christ, que commença la Dynastie des* Han.

CE qu'on a de cette Astronomie se trouve dans les Livres Classiques *Y-king*, *Chou-king*, *Chi-king*, *Tchun-tsieou*, & dans quelques autres anciens Livres. On en trouve encore quelque chôse dans l'Histoire. Tout cela mérite d'être éxaminé.

## PREMIERE SECTION.

### *Astronomie qui se trouve dans le Livre* Y-king.

Dans l'*Y-king* il faut considérer trois chôses. 1°. La figure appellée *Ho-tou* & les *Koua* (1). 2°. Les textes de *Uen-vang*, & de son fils *Tcheou-kong*. 3°. Les Commentaires & les Appendices de *Confucius*.

Il est cèrtain qu'il ne reste aucun monument écrit en caractères qui soit cèrtainement de *Fou-hi*. Il n'est pas moins cèrtain que *Fou-hi* est l'Auteur du *Ho-tou*, & des *Koua*, ou du moins les *Koua*, & le *Ho-tou* sont du temps de *Fou-hi*, que les Chinois disent être le Fondateur de leur Monarchie; ce n'est pas ici le lieu d'éxaminer en quel temps vivoit *Fou-hi*.

Quand même il seroit vrai que *Fou-hi* a voulu donner des régles des mouvements célestes dans le *Ho-tou*, & les *Koua*, il est clair qu'on ne sauroit trouver ces régles dans ces deux monuments, indépendemment de quelque Commentaire, ou de quelque tradition authentique. Dans les textes de *Uen-vang* & de *Tchan-kong*, on ne voit aucune régle ou méthode pour l'Astronomie. *Confucius* a des passages qui ont quelque rapport à l'Astronomie; je vais les rapporter ici.

*Uen-vang* exprima par le caractère Chinois *Ke*, le *Koua* exprimé ainsi par *Fou-hi* ䷰ Le caractère *Ke* exprime le changement; & *Confucius* dit, que cette figure *Ke*, doit être éxaminée par un Prince,

## REMARQUES.

(1) Voyez la Planche gravée qui est à la fin du second Tome de ces Obsèrvations, Fig. (7.) c'est la figure *Ho-tou*, & Fig. (5.) ce sont les *Koua*. *P. S.*

& qu'à cette vûë il doit penser à bien régler le Calendrier, & à connoître éxactement les saisons.

*Confucius* dit les nombres du Ciel sont 1. 3. 5. 7. 9, les nombres de la Tèrre sont 2. 4. 6. 8. 10.

Les cinq nombres du Ciel font en tout 25. & les cinq nombres de la Tèrre font en tout le nombre 30. Si on ajoûte les cinq nombres de la Tèrre aux cinq nombres du Ciel on aura le nombre 55.

Il paroît que *Confucius* parle ici de la figure *Ho-tou*, & il faut remarquer que les petits cèrcles blancs sont en nombre impairs; les petits cèrcles noirs sont en nombre pair, & sont les nombres pairs. *Confucius* continuë:

Le nombre de la grande expansion est 50. mais dans l'usage on se sèrt du nombre 49. La division en deux parties représente les deux principes. Suspendez 1. on a 3. divisés en 4. c'est l'image des 4. saisons de l'année: Mettez-les *Ki* entre les doigts, c'est l'image de la Lune intèrcalaire. Après cinq ans, il faut intèrcaler une seconde fois.

Ce texte de *Confucius* a de grandes difficultés dans la traduction littérale, & encore plus dans le sens qu'il y faut donner (1). On ne voit pas trop l'usage du nombre 49. On ne sait si c'est le nombre 49. ou 50. qu'il faut diviser en 2. & en 4. On ne sait pas non plus de quelle nature doivent être les parties. Les *Ki* qu'il ordonne de mettre entre les doigts sont exprimés par un caractère qui veut dire *impair*, il veut encore dire *reste*, *fraction*. *Confucius* parle-t'il au singulier ou au pluriel? On ne voit pas trop en quoi consiste l'intèrcalation de la cinquiême année. S'agit-il du Cycle de 19. ans, s'agit-il

REMARQUES.

(1) Quels sont ces deux Principes? *P. G.*

d'une autre révolution? Venons à d'autres textes de *Confucius*.

Une des divisions des *Koua* est 8. & ces *Koua* s'appellent les 8. *Koua Pa-koua*. Celui que *Fou-hi* exprima par cette figure ☰ est exprimé par *Uen-vang* par le caractère *Kien* ou *Tien*, le Ciel. Celui que *Fou-hi* exprima par la figure ☷ est exprimé par *Koen* ou *Ti*, Terre. Sur ces deux caractères, voici ce que dit *Confucius*.

216. est le nombre qui répond à *Kien*, & le nombre 144. répond à *Koen*, en tout 360. & c'est le nombre des jours du *Ki* (1). 11520. est le nombre qui exprime toutes chôses.

Les Astronomes Chinois conviennent unanimement qu'à l'an 206. avant Jésus-Christ où le Fondateur des *Han* prit possession de l'Empire, on ne savoit prèsque rien de l'ancienne méthode enseignée par les Fondateurs de la Monarchie; & cependant, ils ont fait une infinité d'Ouvrages pour appliquer les préceptes de l'Astronomie à la figure *Ho-tou*, aux (2) *Kóua*, & aux nombres propôsés par *Confucius*; parce que, disent ces Astronomes, on voit bien l'Astronomie de leur temps; mais nullement celle que *Fou-hi* a laissée. Il n'est pas même seur si les nombres que propôse *Confucius* ont été ceux de *Fou-hi*; tout ce qu'on peut dire, c'est que ce sont des traditions transmises par *Confucius*, & dont on ne comprend pas bien le sens. Ce qu'on dit de l'usage de la Sphère expliquée par *Fou-hi*, de son Calendrier & de

## REMARQUES.

(1) Il est cèrtain qu'à la Chine l'année de 360. jours n'a jamais été en usage. Je ne sai si *Confucius* veut parler d'une année moyenne entre la Lunaire & la Solaire. *P. G.*

(2) Voyez ces *Koua*, & le *Ho-tou* à la fin du Tome second de ces Obsèrvations.

ſon Aſtronomie, eſt pris des Commentateurs bien poſtérieurs à *Confucius* même.

C'eſt une tradition aſſez probable que *Fou-hi* a le prémier enſeigné l'Aſtronomie. On dit d'ailleurs que ce Prince éxamina le Ciel & la Tèrre, & en conſéquence fit les *Koua*. Rien de plus commun que de lire que les *Koua* & le *Ho-tou* contiennent le vrai principe des régles d'Aſtronomie. C'eſt peut-être ce qui a engagé tant d'Auteurs Chinois à chèrcher l'Aſtronomie dans ces vieux monuments (1), ils ont combiné en mille façons les *Koua*, le nombre des globules blancs & noirs du *Ho-tou*, les nombres tèrreſtres & céleſtes du *Koen*, du *Kien*, de l'expanſion. A la faveur des additions, multiplications, diviſions, ſouſtractions, & autres opérations arbitraires, ils ont trouvé la production de toutes chôſes, les climâts, les ſaiſons, les lunaiſons, les révolutions des Planétes, & faiſant de tout cela un tout informe, ils ont donné leurs idées fauſſes pour celles des Anciens. Au lieu d'éxaminer les anciennes obsèrvations, & de faire des réfléxions ſur les leurs propres, ils ont mis leur eſprit à la torture pour déchiffrer le *Ho-tou* & les *Koua*; & toute leur attention paroît avoir été à faire voir la conformité de leur méthode avec celle de *Fou-hi*, & ils ne voyent pas qu'il eſt ridicule d'expliquer en détail une doctrine, qu'ils avoüent s'être perduë.

Le *Ho-tou* & les *Koua* ſont ſans contredit des monuments de l'Antiquité la plus reculée. Un Fondateur & un Légiſlateur d'une grande Monarchie en eſt l'Auteur, ils ont toûjours été l'objet de la vénération des Chinois. *Uen-vang*, *Tcheou-kong*, *Confucius*, ont pris une

## REMARQUES.

(1) Dans la ſeconde Partie de ce Traité, on vèrra prèſque tout ce que diſent ces Auteurs. *P. G.*

peine infinie pour tâcher d'en pénétrer le sens. Celui-ci donne à ces monuments les éloges les plus magnifiques, & tout concourt à persuader que *Fou-hi* a voulu apprendre à son peuple une doctrine des plus sublimes. Quelle est cette doctrine? C'est-ce qu'on n'a pas encore pénétré, & je n'ai garde d'aller perdre le temps à faire de faux systêmes pour trouver un cours d'Astronomie dans l'*Y-king*. Passons donc au Livre Classique *Chou-king*, nous y verrons quelque chose de plus précis.

## II. SECTION.

### *Astronomie qui se trouve dans les* Chou-king.

Le prémier Chapitre de ce Livre Classique porte le titre de *Yao-tien*; c'est-à-dire, *Livre qui parle de ce qu'à fait l'Emperenr Yao.* C'est un Ouvrage fait du temps même de ce Prince, ou du moins, il est d'un temps qui n'en est pas éloigné. C'est ce qu'asseurent généralement tous les Auteurs Chinois.

Dans ce Chapitre *Yao* apprend à ses Astronomes *Hi* & *Ho* la manière de reconnoître les 4. saisons de l'année, & voici ce que dit ce Prince, il mérite d'être remarqué.

1°. Yao *veut que* Hi *&* Ho *calculent & observent les lieux & les mouvements du Soleil, de la Lune & des Astres, & qu'ensuite ils apprennent aux peuples ce qui regarde les saisons.*

2°. *Selon* Yao, *l'égalité du jour & de la nuit, & l'Astre* Niao, *font déterminer seurement l'Equinoxe du Printemps.*

*L'égalité du jour & de la nuit, & l'Astre* Hiu *marquent l'Equinoxe d'Automne.*

*Le jour le plus long & l'Astre* Ho, *sont la marque du Solstice d'Eté.*

*Le jour le plus court & l'Astre* Mao *font reconnoître le Solstice d'Hyvèr.*

3°. Yao *apprend à* Hi *& à* Ho, *que le* Ki *est de 366. jours, & que pour détèrminer l'année, & ses 4. saisons, il faut employer la Lune intèrcalaire.* Voilà les trois Articles qui dans le *Yao-Tien* ont du rapport à l'Astronomie.

Le prémier Article nous apprend cèrtainement que dès le temps de *Yao* il y avoit des Mathématiciens nommés par l'Empereur pour mettre par écrit un Calendrier qu'on devoit distribuer au Peuple, & le caractère *Siang* que j'ai traduit d'après le Tartâre par obsèrver, veut aussi dire *représentation*, & on pourroit encore traduire, *calculent* & *représentent*, comme si *Yao* ordonnoit de faire une Carte céleste. Quoique le texte ne le spécifie pas, il paroît que dans ce Calendrier on devoit, comme aujourd'hui, marquer le temps de l'entrée des Astres dans les Signes, le lieu des Planétes & les Eclipses.

Le second Article fait voir qu'on savoit reconnoître les deux Equinoxes, & les deux Solstices par la grandeur des jours & des nuits; & ce n'est pas une petite gloire pour les Chinois d'avoir dès ce temps-là sû profiter du mouvement des Etoiles pour en comparer les lieux avec celui du Soleil dans les 4. saisons

Le troisième Article démontre que du temps de *Yao* on connoissoit une année de 366. jours. C'est-à-dire, qu'on connoissoit l'année de 365. jours & 6. heures, & on savoit qu'au bout de quatre ans l'année avoit 366. jours. *Yao* voulut pourtant qu'on employât l'année lunaire, & qu'afin que tout fut éxact, on employât l'intèrcalation. Je n'ai garde de parler ici de ce que disent les Intèrprétes, qui du temps des *Han* & dans la suite, ont débité leur doctrine sur l'intèrcalation, sur l'ombre du Gnomon aux différentes saisons, & sur les mois lunaires; on chèrche l'Astronomie de *Yao*, & non celle des siécles postérieurs. Je ne puis cependant me dispenser de rapporter ce qu'on dît au temps des *Han* sur les 4. Etoiles qui répondent aux 4. saisons; ce qu'ils écrivent là-dessus est seurement antérieur à leur temps, comme il sera facile de le démontrer.

Les Intèrprétes qui ont écrit du temps des *Han*, asseurent, 1°. que l'Astre *Niao* est la Constellation *Sing*; *Hiu* est la Constellation *Hiu*; *Hó* est la Constellation *Fang*; & *Mao* est la Constellation *Mao*. 2°. Les Intèrprétes asseurent que dans le *Yao-tien*, il s'agit des Etoiles qui passent au Méridien (1) à midi, à minuit, à 6. heures du matin & à 6. heures du soir. 3°. Ils asseurent en particulier que du temps de *Yao*, à 6. heures du soir la Constellation *Sing* passoit par le Méridien à l'Equinoxe du Printemps au-dessus de l'Horison, tandis que la Constellation *Hiu* y passoit au-dessous. A l'équinoxe d'Automne à 6. heures du soir la Constellation *Hiu* passoit par le Méridien. Au Solstice d'Hyvèr à 6. heures du soir *Mao* passoit par le Méridien. Et à celui d'Eté à 6. heures du soir, c'étoit la Constellation *Fang*. De ces intèrprétations, il suit évidemment, que du temps de *Yao*, le Solstice d'Hyvèr répondoit à la Constellation *Hiu*, & celui d'Eté à la Constellation *Sing*. L'Equinoxe du Printemps répondoit à la Constellation *Mao*, & celui d'Automne à la Constellation *Fang* (2).

Cette intèrprétation des Auteurs du temps des *Han* est généralement suivie par les Intèrprétes, Astronomes, & Historiens des *Tsin*, *Tang*, *Song*, *Yuen*, *Ming*,

## REMARQUES.

(1) Je crois qu'on ne parle que du passage par le Méridien à 6. heures du soir. *P. G.*

(2) Il n'est pas seur que tous les Intèrprétes parlent de 6. heures du soir pour les deux Solstices. *P. G.*

&

& ceux de la Dynastie présente, on le suppôse au Tribunal des Mathématiques comme un point cèrtain.

Durant les prémières années de la Dynastie des *Han*, il est cèrtain qu'on rapportoit à l'Equateur, & non à l'Ecliptique les Constellations; mais peut-on bien asseurer que c'étoit de même du temps de *Yao*? Quoiqu'il en soit de cette question, on peut voir aisément à quel degré de ces Constellations répondoient les deux Equinoxes, & les deux Solstices au temps de *Yao*, soit qu'on rapporte le lieu des Astres à l'Ecliptique, soit qu'on les rapporte à l'Equateur: pour cela il ne faut pas se sèrvir d'une seule Constellation. Prenez l'étenduë & le lieu des Constellations à une année détèrminée, & placez tellement le Soleil dans châcune de ces 4. Constellations, que vous trouviez toûjours le même nombre de degrés que les Fixes auront parcouru depuis *Yao* jusqu'à l'année détèrminée, comme 1700. Par exemple, en suivant cette méthode, dont j'ai déja parlé ailleurs, on trouve que depuis *Yao* jusqu'en 1700. après Jésus-Christ, les Fixes ont avancé de plus de 56°. & par conséquent *Yao* a été seurement plus de 3900. ans avant 1700. de Jésus-Christ. Cela est fort conforme à la Chronologie Chinoise, & démontré par l'Eclipse solaire obsèrvée sous *Tchong-kang*; & par-là on démontre que l'intèrprétation que les Auteurs des *Han* ont donnée du *Yao-tien* n'est pas une de leurs inventions, ou un de leurs calculs pour ce qui regarde le lieu des Etoiles.

Il est cèrtain que sous les *Han* on ne connoissoit pas le mouvement propre des Fixes, & quoiqu'ils pussent aisément voir que le Solstice de leur temps répondoit à d'autres Etoiles qu'au temps de *Yao*, ils n'étoient nullement au fait sur le nombre d'années qu'il faut pour que les Fixes avancent d'un degré. Plusieurs d'entre ces Auteurs croyoient que les saisons répondoient constamment aux mêmes Etoiles, ou du moins pendant bien des siécles;

d'autres commencèrent à douter si après 800. ans, elles avançoient d'un degré, & tous étoient parfaitement ignorants là-dessus, comme l'asseurent unanimement les Astronomes des Dynasties suivantes. Cela suppôsé: comment s'est-il fait que les Intèrprétes des *Han* ayent tous unanimement placé les Etoiles du *Yao-tien* au lieu qu'elles ont dû avoir, à peu près au temps où les *Han* font régner *Yao*? N'est-ce pas une preuve évidente que ces Auteurs n'ont fait que rapporter fidélement ce qu'ils savoient? & leur ignorance sur le mouvement des Fixes nous garantit dans le *Yao-tien* un des plus anciens monuments d'Astronomie.

On doit bien remarquer que du temps (1) des *Tsin* on commença pour la prémière fois à établir un intèrvalle de 50. ans pour que les Fixes avançassent d'un degré. Ces Auteurs n'ont pas laissé de reconnoître, & d'admettre l'intèrprétation des *Han*, les Auteurs des (2) *Tang* & des (3) *Song* ont fait la même chôse, quoique d'un côté ils suivent à peu de chôses près la Chronologie des *Han*, & que de l'autre leur systême sur le mouvement des Fixes soit entièrement oppôsé à l'intèrprétation des *Han*; mais tous ces Auteurs ne se sont mis guères en peine de comparer les positions des Etoiles du *Yao-tien* avec celles qu'ils remarquoient de leur temps. Consultez la Dissèrtation sur l'Eclipse du *Chou-king* (4), où je fais voir une èrreur du Père Martini sur le Solstice d'Hyvèr du temps de *Yao*.

Dans le Chapitre *Chun-tien*, c'est-à-dire Chapitre où

## REMARQUES.

(1) Qui commencèrent à régner l'an 265. de J. C. *P. S.*

(2) Qui commencèrent en 624. ou 625. de Jésus-Christ. *P. S.*

(3) Qui commencèrent en 621. ou 622. de Jésus-Christ. *P. S.*

(4) Tome second de ces Obsèrvations, *p.* 140. *& suiv. P. S.*

il est parlé de ce que fit l'Empereur *Chun*, on voit 1°. que l'année lunaire étoit en usage. La prémière Lune s'appelloit comme aujourd'hui *Tching-yue*, & nul Astronome ne doute que la prémière Lune de ce temps-là, ne fut celle qui répond à la prémière d'aujourd'hui.

On voit 2°. qu'il y avoit alors un instrument pour désigner les mouvements des 7. Planétes. Cet instrument étoit orné de pièrres précieuses, il y avoit un axe mobile, & au-dessus un Tube pour voir les Astres. Les Chinois disent des mèrveilles de cet instrument, & sans savoir au juste, ni sa figure, ni ses parties, ni ses différents usages, ils ont fait des descriptions très-détaillées. Cette description étant faite par des Chinois postérieurs, je n'ai garde de l'attribuer à *Chun*. Le Livre Classique expliqué à la rigueur, dit seulement qu'il y avoit un instrument avec un axe pour régler les 7. Planétes, & que le tout étoit orné de pièrres précieuses Je sai qu'on exprime le caractère *Heng*, par *un axe au-dessus duquel étoit un Tube pour mirer*; mais cette traduction du caractère *Heng*, pourroit bien avoir son origine dans l'intèrprétation faite long-temps après à l'occasion d un instrument qu'on avoit devant les yeux, & qui avoit un axe de cette sorte.

On voit 3°. une division de l'Empire en partie Orientale, partie Occidentale, partie Méridionale, & partie Septentrionale, & on doit bien remarquer que l'année où *Chun* alla au Temple des Ancêtres prendre possession du gouvèrnement de l'Empire, auquel *Yao* l'avoit associé, cette cérémonie se fit à la prémière Lune. Cette même année la visite des Provinces de l'Empire se fit en cet ordre. A la seconde Lune on visita les Provinces de l'Orient. A la cinquiême Lune on visita les pays du Midi. A la huitiême Lune on alla vèrs les Provinces de l'Occident. Et à la onziême Lune on visita les pays du Septentrion. Par tout on régla ce qui regardoit les ſaiſons, les Lunes, & les jours. Remarquez que dans le Calendrier d'aujourd'hui, qu'on aſſeure être de la forme de celui de *Yao* & de *Chun* : Remarquez, dis-je, que dans ce Calendrier l'Equinoxe du Printemps ſe trouve toûjours dans la ſeconde Lune, & celui d'Automne dans la huitiême. Le Solſtice d'Eté eſt toûjours dans la cinquiême Lune, & celui d'Hyvèr dans la onziême. Or *Yao* voulut que celui qui obsèrveroit l'Equinoxe du Printemps fut à l'Eſt, & que celui qui obsèrveroit l'Equinoxe d'Automne fut à l'Oueſt. Il voulut que celui qui obsèrveroit le Solſtice d'Eté fut au Sud, & que celui qui obsèrveroit celui d'Hyvèr fut au Nord. Les Chinois ont de tout temps partagé l'Equateur & le Zodiaque en 24. parties égales dites *Tſiéki*, & les 2. Equinoxes, & les 2. Solſtices ont toûjours été les 4. grands *Tſiéki*.

On voit dans le *Chou-king*, que du temps de *Yao*, il y eut une grande inondation. Dans le Chapitre *Yu-kong* on voit ce que fit le Grand *Yu* pour faire couler les eaux. On voit évidemment que ce Prince étoit Géométre, & on voit qu'il ſe sèrvit fort utilement de la connoiſſance qu'il avoit des aires de vent. Ce ſeroit à pure pèrte qu'on penſeroit à faire un ſyſtême pour trouver les obsèrvations Aſtronomiques dont il eut beſoin pour ſon Ouvrage ; le *Chou-king* n'en rapporte aucune, mais les lieux de la Chine dont il eſt parlé dans le *Yu-kong* ſont ſi bien déſignés, que ſur les poſitions reſpectives dont il eſt parlé, on pourroit dreſſer une Carte d'une bonne partie de la Chine. Et les difficultés qu'on trouveroit à concilier la Géographie de la Chine d'aujourd'hui avec la Chine du *Yu-kong*, ne ſeroient pas plus grandes qu'à concilier la Géographie d'Eſpagne, de France, d'Italie, d'Allemagne, avec la Géographie ancienne de ces différents pays qui ſe trouvent dans Céſar, Strabon, Ptolémée, & autres. Mais pour l'une & l'autre conciliation, il faut être au fait des principes de la Géographie, il faut ſe donner la peine de voir dans les Histoires les changements qui se sont faits aux noms des pays & des villes, & aux cours des rivières; il faut savoir les nouveaux Ouvrages qui se sont faits. Il faut encore savoir quelque chôse des mesures itinéraires; ce n'est qu'après s'être donné cette peine, qu'on peut décider si un pays dont il est parlé dans un ancien monument, est ou n'est pas celui qu'on détèrmine aujourd'hui; & quelques difficultez qu'on trouve, par exemple, à reconnoître dans les Gaules quelques endroits dont parle César, n'empêchent pas qu'on ne soit seur qu'il parle des Gaules. Nous serions très-surpris de savoir, par exemple, que dans 2000. ans d'ici, des Etrangers venus en Languedoc, soutiendront que la Province n'est pas celle qu'ils voyent décrite dans les Livres anciens. Le Canal Royal qui la travèrse, & dont ils ne savent pas l'Histoire, des villes nouvelles & d'un nom différent, des mesures un peu différentes, sont pour eux des arguments invincibles, & avançant peu à peu dans leurs découvèrtes, ils viennent enfin à dire, que les anciens Princes que l'Histoire de France rapporte avoir régné en France, ne sont rien moins que cela. Les Missionnaires venus d'Europe à la Chine, & qui sérieusement ont dit, que dans le *Yu-kong* il ne s'agit pas de la Chine, se trompent également, & je ne sai s'ils ont pris la peine de faire ce que j'ai propôsé avant de communiquer leurs vûës.

Dans le Chapitre *Yn-tching* on voit l'Eclipse du Soleil obsèrvée à la Chine sous l'Empire de *Tchong-kang* l'an 2155. avant Jésus-Christ. J'ai fait une Dissèrtation sur cette ancienne obsèrvation. Ce qu'en dit le *Chou-king* fait voir 1°. qu'il y avoit alors des gens préposés pour la supputation & pour l'obsèrvation des Eclipses. 2°. Puisqu'on cite des Loix anciennes contre les Astronomes qui dans leur calcul représentoient l'Eclipse trop tôt, ou trop tard, il faut qu'on eut alors des régles seures pour le calcul. 3°. Le prémier jour de la Lune avoit comme aujourd'hui le caractère *Cho*, ou un autre équivalent. 4°. On voit combien est ancienne la méthode Chinoise de rapporter le lieu du Soleil aux Constellations. 5°. On voit l'antiquité des cérémonies qu'on obsèrvoit au temps des Eclipses. J'en dirai quelque chôse ailleurs; mais il est très-difficile d'en fixer l'Epoque, & encore plus de de savoir au juste quelle fut l'intention que se propôsa celui qui en fut l'Auteur. Dans la Dissèrtation sur cette Eclipse, on voit le calcul & la fixation d'une Epoque fameuse pour l'Histoire Chinoise.

Dans le Chapitre *Y-hiun*, on voit que sous le régne de *Tai-kia* petit-fils de *Tching-tang*, les jours qui compôsoient les mois lunaires avoient comme aujourd'hui deux caractères pris du Cycle de 60. jours. On appelle *Y-tcheou* un jour de la douziême Lune de la prémière année de *Tai-kia* (1). On voit de même les jours du Cycle de 60. jours marqués dans des Chapitres où on parle des guèrres de *Vou-vang*.

Je ne dis rien d'un Chapitre appellé *Hong-fang*. Quelques Astronomes Chinois ont cru y voir un monument d'Astronomie; mais ce qu'ils disent là-dessus ne donne aucun éclaircissement sur l'Astronomie ancienne. Ces Auteurs ont pèrdu bien du temps à faire des Commentaires; & ce qu'on y voit de bien seur, c'est qu'ils étoient de fort mauvais Astronomes pour la plûpart. Suppôsé que dans le *Hong-fang* il s'agisse de quelques régles du calcul Astronomique, le sécret s'en est pèrdu; & il seroit fort inutile de le traduire; il se trouveroit peut-

## REMARQUES.

(1) *Tai-kia* étoit petit-fils de *Tching-tang* Fondateur de la Dynastie des *Chang*. Selon la Chronologie d'aujourd'hui l'an 1753. avant J. C. fut la prémière année de *Tai-kia*. Il succéda à son grand-père & régna 33. ans. *P. G.*

être quelque Européan qui pèrdroit son temps à le vouloir déchiffrer.

Le *Chou-king* qui nous reste n'est qu'un fragment, d'ailleurs très-considérable. Il contient ce qu'on sait de plus seur sur *Yao-tchun* & les familles *Hia*, *Chang*, *Tcheou*.

## III. SECTION.

### *Eclaircissement sur les Signes du Zodiaque & de l'Equateur.*

De tout temps ce que les Chinois appellent *Tchong-ki* a désigné les Lunes ou les mois lunaires.

Ces *Tchong-ki* ont constamment répondu aux 15. prémiers degrés de nos Signes. Par exemple, le *Tchong-ki*, dit *Tchong-tchi* a été constamment au moment du Solstice d'Hyvèr, ou à ♑ 0°. Le *Tchong-ki*, dit *Tchun-fen* a été constamment à ♈ 0°. & il y a 12. *Tchong-ki*, & ils ont toûjours désigné les 12. mois lunaires (1).

Par exemple, la onziême Lune dans le Calendrier des *Hia* ou des *Han*, doit nécessairement avoir le *Tchong-ki*, dit *Tchong-tchi*, où le Solstice d'Hyvèr; & cette onziême Lune peut s'exprimer par les tèrmes de *Lune du Solstice d'Hyvèr*, *&c.*

D'un autre côté, il n'est pas moins cèrtain que les Lunes ou mois lunaires ont constamment été désignés par les signes dont les caractères sont les 12. heures. (2) Par exemple, la onziême Lune peut s'appeller

## REMARQUES.

(1) Voyez les Tables des *Tchong-ki* dans la seconde Partie de ce Traité. *P. G.*

(2) Les 12. caractères des 12. heures, expriment encore ainsi l'ordre des Lunes, *Yn* prémière Lune, *Mao* seconde Lune, *Chîn* troisiême Lune, &c. *P. G.*

*Tcheou*, parce que dans la onziême Lune le ☉ entre toûjours dans le Signe *Tcheou*. Tous les Chinois conviennent que *Tcheou* répond & a dû toûjours répondre au Signe *Sing-ki* : ainsi il faut nécessairement que les Signes Chinois *Sing-ki*, *Ta*, *Leang*, *&c.* répondissent entièrement au commencement & à la fin de nos Signes avant l'incendie des Livres. Il est certain que depuis les *Han* les Signes Chinois n'ont pas répondu aux nôtres. J'ai dit la raison de ce changement.

Si la conclusion que je tire n'étoit pas vraye, on ne sauroit dire que la Lune dite *Hay*, étoit autrefois la prémière Lune, & la Lune *Su* la seconde. Les Chinois conviennent unanimement, que la seconde Lune doit toûjours avoir l'Equinoxe du Printemps : or si *Su* a toûjours eu une des situations qu'on lui a données depuis les *Han*, il est impossible que la ☾ dans laquelle le ☉ entroit dans le Signe *Su* fut toûjours la seconde Lune. Je dis la même chôse des autres.

## IV. SECTION.

### *Eclaircissement sur les Etoiles du* Yao-tien, *Chapitre du Livre Classique* Chou-king.

Dans beaucoup d'éditions du *Chou-king*, on voit des figures anciennes pour les quatre Constellations du *Yao-tien*.

Dans ces figures, on voit les 12. heures & les 12. Signes Chinois, avec les caractères des 28. Constellations. On y voit le lieu du ☉ dans les Constellations aux jours des deux Equinoxes, & des deux Solstices pour le temps de *Yao*, on y voit pour le même temps l'heure où les Constellations & les Signes passent au Méridien.

Ces figures ont été faites bien long-temps après les *Han*, & il ne faut pas s'imaginer qu'elles soient des monuments

monuments fort anciens. Parmi les figures des différentes éditions faites pour le temps de *Yao*, il y en a de contraires les unes aux autres, & cela vient des différentes opinions sur le temps où les Fixes parcourent un degré par leur mouvement, & par conséquent sur le lieu du ☉ aux jours des deux Equinoxes & des deux Solstices dans les Constellations au temps de *Yao*. Surquoi il faut remarquer que quoique les sentiments sur le mouvement propre des Fixes soient fort différents, les opinions sur le temps de *Yao* s'accordent toutes à 80. ou 100. ans près à faire régner *Yao* 2300. ans avant J. C.

Je ne parle pas du sentiment cité & rejetté par *Pankou* Historien des *Han*, du sentiment du Livre appellé *Livre de Cambou-tsou-chou*, trouvé après Jésus-Christ, dans le troisiême siécle. Selon ces sentimens, *Yao* auroit régné près de 2100. ans avant Jésus-Christ. Ces sentiments ont constamment été rejettés.

J'ai mis cet éclaircissement sur le *Yao-tien*, parce que je sai qu'on a envoyé en France les figures dont je parle, du moins quelques-unes, & je sai encore qu'on les a données comme anciennes. Cependant plusieurs de celles qu'on a envoyées sont du seiziême siécle après Jésus-Christ; & les plus anciennes en ce genre, sont du dixiême ou onziême siécle; peut-être y en a-t'il du sixiême siécle, mais je n'en ai pas vû de cette antiquité. Il est seur qu'il n'y en a aucune de cette sorte, qui soit même de l'antiquité des *Han*.

Ce que je dis des figures pour le *Yao-tien* doit s'appliquer à celles où l'on voit le moment du coucher & du lever du ☉ pour la latitude des lieux où *Yao*, *Chun* & *Yu* tenoient leur Cour. Ce sont des calculs faits après coup, & leur antiquité ne remonte pas au-dessus du temps des prémiers *Han*. Ce n'est pas qu'auparavant on ne fut au fait de ces calculs; mais il n'en reste d'autres monuments & indices que ceux que j'ai rapportés.

## V. SECTION.

### *Eclairciſſement ſur le Livre* Tſou-chou.

Vêrs l'an 280. après Jéſus-Chriſt, on trouva ce Livre écrit (1) en vieux caractères. On en déchiffra une partie, & voici ce qu'on y trouva, ou ce qu'on crut y trouver pour la Chronologie.

(2) *Hoang-ti* régne 100. ans.

*Tchouen-hiu* régne 78. ans.

*Tico* régne 63. ans.

A *Tico* ſuccéde *Yao*. De la prémière année de *Yao* à la prémière année de *Yu* Fondateur de la Dynaſtie *Hia*, il y a 156. ans (3).

De la prémière année de *Yu* à l'an cinquiême de *Tchong-kang* il y a 41. an. A la cinquiême année de *Tchong-kang* Eclipſe de ⊙.

La Dynaſtie de *Hia* dura 432. ans. *Tching-tang* fonda la Dynaſtie des *Chang*; elle dura 509. ans.

Il faut remarquer que dans le *Tſou-chou* la ſixiême année de *Yeou-vang* Empereur des *Tcheou* répond à l'année avant Jéſus-Chriſt 776. comme dans la Chronologie ordinaire. Or de cette année ſixiême de *Yeou-vang* (4) juſqu'à l'année prémière de *Vou-vang* Fondateur de la Dynaſtie *Tcheou*, le *Tſou-chou* compte 274. ans ſolaires.

## REMARQUES.

(1) Il fut trouvé dans le tombeau d'un Prince mort vêrs la fin de la Dynaſtie des *Tcheou*. *P. G.*

(2) Chronologie du *Tſou-chou*. *P. G.*

(3) Il s'agit d'années ſolaires. *P. G.*

(4) Depuis quelques années avant l'Empire de *Yeou-vang* en deſcendant, la Chronologie du *Tſou-chou* eſt conforme aux autres. *P. G.*

Ainsi selon le *Tsou-chou*, la Dynastie des *Tcheou* commença l'an 1050. avant J. C.

Celles de *Chang* commença l'an 1559. avant J. C. [Marquez 1558.] (1).

Celle de *Hia* commença l'an 1991. [Marquez 1989.]

Ainsi la prémière année de *Yao* sera l'an 2147. avant J. C. [Marquez 2145.]

Le *Tsou-chou* met l'Eclipse du ☉ à la cinquiême année de *Tchong-kang*, & on représente cette année par les caractères *Kouey-se*; & dans le *Tsou-chou* cette année répond à l'an 1948. avant J. C. (2).

Le *Tsou-chou* fut donné comme un Livre fait avant *Tsin-chin-hoang*.

Sur ce Livre, il faut remarquer ce qui suit.

1°. L'Empereur *Vou-ti* Fondateur des *Tsin* sous l'Empire duquel ce Livre fut trouvé, l'ayant fait examiner, les Historiens de l'Empire le rejettèrent comme faux & rempli de fables & de contraditions.

2°. Dans les Dynasties suivantes jusqu'à aujourd'hui, les Tribunaux Impériaux pour l'Histoire ont constamment rejetté cette Chronologie.

3°. Tous les Astronomes Chinois ont constamment mis l'année de l'Eclipse de *Tchong-kang* près de deux siécles avant l'année où la met le *Tsou-chou*.

4°. Dans le *Tsou-chou* l'an *Kouey-se*, cinquiême année de *Tchong-kang*, répond à l'an 1948. avant J. C. Il n'a

## REMARQUES.

(1) J'ai trouvé le Livre *Tsou-chou*, & je vois qu'il faut faire ces corrections. *P. G.*

(2) Il paroît que *Chin-yo* fameux Historien du temps des *Leang*, suivoit la Chronologie du *Tsou-chou*, quoiqu'il en soit, cette Chronologie est unanimement rejettée par tous les Historiens de l'Empire, dont les Ouvrages ont été publiés & approuvés par les Tribunaux établis pour l'Histoire. *P. G.*

pû y avoir cette année Eclipse du ☉ où soient les caractères marqués dans le *Chou-king*.

5°. *Su* (1) Auteur habile natif de *Kia-hing-fou* dans le *Tche-kiang*, a adopté le systême du *Tsou-chou*. Cet Auteur vivoit dans les prémières années du régne de *Cam-hi*; il a fait une méprise qu'on ne sauroit lui pardonner. Il dit d'un côté, que selon le calcul l'année *Kouey-se*, cinquième de *Tchong-kang*, eut effectivement une Eclipse du ☉; de l'autre, il s'épaule des calculs de *Y-hang* & de *Co-cheou-king* pour l'Eclipse à l'année *Kouey-se*. Or *Y-hang* & *Co-cheou-king* mettoient cèrtainement l'Eclipse à l'an qui répond à l'an 2128. avant Jésus-Christ, 180 ans avant le temps marqué par le *Tsou-chou*. D'ailleurs, *Su* dit ailleurs, que sa Chronologie diffère de 180. ans de celle de *Co-cheou-king*, *Y-hang*, & autres.

## VI. SECTION.

### *De l'Astronomie contenuë dans le Livre Classique appellé* Chi-king.

On voit l'année, le mois, & le jour d'une Eclipse du Soleil. Voyez la Dissèrtation que j'ai faite sur cette Eclipse.

Dans le *Chi-king* on voit qu'avant le temps de *Confucius* on exprimoit par les mêmes caractères d'aujourd'hui les Constellations de *Nu*, *Teou*, *Ki*, *Pi*, *Che*, on parle des Etoiles du Scorpion, de la voye lactée, de Vénus, & de Mercure; mais de tout ce qu'on en dit, l'As-

## REMARQUES.

(1) Il faut remarquer que *Su* n'étoit pas Chrétien. Il est vrai qu'il connoissoit les Chrétiens, & il n'a pas manqué de s'appuyer de la Chronologie des Européans qu'il dit être la vraie & ancienne Chronologie de la Chine. *P. G.*

tronomie n'en sauroit tirer un grand avantage, & d'ailleurs il n'y a rien qui fasse fort connoître l'Astronomie de ce temps-là.

## VII. SECTION.

### *De l'Astronomie contenuë dans le* Tchun-tsieou.

J'ai déja donné le calcul des Eclipses du Soleil dont parle ce Livre, & il y a grande apparence que beaucoup de ces Eclipses ne sont que les restes de celles qui étoient calculées par le Tribunal des Mathématiques. Quoiqu'il en soit, on voit qu'alors on n'étoit pas fort versé dans le calcul des Eclipses, soit qu'on n'eut pas une méthode seure & universelle, soit qu'on ne sût pas s'en sèrvir, suppôsé qu'il y en eut une de cette nature.

Parce que j'ai dit sur les Eclipses, on voit que la prémière Lune du Calendrier d'aujourd'hui répond à la troisiême du Calendrier du *Tchun-tsieou*.

Nous avons une Eclipse du Soleil le 19. Août, 655. ans avant Jésus-Christ, le Soleil étant au 18°. de ♌. Cette Eclipse fut visible à la Chine, & selon le Cycle de 60. jours, j'ai fait voir que le 19. Août, 655. ans avant Jésus-Christ, avoit dans ce Cycle les deux caractères de *Vou-chin*. J'ai démontré que c'est l'Eclipse rapportée dans le *Tchun-tsieou* à la cinquiême année de *Hi-cong* au jour *Vou-chin* prémier de la neuviême Lune.

Le *Tchun-tsieou* de *Tso-kieou-min* rapporte qu'un savant consulté par le Prince de *Tsin* sur une expédition militaire, lui dit que le jour *Ping-tse*, dèrnier de la neuviême Lune, le Soleil seroit dans la Constellation *Ouey* au matin, tandis que *Chun-ho* passeroit au Méridien. *Tso-kieou-min* ajoûte, qu'au jour *Ping-tse* prémier de la douziême Lune, le Prince de *Tsin* fit l'expédition qu'il méditoit.

L'Auteur du *Tien-yuen-lo-li* nous apprend que pluſieurs Etats, ou petits Royaumes, conſervèrent la forme d'année des *Hia*; un de ces Etats étoit celui de *Tſin*. Ainſi il ne faut pas être ſurpris que dans le même texte on voye rapporter par les *Tſin* à la dixiême Lune, ce que *Tſo-kieou-min* attribuë à la douziême; & c'eſt une preuve manifeſte de ce que j'ai dit ſur les Lunes du *Tchun-tſieou*. Il eſt remarquable qu'on diſe qu'au jour *Ping-tſe*, dèrnier de la neuviême Lune, le Soleil ſeroit dans la Conſtellation *Ouey*, tandis que *Tchun-ho* paſſeroit au Méridien au crépuſcule du matin.

Le 19. Août fut le prémier de la ſeptiême Lune des *Hia*, & de la neuviême des *Tcheou*; en ſuivant les caractères du Cycle, vous trouverez que *Ping-tſe*, ſont les deux caractères du quinziême Novembre de la neuviême Lune de l'année ſelon les *Tſin*, ou le dèrnier de la onziême de *Lou*. Le Soleil étoit dans la Conſtellation *Ouey* l'an 655. avant Jéſus-Chriſt. *Tchun-ho* eſt encore aujourd'hui un des noms du Signe du Lion ♌, & le calcul fait voir qu'une grande partie de ce Signe paſſoit au Méridien dans le temps du crépuſcule. On voit donc l'antiquité des noms Chinois des Signes; dans d'autres paſſages du *Tchun-tſieou*, on voit Jupitèr placé dans *Sing-ki* & *Su-uen-hiao*. C'eſt encore aujourd'hui le nom du Signe ♑, & du Signe ♒. On voit encore que la Conſtellation appellée aujourd'hui *Ouey*, eſt la même que le *Tchun-tſieou* appelle *Ouey*.

Ce que dit *Tſo-kieou-min* du Solſtice d'Hyvèr obsèrvè à la cinquiême année de *Hi-kong* eſt digne de remarque. Le voici : A la cinquiême année de *Hi-kong*, au jour *Sin-hai*, prémier de la prémière Lune, au Printemps, fut le Solſtice d'Hyvèr. Le Prince voyant le prémier de la Lune, monte à la Tour, écrit ce qu'il voit. Aux deux Solſtices, aux deux Equinoxes, aux *Li-tchun*, *Li-tſieou*, *Li-hia*, *Li-tong*, les Princes devoient monter à la Tour, examiner l'état du Ciel & écrire ce qu'ils remarquoient. Voilà ce que dit *Tso-kieou-min* Auteur contemporain de *Confucius* (1).

1°. Il faut remarquer que le Solstice d'Hyvèr est mis au Printemps & à la prémière Lune, c'est une preuve de ce que j'ai dit sur le Calendrier de *Lòu*.

2°. Le Solstice d'Hyvèr est marqué par ces deux caractères *Nan-tchi*, qui veulent dire l'arrivée du ☉ au tèrme austral de sa course.

3°. Le 26. Décembre 656. ans avant J. C. a les caractères *Sin-hay*, & ce jour fut le prémier de la prémière Lune des *Tcheou*, puisque le ☉ n'étoit pas encore entré dans le Signe *Caper* ♑. Mais selon le calcul, le Solstice ne fut que le 28. Décembre au matin, à la Chine. Le *Tchun-tsieou* ne dit pas la manière dont on obsèrvoit le Solstice, & il n'est pas nécessaire de rapporter ce que disent les Intèrprétes des temps postérieurs.

Du temps des *Han* antérieurs on fit un Calendrier. Un Auteur de la Dynastie passée dit, que selon ce Calendrier le Solstice fut le 25. Décembre à 6. heures du matin.

Selon l'Astronomie de *Y-hang* fameux Auteur des *Tang*, le Solstice fut le 25. Décembre, vèrs les 11. heures du soir. Selon l'Astronomie des *Kin*, ce fut le 26. Décembre entre 9. & 10. heures du soir. Selon celle des *Yuen*, le 25. Décembre à 3. heures du matin, du moins des Auteurs de ce temps-là le calculèrent ainsi.

*Hing-yun-lou* selon les Tables de *Cobilay*, trouve le Solstice le 25. Décembre, & ajoûte, que le 26. Décembre fut le prémier de la seconde Lune. Cet Astronome trouve que peu de temps après minuit du 16. Novembre, 655. ans avant J. C. fut la ☌, le ☉ étant dans le

## REMARQUES.

(1) *Confucius* vivoit plus de 450. ans avant J. C. étant né l'an 483. avant Jésus-Christ. *P. S.*

13°. de *Ouey* ; & il dit qu'au matin le 8°. de la Constellation *Y* passoit par le Méridien. Du temps de *Hong-vou* Fondateur des *Ming*, on fit un Calendrier dit *Ta-tong*, selon ce Calendrier le Solstice fut le 28. Décembre vêrs les 7. heures & ½. du soir.

*Tso-kieou-min* rapporte un autre Solstice d'Hyvèr au Printemps, au jour *Ki-tcheou* de la seconde Lune, à la vingtiême année de *Tchao-kong*.

Le 26. Décembre 523. ans avant Jésus-Christ fut *Ki-tcheou*. Ce fut la prémière Lune, puisque le Soleil n'étoit pas encore dans le ♑. On voit assez qu'à la Chine le Solstice fut le 27. au soir.

Un ancien Commentaire de *Tso-kieou-min*, marque le Solstice à la prémière Lune, au jour *Ki-tcheou*.

*Hing-yun-lou* met le Solstice le 25. & le prémier de la seconde Lune le 26. Décembre. Il prétend que le Solstice étant toûjours dans le Calendrier de *Lou* à la prémière Lune, on ne sauroit mettre le Solstice le 26. qui selon ses Tables fut le prémier de la Lune, & il marque la seconde Lune, parce que selon ses Tables le Soleil étoit déja dans le ♑ au temps de la ☌, & que durant cette Lune le ☉ entra dans le ♒. Cet Auteur fait voir ensuite, à son ordinaire, la différence des Calendriers de *Lou* & des *Hia*, ou des *Han*. Entre le Solstice de l'an cinquiême de *Hi-cong*, & celui qui commença l'an Astronomique *Sin-se* de *Cobilay*, il met 1935. ans. Or le commencement de cet an Astronomique fut le Solstice de la fin de l'an de Jésus-Christ 1280.

Les Astronomes des *Yuen* mettent le Solstice de la vingtiême année de *Tchao-cong* le 25. Décembre vêrs les 7. heures & ½. du soir. Mais selon l'Astronomie des *Kin*, ce fut le 26. Décembre vêrs les 6. heures du matin. Un Calendrier des dèrniers *Song* marque aussi le 26. Décembre à 6. heures du matin.

Les Astronomes des *Tang* & des *Ming* donnent mal le

le Solstice, puisque selon le rapport des Auteurs des *Yuen*, & des *Ming*, elles le donnent le 26. Décembre.

On marque dans quelques Eclipses, qu'au Temple on battoit le tambour, & on immoloit une victime. *Tso-kieou-min* & d'autres asseurent, que c'est contre les régles, & que selon l'ancien ordre, c'est dans le Palais de l'Empereur qu'on doit battre le tambour; & que dans le Temple les Princes doivent se sèrvir des habits d'humilité, & penser sérieusement à se corriger de leurs fautes.

Dans le *Tchun-tsieou* on voit deux Eclipses de ⊙ marquées dans deux Lunes de suite. *Hing-yun-lou* cite à cette occasion un Auteur de la Dynastie des *Song* qui dit, que depuis les *Han* on ne voit pas dans l'Histoire de semblables Eclipses. Si on en voit, dit-il, dans le *Tchun-tsieou*, c'est que les Historiens postérieurs n'ont voulu rien changer à ce qu'ils ont trouvé; & cet Auteur ajoûte, que jamais on n'a vû deux Eclipses à deux Lunes de suite, & que cela vient d'un mauvais calcul, qui fit èrrer pour les Lunes.

L'an 525. avant Jésus-Christ, *Tso-kieou-min* marque une Comete qui parut en Hyvèr à l'Occident du Scorpion, & alla à la voye Lactée. Cet Auteur ajoûte, que l'an 626. avant Jésus-Christ. ( prémière de *Uen-kong* ) On intèrcala la troisiême Lune, mais ce fut contre les régles.

Dans le *Tchun-tsieou*, de même que dans le *Chi-king*, on voit qu'on avoit attention aux apparitions d'Etoiles à cèrtaines heures, & à cèrtains lieux du Ciel, & sur tout au passage par le Méridien. Il est inutile de rapporter ce qu'on en concluoit pour le gouvèrnement de l'Etat, ou pour l'intérieur des familles; outre qu'on ne sauroit guères être au fait de ce qu'on pensoit là-dessus, ces sortes de chôses ne donneroient aucune lumière sur l'Astronomie de ce temps-là, & c'est cependant la seule chôse dont il s'agit.

## VIII. SECTION.

### *Du Chapitre du* Yue-ling.

C'est un Chapitre du Livre Classique, dit *Li-ki*; & voici ce qu'il y a à remarquer pour l'intelligence de cet ancien monument d'Astronomie.

1°. L'Auteur du *Yue-ling* est *Lu-pou-ouey* (1). C'étoit un grand Seigneur ami des gens de Lettres. Il mourut à la douziême année de *Tsin-chi-haong* (2). Il y a des Chinois qui disent que le *Yue-ling* est plus ancien que *Lu-pou-ouey*. Quoiqu'il en soit, il paroît cèrtain que c'est un Ouvrage antérieur au temps des *Han*.

2°. Les 12. Lunes de l'année Chinoise, prennent le nom des 12. Signes. Par exemple, la prémière Lune du Printemps s'appelle la Lune des *Poissons* (3). La seconde, la Lune du *Bélier*, &c. La raison est, que selon les régles, dans le cours de la prémière Lune le Soleil doit entrer dans les Poissons; dans la seconde, le Soleil doit entrer dans *Aries*, &c. Par l'ancien Dictionnaire *Eul-ya*, on voit qu'on désignoit les Signes par quelque Constellation de celles qu'on croyoit être dans les Signes.

3°. Sur la fin des *Tcheou* (4) & du temps de *Tsin-chi-hoang*, on négligeoit beaucoup l'Astronomie, & par l'état où elle se trouva au commencement des *Han*, il

REMARQUES.

(1) Natif de *Yu-tcheou* ville du *Honan*. *P. G.*

(2) Ce Prince monta sur le trône l'an 245. avant Jésus-Christ. *P. S.*

(3) Ces noms des Signes ne sont pas de ce temps-là. *P. G.*

(4) C'est-à-dire depuis environ 250. ans avant J. C. jusqu'à 206. avant la même Ére. *P. S.*

est aisé de juger que depuis long-temps on étoit fort peu versé dans la science du mouvement des Astres.

4°. Les lieux du Soleil, les passages par le Méridien dans le *Yue-ling* sont marqués fort peu éxactement, & le sens est, par exemple, que dans le cours de la prémière Lune du Printemps le Soleil entre dans le Signe *Pisces*, ou dans une Constellation appellée *Che*, qu'on croyoit être en partie dans ce Signe. Si on trouve que le lieu du Soleil ne sauroit être dans cèrtaines Constellations dont on parle, c'est qu'on connoissoit mal le lieu de cèrtaines Constellations. Au reste les Auteurs Chinois avèrtissent que les Lunes du *Yue-ling* sont dans la forme du Calendrier de *Hia*. Pour ce qui regarde les passages par le Méridien, il faut de même entendre ces passages, non à un jour détèrminé, mais dans quelqu'un des jours de la Lune marquée.

5°. Les cinq prémiers Empereurs Chinois sont 1. *Fou-hi*, 2. *Chin-nong*, 3. *Hoang-ti*, 4. *Chao-hao*, 5. *Tchouen-yu*. Ces cinq Princes ont eu le titre de *Ti* (1), & ce caractère exprime une puissance souveraine sur les hommes. L'Histoire dit, que le bois est la figure, ou pour mieux dire, la devise de *Fou-hi*. *Chin-nong* ou *Yen-ti* est désigné par le feu, *Hoang-ti* par la tèrre, *Chao-hao* par l'or, *Tchouen-yu* par l'eau. Les esprits dont il est parlé sont des Princes qui dans les prémiers temps se rendirent recommandables. Plusieurs Intèrprétes du Livre *Y-king*, expliquant les nombres tèrrestres & célestes de *Confucius*, disent que 3. & 8. ont fait le bois; 2. & 7. ont fait le feu; 4. & 9. ont fait l'or; & 1. & 6. ont fait l'eau. Or, disent beaucoup de Chinois, le bois, & les deux prémiers caractères *Kia-y* des *Che-kan* (2) marquent l'Orient

## REMARQUES.

(1) C'est-à-dire, Maître des hommes. *P. G.*

(2) Ce sont les 10. Caractères du Cycle de 10. *P. G.*

ou le Printemps; le feu, & les *Kan-ping-ting*, marquent le Sud ou l'Eté; l'or, & les *Kan-keng-ſin*, marquent l'Occident ou l'Automne; l'eau, & les *Kan-gin-kouey*, marquent le Nord ou l'Hyvèr.

6°. Tous les 72. jours on honore *Hoang-ti* déſigné par la tèrre; cette cérémonie ſe fait à la troiſiême Lune, à la ſixiême, à la neuviême, & à la douziême. 10. & 5. ont produit la tèrre. Selon les mêmes Auteurs que j'ai cités 5. tient le milieu entre les nombres du Ciel & de la Tèrre. Les *Kan-vou-ki* ſont auſſi le milieu des 10. *Kan.* Je n'ai garde de m'étendre d'avantage ſur cette matière, c'eſt de ce ſtyle que ſont la plûpart des Livres d'Aſtronomie. Leurs Auteurs font des Traités fort longs & fort ennuyeux pour expliquer de pareils myſtères, & dans le fonds, ils ne parlent guères de ce que nous entendons par le nom d'Aſtronomie. Outre ce que je viens de dire, dans le *Yue-ling* on voit qu'alors comme aujourd'hui, on diviſoit l'année en 72. parties appellées *Heou*, avec les mêmes noms que ceux d'aujourd'hui, & on les marque dans les Lunes de l'année. On voit encore qu'il y avoit alors un Préſident du Tribunal des Mathématiques, & qu'aux Equinoxes les jours étoient égaux aux nuits, que le jour le plus court étoit celui du Solſtice d'Hyvèr, & le plus long celui d'Eté.

*Hing-yun-lou* pour expliquer le *Yue-ling* a calculé le lieu du Soleil rapporté aux Conſtellations, & les paſſages des Etoiles par le Méridien au crépuſcule pour les 24. *Tſiéki* de l'an 237. avant Jéſus-Chriſt, dixiême de *Tſin-chi-hoang*. Cet Aſtronome qui dans le calcul a fait voir aſſez d'exactitude, met un intèrvalle de 1517. ans entre le Solſtice qui commença l'an ſolaire de l'an dixiême de *Tſin-chi-hoang*, & le Solſtice qui commença l'an ſolaire de l'an *Sin-ſe* de *Cobilay*; & il ajoûte, que dans le *Yue-ling* on ne trouve pas l'exactitude qui ſeroit à ſouhaiter.

Dans le *Lun-yu* on voit que du temps de *Confucius*, on concevoit au Pôle Septentrional un point fixe qui étoit comme le pivot, autour duquel toutes les Etoiles tournoient, on ne sauroit bien asseurer si *Confucius* parle d'une Etoile polaire, qu'on croyoit immobile & au Pôle, soit qu'avant les *Han* on ne sût pas que les Etoiles de la grande & petite Ourse changeoient de situation par rapport au Pôle du Monde, soit que ce qu'on avoit sû se fut pèrdu; il est cèrtain que bien long-temps après Jêsus-Christ, (1) un Chinois Astronome passe pour le prémier qui s'appèrçut que l'Etoile de la petite Ourse appellée polaire, s'éloignoit du Pôle, & changeoit de situation; il obsèrva dans la suite la distance de cette Etoile au Pôle, & depuis le temps de cet Astronome, jusqu'à l'arrivée des Jésuites, on a les obsèrvations que les Chinois ont faites sur l'Etoile polaire.

Je ne rapporte pas d'autres passages de *Confucius*, ni de ses Disciples, ni de *Memcius*, sur les points qui peuvent avoir rapport à l'Astronomie. Un Astronome du temps de *Van-li* fit un Recueil de plusieurs de ces passages, je les ai vûs, on n'en peut tirer quoique ce soit qui puisse être d'usage pour la fin que je me suis propôsée, & j'ai déja rapporté dans d'autres endroits le peu qu'on pourroit tirer de ceux-ci; ce seroit une répétition fort inutile. Venons au Dictionnaire *Eul-ya*, au *Tcheou-li*, & au *Tcheou-pey*. Je ne dis rien de quelques autres Livres, soit parce qu'il n'y a rien d'essentiel que je n'aye indiqué, ou que je doive indiquer plus bas, soit parce que plusieurs de ces Livres ne sont pas authentiques.

## REMARQUES.

(1) Voyez la seconde Partie de ce Traité. *P. G.*

## IX. SECTION.

### *Du Dictionnaire appellé* Eul-ya.

*Eul-ya* eſt un Dictionnaire ancien dont il reſte des fragments. On ne ſauroit détèrminer juſte le temps où il fut fait; il eſt cèrtain que c'eſt un Ouvrage antérieur aux *Han*, & il paroît que l'Auteur n'étoit pas éloigné des temps de *Confucius*.

Dans ce Dictionnaire on voit que du temps de *Yao*, & de *Chun*, ce que nous entendons ſous le nom d'année, étoit appellé *Tſay*. Durant le temps de la Dynaſtie des *Hia*, l'année s'appelloit *Souy*. Le caractère *Souy* exprime la Planéte *Jupiter*, on croyoit alors que châque année *Jupiter* parcouroit un des 12. Signes du Zodiaque, c'eſt pour cela que la révolution d'un an s'appella *Souy*. Cette intèrprétation eſt du temps des *Tſin*.

Durant la Dynaſtie de *Chang*, l'année s'appella *Se*. C'eſt le caractère d'offrande, de ſacrifice, & tous les ans aux quatre ſaiſons, on avoit des cérémonies réglées pour ces ſortes d'offrandes, & de ſacrifices. Cette coûtume fut cauſe que les *Chang* donnèrent le nom de *Se* à l'année, ou pour mieux dire déſignèrent l'année par ce caractère. Cette intèrprétation eſt auſſi du temps des *Tſin*.

Durant le temps de la Dynaſtie de *Tcheou* on appella l'année *Nien*.

Dans ce même Dictionnaire on voit les *Che-kan* (1), & les 12. *Tchi* exprimés comme je les ai mis dans la Table. On voit les expreſſions divèrſes, des ſaiſons, des

REMARQUES.

(1) Voyez la quatriême Table. *P. G.*

vents, d'Eſt, Oueſt, Nord, Sud, & des douze mois lunaires.

On dit que le Signe du Zodiaque dit *Cheou-ſing*, commence entre les Conſtellations *Kio*, *Kang*. La Conſtellation *Ti*, eſt appellée le *Tronc céleſte*. La Conſtellation *Fang*, eſt déſignée par *un char du Ciel à quatre chevaux*. Les trois Conſtellations *Fang*, *Sin*, *Oucy*, ſont déſignées par les caractères de *Ta-chîn*, & on ajoûte, que le *Ta-chîn*, eſt le grand feu, *Ta-ho*, *Ta* grand, *Ho* feu; & c'eſt l'ancien nom Chinois du Signe du Scorpion.

Entre les Conſtellations *Ki* & *Theou*, on place *Simou*. C'eſt l'ancien nom du Signe ♐; & on place un paſſage de rivière entre ces deux Conſtellations.

Le Signe *Sing-ki*, eſt placé entre les Conſtellations *Teou* & *Nieou*. On déſigne *Hiuen-hiao* par la Conſtellation *Hui*; on appelle encore ce Signe *Tchouen-hiu*.

*Ting* eſt le caractère qu'on donne à la Conſtellation *Che*, & on place le Signe *Tſeou-tſe* entre les Conſtellations *Che* & *Pi*.

Le Signe *Kiang-leou* eſt placé entre les Conſtellations *Qucy*, ou *Koucy* & *Leou*.

Le Signe *Ta-leung* eſt déſigné par le caractère de la Conſtellation *Mao*; & on déſigne la Conſtellation *Pi* par le caractère *Tcho*.

Le Signe *Tchun-ho* eſt déſigné par la Conſtellation *Lieou*.

L'Etoile polaire, ou peut-être le Pôle Boreal eſt appellée *Pe-ki*; on l'appelle auſſi *Pe-chin*.

## *NOTES.*

1°. Un ancien Intèrprété du temps des *Tſin* avèrtit, qu'il s'agit du lieu où commence le Signe du Zodiaque. Ainſi, ſi on prend le commencement des Signes entre les deux Conſtellations dont il eſt parlé quelquefois;

c'est-à-dire à la fin de l'une ; & au commencement de l'autre, on trouvera que depuis le temps de l'Auteur du Dictionnaire jusqu'en 1700. après Jésus-Christ, les Fixes auroient avancé de 28. 29. 30°. soit qu'on rapporte les Constellations à l'Equateur, soit qu'on les rapporte au Zodiaque ; selon ce principe l'Auteur du Dictionnaire *Eul-ya* auroit vécu plus de 350. avant Jésus-Christ. Il ne s'agit pas ici de fixer une Epoque, cela ne se peut faire exactement ; mais on voit toûjours l'antiquité des noms qu'on donne encore aux Signes du Zodiaque, & aux Constellations, & on voit encore qu'au temps de ce Dictionnaire on ne connoissoit pas mal les lieux des Constellations, du moins de celles dont l'*Eul-ya* a conservé les noms. On voit encore que la Constellation *Fang* est si bien désignée par le nombre de quatre Etoiles dont elle est compôsée, & dont la Lucide est la principale.

2°. Le caractère *Ting* dont on désigne la Constellation *Che*, ou *Yng-che*, marque selon les Intèrprétes les plus anciens, que dans la construction des Palais & autres bâtiments, il faut avoir égard au passage de cette Constellation par le Méridien. Les anciens Chinois représentoient cette Constellation comme un Palais céleste, & depuis fort long-temps on savoit à la Chine la manière de tracer une méridienne, & on éxaminoit si la face méridienne d'un bâtiment répondoit à la Constellation *Che*, quand elle passoit par le Méridien. Il y a une Ode dans le *Chi-king* où il est parlé de cette Constellation *Che*.

3°. Les Constellations *Ki* & *Teou*, sont encore désignées par un *Pont* ou *Barque* pour passer une rivière. Selon les Intèrprétes la voye Lactée est une rivière céleste, & c'est entre *Ki* & *Teou* qu'on la peut passer.

4°. Le Signe *Hiuen-hiao* est celui que nous appellons *Amphora* ♒. Le Dictionnaire met dans ce Signe la Constellation

ſtellation *Hiu*; c'eſt-à-dire, que le Signe commençoit par quelque dégré de cette Conſtellation. L'Hiſtoire Chinoiſe aſſeure que l'eau eſt le ſymbole du régne de *Tchouen-hiu*. L'*Eul-ya* dit formellement que *Hiuen-hiao* Signe céleſte du Zodiaque, déſigne l'Empereur *Tchouen-hiu*. *Hoai-nan-tſe* Prince de la Dynaſtie des *Han* dit, que ſous *Tchouen-hiu* il y eut un grand déluge. Ainſi la Chine & l'Europe ſous des noms & ſous des figures différentes s'accordent à repréſenter par l'*eau* le Signe que nous nommons ≈ *Amphora*. Les deux caractères *Pao-ping* dont pluſieurs Livres Chinois ſe sèrvent pour exprimer le ≈ (1) ont été appliqués à ce Signe long-temps après Jéſus-Chriſt, en conſéquence de ce qu'on apprit de pluſieurs Indiens, qui donnoient aux Signes du Zodiaque les mêmes noms que nous leurs donnons. Pour l'idée de l'*eau* appliquée au Signe *Hiuen-hiao* ſous le nom de *Tchouen-hiu*, les Chinois l'ont depuis pluſieurs ſiécles avant Jéſus-Chriſt; & le temps de *Eul-ya* n'eſt pas ſans doute l'Epoque de cette connoiſſance; dans un Dictionnaire on fait part des tèrmes qui expriment les connoiſſances qu'on a déja.

## X. SECTION.

### *Du* Tcheou-li.

*Tcheou-li* eſt le nom d'un Livre qui traite des coûtumes & des cérémonies qu'on doit obsèrver dans les différents états, emplois, & poſtes de l'Empire. Je ne ſaurois fixer l'Epoque de ce Livre; il paſſe aſſez généralement pour être plus ancien que les *Han*; & ce n'eſt pas

## REMARQUES.

(1) Voyez la ſeconde Partie. *P. G.*

ici le lieu de parler des changements, & des altérations qu'on dit avoir été faits à plusieurs textes.

Il y a bien des articles qui regardent l'Astronomie, & beaucoup de ces articles se réduisent à de faux principes d'Astrologie judiciaire dont il paroît que les Compilateurs de ce Livre étoient entêtés. Je ne parlerai ici que de cèrtains textes qui paroissent donner quelque lumière, & à mon ordinaire, je ne dirai rien des intèrprétations données même par les Auteurs des *Han*. Ces sortes d'Intèrprétes Chinois donnent sans façon pour ancien, ce qui n'étoit que de leur temps; & dans beaucoup d'endroits, ils ont très-fort érré, quand ils ont voulu raisonner sur la théorie de la Physique & de l'Astronomie.

1°. Dans le *Tcheou-li* on indique la cérémonie d'aller au *Miao*, Palais des Ancêtres, le prémier jour de châque Lune; & le jour de la Lune intèrcalaire la cérémonie se faisoit à la grande porte du Palais. Pour entendre ce passage, il faut savoir que dans l'intérieur du Palais il y avoit quatre bâtiments, dont la grande porte regardoit directement un des quatre points cardinaux. L'une regardoit l'Est, l'autre l'Ouest, la troisiéme le Sud, & la quatriême le Nord. Le Palais de l'Est étoit pour les Lunes du Printemps, celui de l'Ouest pour les Lunes d'Automne; le Palais du Sud étoit pour les Lunes d'Eté, & celui du Nord pour les Lunes d'Hyvèr. A côté de ces quatre Palais intérieurs destinés à honorer les Princes Ancêtres, il y avoit 12. loges pour les 12. Lunes; c'est-là que le Prince, les Grands, faisoient la cérémonie; on égorgeoit une brebis, & le Président du Tribunal des Mathématiques annonçoit le jour de la Lune, ensuite on montoit à la Tour des Mathématiques, on spéculoit vèrs les quatre coins du Monde, & on tenoit Registre de tout.

Dans l'intérieur du Temple il n'y avoit que 12. loges ; ainsi le prémier jour de la Lune intèrcalaire, la cérémonie se faisoit devant la grande porte : c'est pour cela que le caractère Chinois qui exprime la Lune intèrcalaire, est compôsé du caractère *Men*, porte, & de celui de *Vang*, Roi, & le son est *Jun*?

Si on savoit au juste l'antiquité du caractère *Jun* comme compôsé des caractères de *porte* & de *Roi*, on pourroit faire peut-être quelque conjecture solide sur l'antiquité, & sur l'intention primitive de cette cérémonie. Dans le Chapitre *Yao-tien*, on voit le caractère *Jun*. Le Chapitre du *Chouteng* fut écrit sinon du temps de *Yao*, du moins bien près de son temps; mais qui peut savoir au vrai si le caractère de la Lune intèrcalaire, étoit du temps de *Yao* compôsé des caractères particuliers de *porte* & de *Roi*. Parce que je dis du caractère *Jun*, on voit l'importance d'une Histoire critique sur l'origine & les changements arrivés à plusieurs caractères Chinois qui sont cèrtainement hiérogliphes ; d'un autre côté il y a des caractères Chinois qui cèrtainement ne sont pas hiérogliphes ; une Histoire de ceux-ci seroit aussi importante. J'avouë que l'Histoire que je propôse est très-difficile, il faudroit pour cela bien du temps, une critique bien saine, une vaste étenduë d'érudition Chinoise, & sur tout de grands secours pour employer à ce travail plusieurs Chinois habiles : J'espère qu'on me pardonnera cette disgression.

2°. On veut dans le *Tcheou-li* qu'on soit fort attentif à marquer les révolutions de la Planéte *Jupiter*, & on ordonne qu'on divise le temps de la nuit en intèrvalles, qu'aux intèrvalles marqués il y ait des gens qui en avèrtissent, en frappant sur des planches de bois, & que ce soient des horloges d'eau qui mesurent le temps de ces intèrvalles.

3°. On ordonne de se sèrvir d'un Gnomon pour mesurer l'ombre du Soleil, & chèrcher le *Ti-tchong*. On avèrtit que l'ombre méridienne est la plus courte de toutes. Cette ombre méridienne est différente selon les pays, plus on va au Nord, plus l'ombre est longue; plus on va au Sud, plus l'ombre est courte; si on va à l'Est l'ombre arrive plûtôt à son tèrme, & si on va à l'Ouest, l'ombre y arrive plus tard.

4°. Au Solstice l'ombre a un pied & cinq pouces; & alors on a le *Ti-tchong*, tout est en ordre, les quatre saisons sont bien reglées, le Soleil & la Tèrre sont unis.

5°. On parle d'un niveau, des ombres du Gnomon avant & après midi, & on veut que la nuit l'on obsèrve l'Etoile polaire.

Les anciens Intèrprétes parlent d'un grand bassin creux où on voyoit des divisions qui marquoient les heures, & leurs parties, on tenoit toute la nuit des feux, ou lampes allumées pour voir ces divisions; on voyoit un vase suspendu, d'où l'eau couloit dans le bassin creux, & on savoit que dans un espace de temps détèrminé l'eau montoit dans le bassin à une hauteur détèrminée. Le *Tcheou-li* parle du feu pour obsèrver l'horloge d'eau.

Il est évident que dans le troisiême texte il s'agit de la différence des lieux par rapport au lieu où on ordonne de mesurer l'ombre des Gnomons. Celui qui fit ce Réglement avoit-il en vûë de savoir la différence des Méridiens, par la différence des temps, où l'ombre arrivoit à midi? Il paroît cèrtain qu'il avoit en vûë de savoir la différence des latitudes par rapport au lieu particulier où il vouloit qu'on obsèrvât.

Les deux caractères de *Ti-tchong* qui sont dans le troisiême & le quatriême texte signifient *milieu de la Tèrre* (1), ils veulent dire aussi Méridien d'un lieu, ou

REMARQUES.

(1) *Ti* Terræ, *Tchōng* Medium terræ, seu loci planum Meridianum. *P. G.*

un lieu dont on a la ligne méridienne. Les Astronomes & Intèrprétes des *Han* & des Dynasties suivantes, se sont figuré que dans ces endroits du *Tcheou-li*, il s'agit de chèrcher le milieu du Monde, & comme le texte porte qu'on a le *Ti-tchong* quand l'ombre a un pied & cinq pouces, ils ont avancé que *Loyang*, ou *Tenfong*, est le milieu du Monde, parce que, disoient-ils, c'est dans *Loyang* que *Tcheou-long* obsèrva l'ombre méridienne d'un pied cinq pouces. D'un autre côté les Astronomes des *Han* publièrent que selon les Anciens, un pouce d'ombre de différence donne 1000. *lis* de plus ou de moins sur la Tèrre. Ces deux fausses idées les engagèrent à vouloir calculer la distance de la Tèrre au Ciel, & la grandeur du Ciel même. Dans les Dynasties suivantes ; on fit plusieurs fois les obsèrvations en différentes villes de l'Empire, & on voit seulement que le principe de la différence de 1000. *Lys* par rapport à un pouce d'ombre étoit insoutenable ; mais croyant toûjours que *Theou-long* avoit eu en vûë de fixer le milieu du Monde à *Loyang*, ou pour mieux dire, dans la ville dont il parle ; ils ont fait mille systêmes faux & ridicules, & il est inutile que je les rapporte.

Les Chinois ne doutent pas que les textes sur le *Ti-tchong* & le Gnomon ne soient de *Tcheou-kong*, ou du moins de quelque Auteur de son temps. Ils ne doutent pas aussi que cela ne regarde *Loyang* ; il paroît seur que l'ombre d'un pied cinq pouces, est l'ombre méridienne d'un Gnomon de 8. pieds au Solstice d'Eté.

Par les différents textes du *Tcheou-li* je crois qu'on ordonne de tracer la ligne méridienne. Il s'agit de bâtir un Palais pour le Prince, de tout temps on a eu grande attention à la Chine que le Palais du Prince regardât le Midi. L'Histoire & les Livres d'Astronomie démontrent cela. L'Auteur des textes veut donc que dans la constru&tion de ce Palais on ait exa&tement le Midi,

& comme ce point est aussi essentiel pour le Gnomon, c'est un précepte général. L'Auteur donne des régles pour trouver le Midi, ou cette ligne méridienne. 1°. Il avoit remarqué que dans le lieu dont il parloit le Gnomon de 8. pieds donnoit au Solstice d'Eté une ombre de 1. pied 5. pouces; il donne donc cette régle infaillible & fondamentale selon lui. Cela convient très-bien à *Tcheou-long* qu'on dépeint comme habile en Astronomie. De tout temps on a regardé à la Chine comme un point de la dèrnière conséquence de savoir l'ombre méridienne des Gnomons, pour connoître par-là les Equinoxes, Solstices, & autres point du Calendrier; cela joint à l'importance de l'aspect du midi pour le Palais, fait dire que si on a la ligne méridienne, ou le *Ti-tchong*, on voit le Ciel uni à la Tèrre, les saisons bien réglées, &c. Comme le plan du Méridien, c'est-à-dire, la connoissance du plan du Méridien est de la dèrnière importance, on veut qu'on apprenne à le connoître par plusieurs voyes. On veut qu'on compare l'ombre du Gnomon avant midi, à l'ombre du Gnomon après midi, on veut que la nuit on obsèrve l'Etoile du Nord. Dans toutes ces opérations il faut se sèrvir de plans qui soient de niveau; & dans la construction d'un Palais, la connoissance du niveau est absolument nécessaire, ainsi il ne faut pas être surpris si le texte parle du niveau.

Suppôsant le Gnomon qui ne donne que la hauteur du bord supérieur du Soleil, on voit qu'au Solstice d'Eté un Gnomon de 8. pieds qui donne une ombre méridienne de 1. pied 5. pouces, on voit, dis-je, qu'il en résulte une hauteur du Pôle de 34°. 22. à 23'. Le centre de la ville de *Honan* (1), près de laquelle ville est

REMARQUES.

(1) Ville du *Honan*. J'en parle dans l'Histoire des Eclipses. Voyez sa situation dans le Tome II. pag. 139. *P. G.*

le vieux *Loyang*, ou la demeure de *Tcheou-kong* tandis qu'il gouvèrna l'Empire, a été obsèrvé à la hauteur de 34°. 46'. Peut-on bien être seur si quelques lieuës au Sud de *Honan* d'aujourd'hui n'étoit pas le Palais de *Tcheou-kong*, ou pour mieux dire les obsèrvations d'un Gnomon peuvent-elles être d'une aussi grande justesse que nos quarts de cèrcle ?

Outre les obsèrvations que *Theou-kong* fit, ou fit faire au vieux *Loyang*, il en fit encore dans un lieu au Sud de *Honan* appellé *Teng-fong* (1). Le P. Martini dans son Atlas parle d'une plaque de cuivre pour mesurer l'ombre, & d'une Tour des Mathématiques. Dans une Description (2) du *Honan* faite sous le feu Empereur *Cam-hi*, on voit ce que fit *Tcheou-kong* à *Loyang* & à *Teng-fong*, on y voit les figures du Gnomon, & de la Tour des Mathématiques. Je ne doute nullement des obsèrvations qui furent faites du temps de *Tcheou-kong*; mais je ne sai si les figures qu'on donne sont fort anciennes. Je pense à faire un recueil de plusieurs monuments antiques qui sont dans les Provinces du *Chun-tong*, *Chan-si*, *Honan*, & *Chensi*, & quelques autres, je ferai un chois de ce que je croirai le plus authentique, & j'en ferai part.

## XI. SECTION.

### *Du* Tcheou-Pey.

1°. Dans le Livre *Tcheou-pey*, on dit nettement que *Fou-hi* a laissé des régles d'Astronomie, & *Tcheou-kong* demande des principes de calcul pour connoître le Ciel

## REMARQUES.

(1) Ville du *Honan*. *P. G.* notre Bibliothéque Chinoise.
(2) Cette description est dans *P. G.*

& la Terre ; c'est-à-dire qu'il veut savoir les principes d'Astronomie & de Géométrie.

2°. On asseure que les principes du calcul sont dans la connoissance de la figure circulaire, & dans la figure plane rectangle (1), & on dit que pour connoître le cercle, il faut connoître la figure plane rectangle, & pour connoître la figure plane rectangle, il faut savoir pôser des lignes droites à angles droits, savoir multiplier une de ces lignes par l'autre, & sur tout être au fait sur l'art de quârrer ces quantitez : par exemple, savoir que 81. est le produit de 9. multiplié par 9.

3°. On donne pour exemple deux lignes jointes à angles droits, on suppôse que l'une à 4. parties, & l'autre 3. on conclut que si on joint ces 2. lignes par une troisiême, celle-ci aura 5. parties. Ces 3. lignes ainsi jointes font une figure rectangle triangulaire. L'hypothénuse est appellée *King* A. le grand côté est *Kou* B. le petit côté est *Keou* C. *Voyez Tome II. Planche* 1. *fig.* 1.

4°. On fait ensuite allusion à une figure qu'on donne D. Dans cette figure on voit à l'œil que les 2. quarrés du *Kou* & du *Keou*, sont égaux au quarré du *King*. $4 \times 4 = 16$. $3 \times 3 = 9$. $5 \times 5 = 25$. on voit que l'aire d'un triangle rectangle est la moitié du produit d'un côté par l'autre, & qu'ainsi toute figure rectangle, parallélogramme, ou quârré est divisée en 2. parties égales par la diagonale. *Voyez Tome II. Planche* 1. *fig.* 4.

5°. Si on ajoûte, par exemple 3. à 4. la somme est 7. or le quarré de 7. est 49. On fait ici un quarré de 7. & il a 49. petits quarrés égaux entr'eux. Considérez dans cette figure 1°. le quarré de $5 = 25$. Ce quarré de 5.

## REMARQUES.

(1) Le caractère *Souy* qui y est, veut dire aussi, figure quârrée. *P. G.*

est

eſt lui-même compôſé de 4. triangles rectangles dont un côté eſt 4. l'autre 3. & l'hypothénuſe eſt 5. Ces 4. triangles joints, laiſſent un quârré au milieu, qui a la figure d'un petit plat. Conſidérez 2°. quatre autres triangles rectangles qui ſont la différence du quârré de 7. au quârré de 5. tous ces triangles ſont égaux, & l'hypothénuſe eſt 5. un côté 3. un autre 4.

6. La figure E. repréſente un quârré inſcrit dans le cèrcle. Les 4. côtés du quârré deviennent la corde des 4. arcs égaux, & du milieu de l'arc une ligne tombe à plomb ſur la corde, & la coupe à parties égales. On ſait que ſelon les régles cette ligne pèrpendiculaire produite par le centre du cèrcle, & continuée juſqu'à la périphérie deviendroit un diamétre, & diviſeroit le cèrcle en 2. parties égales. Dans la figure F. on voit un quârré inſcrit, & un autre circonſcrit, on voit la différence du quârré inſcrit au circonſcrit, & ſi on diviſoit la figure en une infinité de petits quârrés, ou triangles rectangles, on auroit par aproximation la différence de 2. quârrés au cèrcle. Au reſte, le quârré inſcrit eſt diviſé en 2. triangles égaux, & on voit 4. triangles rectangles dont l'hypothénuſe eſt un des côtés du quârré inſcrit. *Voyez Tome II. Planche* 1.

7°. On aſſeure dans le texte que le Grand *Yu* employa utilement la connoiſſance du triangle rectangle & de ſes propriétés, & celles des figures, pour ſon grand Ouvrage : & le même texte aſſeure, qu'avec ces connoiſſances, on peut meſurer les diſtances, les hauteurs, les profondeurs, & généralement ce qui a rapport aux figures circulaires & planes.

## *NOTES.*

1°. La connoiſſance de ces figures, celles du quârré de l'hypothénuſe égal aux 2. quârrés des deux côtés du triangle rectangle est cèrtainement à la Chine long-temps devant les *Han*. Dans le texte authentique du *Tcheou-pey* on dit nettement que *Tcheou-kong* apprit ces connoissances d'un Grand Seigneur de la Dynastie de *Chang* (1), & les savans Chinois le disent généralement. Dans la suite des temps, on a donné sous le nom de *Tcheou-pey* bien des connoissances & des propositions postérieures, ou déduites par des Auteurs sur les réfléxions qu'ils ont faites sur les vrais textes & les figures.

2°. Beaucoup de Chinois citent le texte de *Tcheou-pey*, pour dire que le Ciel est rond, & la Tèrre quârrée. L'ignorance est la mère de ces propositions prises ainsi à la rigueur. Quand le texte dit que la figure circulaire est du ressort du Ciel, ou appartient au Ciel, & la figure plane rectangle appartient à la Tèrre; on veut dire que la connoissance d'une figure est essentielle à l'Astronomie, & la connoissance de l'autre est essentielle à la Géométrie. L'objet de ces 2. sciences porte avec soi l'explication de ce texte.

3°. Dans un triangle rectangle dont un côté est 3. l'autre 4. & l'hypothénuse est 5. on voit que si on joint tous ces quârrés on aura le nombre 50. & si on réduisoit en petits quârrés, on auroit 50. petits quârrés. Cependant on se sèrt du quârré de 7 = 49. pour faire une figure de 49. quârrés, & cette figure bien éxaminée, apprend de très-belles propositions. Ne seroit-ce pas de cette figure, & de la propriété du triangle rectangle que

## REMARQUES.

(1) Les *Chang* commencèrent à régner 1764. ans avant J. C. & finirent l'an 1121. Pythagôre qui découvrit en Europe cette propriété de l'Hypothénuse vivoit vèrs la soixantième Olympiade; c'est-à-dire 533. ans avant J. C. Ainsi les Chinois ont eu cette connoissance plus de 1000. ans avant les Grecs. *P. S.*

*Confucius* parle dans ses Ecrits, quand il dit que *le nombre de la grande expansion est* 50. *mais que dans l'usage on se sèrt du nombre* 49.

Je ne donne ceci que pour une conjecture que je fais, & je la trouve appuyée de l'opinion d'un Astronome Chinois natif du *Tchequiang* qui estimoit fort le P. Adam Schall.

4°. Quoique la propriété du triangle rectangle ne soit appliquée ici qu'aux nombres 3. 4. 5. on voit que la proposition est donnée comme générale. Mais on ne sauroit asseurer si anciennement on avoit des démonstrations Géométriques de cette propriété. De même, quoique cette propriété soit un grand principe dans les opérations de Trigonométrie rectiligne, on ne sauroit détèrminer jusqu'à quel point on avoit anciennement poussé ces connoissances pour les calculs. Pour ce qui regarde la Trigonométrie sphérique, on voit bien qu'à la faveur du triangle rectangle on peut concevoir les cèrcles compôsés d'une infinité de petits triangles rectangles, & cela joint à l'éxamen des figures, peut donner des lumières considérables sur les figures sphériques; mais on ne sauroit asseurer si avant les *Han* les Chinois savoient la Trigonométrie sphérique, & suppôsé qu'ils la sussent, il est cèrtain que la mémoire & le secret s'en étoient pèrdus dès le temps des *Han*.

Je ne parle pas du Livre *Que-yu*, ou *Koue-yu*. Il fut fait avant les *Han*, & fort près du temps de *Confucius*. Il y a bien des chôses sur les Etoiles, Constellations, Signes célestes, &c. mais en en faisant le précis pour ce qui regarde l'Astronomie, je tomberois dans beaucoup de redites.

## XII. SECTION.

### *Des connoissances que donne l'Histoire Chinoise sur l'Astronomie avant les* Han.

L'Histoire Chinoise attribuë les prémières connoissances de l'Astronomie à *Fou-hi*. *Chin-nong* rangea, disent les Jésuites dans leur Astronomie, les 8. *Tsiéki*; c'est-à-dire le *Li-tchun*, l'Equinoxe du Prinptems, le *Li-hia*, le Solstice d'Eté, le *Li-tsieou*, l'Equinoxe d'Automne, le *Li-tong*, & le Solstice d'Hyvèr.

*Hoang-ti* fit un Calendrier, des instruments pour obsèrver les Astres, un en particulier pour connoître toûjours l'Est, l'Ouest, le Nord, & le Sud (1). Ce Prince établit le Tribunal des Mathématiques, & celui de l'Histoire, il apprit à connoître exactement les lieux des Astres. Il est l'Auteur des instruments appellés *Lu-lu*. Celui dont il se sèrvit pour faire les *Lu-lu* étoit *Ling-lun* natif de *Yuen-yu* à l'Occident de *Ta-hia*. Ces *Lu-lu* étoient des instruments de Musique, il y en avoit pour châque Lune. Ces *Lu-lu* par le nombre des pieds, des pouces, & des lignes de leurs dimensions, régloient selon les Chinois les différents tons de la Musique, les poids, & les mesures, & même les principaux calculs pour l'Astronomie, la Géométrie, & l'Arithmétique. *Haong-ti* fit le Cycle compôsé de 10. *Kan* & de 12. *Tchi*, ou pour mieux dire, il apprit à s'en sèrvir dans les calculs, & dans l'Histoire; ce Prince apprit aussi à faire des Bar-

## REMARQUES.

(1) Il s'agit de l'usage de la Boussole, puisqu'on se sèrt de cet instrument sans voir les Astres. *P. G.* *Hoang-ti* régnoit 244. ans avant Jésus-Christ. Voilà une Epoque de la Boussole bien ancienne. *P. S.*

ques, & puisqu'il savoit l'Astronomie, & l'usage de la Boussole, il est clair que la sciencede la navigation ne lui étoit pas inconnuë.

*NOTES.*

1°. Une Géographie Chinoise faite avant la venuë des Jésuites dit, que la Cour de *Scharoe* (1) fils de *Timourleng* (2) gendre du dèrnier Empereur des *Yuen*, étoit à *Ha-lie*, & que c'est le pays de l'ancien *Ta-hia* dont parlent tant de Livres Chinois. On sait que *Scharoe* régnoit dans le *Chorassan*, & la position que les anciennes Géographies Chinoises donnent à *Ta-hia*, répond assez au *Chorossan*.

2°. Ce que dit l'Histoire sur la vie de *Hoang-ti* est d'une grande importance, & quand les Savans d'Europe auront en partie examiné ce point, je ne doute pas qu'il n'en résulte quelque chôse d'excellent.

*Ha-rat*, où *Herat*, ou *Heri*. La Géographie citée marque assez bien la distance de cette ville à Samarcande, & à la Pèrse, on y parle d'une ambassade de *Scharoe* à un des prémiers Empereurs de la Dynastie des *Ming*. *Herat* est fort connu des Chinois.

Celui qui succéda à *Hoang-ti* fut *Chao-hao*. L'Histoire n'entre dans aucun détail de ce qu'il fit sur l'Astronomie. Mais *Tso-kieou-min* rapporte qu'à la dix-septiéme année de *Tcheo-long* (3), *Yen-tse* descendant de *Chao-hao*, apprit pourquoi l'oiseau fut le symbole de ce

REMARQUES.

(1) En Chinois *Cha-lo*. *P. G.*

(2) En Chinois *Tie-mon-eul*. C'est le fameux *Tamerlan*. *P. G.*

(3) 525. ans avant Jésus-Christ. *P. G.*

Prince, & représenta *Chao-hao* comme un grand Astronome, qui avoit en particulier des Mandarins établis pour régler les 8. *Tsiéhi*. Cependant selon l'Histoire, il paroît que sous *Chao-hao* l'Astronomie, étoit fort déchuë de l'éclat que lui avoient donné les soins de *Hoang-ti*.

*Tchouen-hiu* succéda à *Chao-hao*, il fit un Calendrier selon lequel la prémière Lune de l'année devoit être la prémière Lune du Printemps. Le jour du *Li-tchun* le Soleil & la Lune furent en conjonction, & alors les 5. Planétes étoient dans la Constellation *Che*, ou *Yng-che*. L'Histoire dit positivement que *Tchouen-hiu* trouva le Calendrier en désordre, & qu'il travailla beaucoup à le mettre en ordre.

*NOTES.*

L'Histoire ne marque pas l'année de la conjonction du ☉ & de la ☾ dans le *Li-tchun*, ou le 15°. de ♒, dans le temps que les 5. Planétes étoient dans la Constellation *Che*. La tradition & l'Histoire parlent d'un Calendrier de *Tchouen-hiu*, & il paroît que la prétenduë conjonction des Planétes qu'on donne pour une obsèrvation de son temps, n'est qu'une conjonction systêmatique qui étoit l'Epoque feinte du Calendrier qui portoit le nom de *Tchouen-hiu*. On ne sauroit donner d'autre raison bien plausible de la fausseté d'une conjonction d'ailleurs si bien détaillée, & cette explication est entièrement conforme à la méthode ancienne de prendre pour Epoque feinte des pareilles conjonctions. Sur cela il faut voir ce je dis dans la seconde Partie.

*Tico* succéda à *Tchouen-hiu*. Ce Prince fut Astronome, & fit des arrangements sur les Constellations. Il passe pour avoir fait une belle Sphère.

*Yao* fils de *Tico* passe dans l'esprit de bien des Chinois pour celui qui a donné une forme ſtable au Calendrier. Le Tribunal des Mathématiques fixe la prémière année de tous ſes calculs à la quatre-vingt-uniême année de ce Prince, & ſelon ce Tribunal, cette quatre-vingt-uniême année répond à l'an 2277. avant Jéſus-Chriſt. Cette année eſt marquée *Kia-tſe*, prémière du Cycle de 60. ans. Beaucoup de Mathématiciens Chinois attribuent à *Yao* la connoiſſance du Cycle de 19. ans, dans lequel il y a 235. Lunaiſons (1), ou conjonctions de ☉ & de ☾, dont 7. doivent être intèrcalaires. On rapporte la fable d'une tortuë de 1000. ans, qui avoit gravé ſur ſon dôs des caractères où on voyoit ce qui s'étoit paſſé depuis le commencement du Monde; on rapporte encore la fable d'une plante dont les feüilles tomboient & renaiſſoient une à une, pour marquer les deux prémiers quartiers de la Lune & les deux dèrniers. Le jour de la ☌, aucune feüille ne tomboit & ne renaiſſoit. Quoiqu'on ait pèrdu le ſens de ces fables, on voit aſſez qu'on veut dire que *Yao* connoiſſoit le cours de la ☾ & du ☉, & qu'il en donna des régles. On voit encore qu'il ſavoit l'Hiſtoire ancienne des Princes & Rois qui l'avoient précédé, & comme il s'agit dans la fable de la Tortuë, des Mathématiques par rapport au Calendrier, on voit qu'il ſavoit profiter de la comparaiſon des anciennes obsèrvations avec les nouvelles, & peut-être en fit-il faire des catalogues qui ſe ſont pèrdus. Dans le *Chou-king* on a vû ce que fit *Yao* ſur l'Aſtronomie. C'eſt ce qu'on ſait de bien ſeur. Ce qu'on dit d'ailleurs eſt fondé ſur des traditions que l'Hiſtoire a consèrvées.

*Chun* ſuccéda à *Yao*. On parle d'une Sphère qu'il inventa pour régler les mouvements du ☉, de la ☾, & des

## REMARQUES.

(1) Voyez la ſeconde Partie. *P. G.*

5. Planétes. On parle d'un instrument à 12. tuyaux dont la hauteur étoit de 9. pouces. Ces 12. tuyaux représentoient les 12. Lunes; on y voyoit les régles du Calendrier pour les lieux des Astres & les Eclipses. Ils sèrvoient encore pour les différentes mesures, & pour les différentes Musiques propres aux cérémonies de châque saison. On avèrtit que 10. lignes faisoient un pouce, ou *Tsun*; 10. pouces un pied, ou *Tchi*; 10. pieds un *Tchang*; 10. *Tchang* un *Yn*.

La capacité de cet instrument étoit de 1200. grains de millet, on l'appelloit un *Yo*, 10. faisoient un *Ko*; 10. *Ko* faisoient un *Chin*; 10. *Chin* faisoient un *Teou*, & 10. *Teou* faisoient un *Hou*. 1200. grains de millet pesoient 12. *Chou*; 2. *Yo* pesoient un *Leang*, ou once, & 16. *Leang* faisoient un *Kin*, ou livre; 30. *Kin* faisoient un *Kun*, 4. *Kun* faisoient un *Tan*. On avouë que l'usage de cet instrument pour les Mathématiques s'est pèrdu, il a le nom de *Hoang-tchong*, ou *Clochette jaune*, & pôsé la vérité de ce qu'on en rapporte, il ne faut pas être surpris si les Chinois en font de si grands éloges. Quelques années avant la mort de *Chun*, *Yu* expliqua les caractères du *Lo-chou*. Plusieurs Chinois ont cru y voir quelques vestiges d'Astronomie, je n'en dis rien, parce qu'on ne peut en tirer rien de seur. On voit le *Lo-chou* dans la figure, on peut éxaminer, & voir si on peut y trouver quelque méthode qu'on puisse asseurer avoir été connuë de *Yu*. *Voyez Tome II. Planche 3.*

*Yu* fit un Calendrier, & ordonna qu'on commenceroit l'année par la Lune *Yn*. On dit que *Tching-tang* Fondateur des *Chang* appellés ensuite *Yn*, fit un Calendrier, & qu'il ordonna que l'année commenceroit par la Lune *Tcheou*. *Vouvang* fut le Fondateur des *Tcheou*. Il fit un Calendrier & ordonna que la Lune *Tse* seroit la prémière de l'année. L'Auteur du Livre *Koue-yu* rapporte plusieurs lieux du ☉, de la ☾, de ♃, & de ☿ pour l'année l'année où *Vouvang* défit *Tcheou* dèrnier Roi des *Chang*; mais comme le lieu du ☉ rapporté sur la fin de la Constellation *Ki*, & vêrs le commencement de la Constellation *Teou*, n'est pas rapporté aussi à un des 24. *Tsiéki* de l'année, on ne sauroit dire à quel jour de notre année répond celui que l'Auteur du *Koue-yu* (1) avoit en vûë, & par conséquent on ne sauroit détèrminer l'année en vèrtu de ce lieu, d'autant plus que cet Auteur ne parle là ni du mois, ni du jour. D'ailleurs, je crois que ce n'est qu'un calcul, & comme on n'en sait pas les principes, on n'en sauroit faire une critique bien juste. *Tcheou-kong* frère de *Vouvang* fit un Calendrier (2), il savoit obsèrver les Astres, il fit des obsèrvations à *Loyang*, & apprit à des Etrangers à se sèrvir d'un instrument qui marquoit toûjours le midi, pour s'en retourner dans leur pays. Ce pays étoit au Sud de *Kiao-tchi*. Or *Kiao-tchi* passe aujourd'hui pour une partie du pays appellé *Cochinchine*.

Tous les Historiens & Astronomes avoüent que sur la fin de la Dynastie des *Tcheou* l'Astronomie étoit tombée dans une grande décadence; on négligeoit l'intèrcalation; on ne savoit pas la méthode des Eclipses; on n'alloit prêsque point au Palais des Ancêtres pour la cérémonie du prémier jour de la Lune, & on ne pensoit pas à monter à la Tour des Mathématiques. Suppôsé qu'on eut des Livres qui apprissent des méthodes cèrtaines des calculs; ou bien qui eussent au moins le catalogue des obsèrvations anciennes, on auroit pû rétablir

## REMARQUES.

(1) L'Auteur du *Koue-yu* quel qu'il soit, étoit près du temps de *Confucius*, & on voit qu'il savoit assez bien calculer les lieux du Soleil & de la Lune. Il suppôsoit que *Jupiter* faisoit dans un an solaire la douziême partie de sa course dans l'Equateur, ou le Zodiaque. *P. G.*

(2) C'est celui de *Lou*, ou celui du *Tchun-tsieou*. *P. G.*

l'Astronomie. Mais l'Empereur *Tsin-chi-hoang* fit brûler les Livres l'an 213. avant Jésus-Christ. On rapporte à cet incendie, & à la négligence des Chinois de la fin des *Tcheou* la pèrte du secret de *Hi* & *Ho*; c'est-à-dire, de l'Astronomie de *Hoang-ti*, & *Yao* après ces Mathématiciens nommés pour le Tribunal, & appellés *Hi*, *Ho*. On avouë aussi qu'on pèrdit le secret du Char dont on se sèrvoit pour connoître le Midi, & de la méthode pour connoître le mouvement des Fixes. Du reste on asseure, que depuis *Yao* jusques vèrs la fin des *Tcheou*, les Chinois savoient parfaitement l'Astronomie. Sans entrer dans l'éxamen particulier de ce fait, j'ai crû devoir ramasser tout ce que j'ai pû trouver sur cette Astronomie. L'Histoire renvoye au *Yao-tien* ce que fit *Yao* sur les Etoiles, & rapporte fort au long la doctrine des Chinois sur l'intèrcalation, & sur la quantité de l'année, & du mois, soit lunaire, soit solaire. Cette doctrine fut débitée du temps des *Han*.

L'Histoire fait mention des Eclipses solaires du *Chou-king*, du *Tchun-tsieou*, & de quelques autres. Je les ai toutes éxaminées moi-même; & de tout ce que j'ai dit on voit qu'on sait bien peu de chôses cèrtaines sur la méthode de cette ancienne Astronomie Chinoise. Depuis les *Han* jusqu'à l'arrivée des Jésuites on sait seurement ce que les Chinois ont connu d'Astronomie, & c'est ce que j'entreprens d'expliquer dans la seconde Partie de ce Traité.

*Fin de la prémière Partie du Traité de l'Astronomie Chinoise.*

# TRAITÉ DE L'ASTRONOMIE CHINOISE.

## SECONDE PARTIE.

## Astronomie Chinoise depuis les *Han*; c'est-à-dire, depuis l'an 206. avant Jésus-Christ jusqu'au quinzième siécle.

*Tables de l'Astronomie Chinoise, & leur usage.*

### PREMIERE SECTION.

### Mesures du temps & des degrés Chinois réduites à la mainière des Européans.

*Usage des quatre Tables suivantes.*

C'EST du temps du R. P. Adam Schall que les Chinois consentirent à diviser le cèrcle en 360°. (1) châque degré en 60'. &c. ils consentirent en même temps à diviser châque jour en 24. heures, châque heure

REMARQUES.

(1) Il y a plus de 3000. ans que les Chinois connoissoient la division du cèrcle en 360°. & châque degré en 60'. Voyez l'Article sur les Astronomies Etrangères. *P. G.*

en 60'. & châque minute en 60". &c. & tout le jour en 96. *ke* (1), & châque *ke* en 15'.

Avant le temps du P. Adam Schall, j'ai marqué les obsèrvations & les calculs des Chinois ſelon leur ancienne diviſion du temps & du cèrcle, & c'eſt un embarras continuel quand il faut réduire à notre forme la forme Chinoiſe. C'eſt pour cela que j'ai fait les Tables ſuivantes de réduction, tant pour les degrés, que pour le temps. J'ai quelquefois négligé des troiſiêmes & des quatriêmes que je laiſſe à ceux qui voudront toûjours les calculer avec cette préciſion.

La diviſion du cèrcle a toûjours (2) été relative au mouvement moyen du ☉ pendant une année ſolaire: or le mouvement moyen du ☉ a toûjours été ſuppôſé d'un degré Chinois dans un jour.

Outre la diviſion du jour civil en 100. *ke* (3), les Chinois ont eu d'autres diviſions du jour; mais celles-ci n'ont été que pour leurs calculs Aſtronomiques. J'en parle quelquefois dans l'Aſtronomie des Dynaſties, parce que ces ſortes de diviſions ont ſouvent changé. De même pour les calculs Aſtronomiques, on s'eſt sèrvi de différentes diviſions du cèrcle & du degré. Dans la lecture des Livres Chinois d'Aſtronomie, il faut avoir grand ſoin de reconnoître ces différentes diviſions.

## REMARQUES.

(2) La diviſion du jour en *ke*, eſt connuë depuis longtemps à la Chine. L'Aſtronomie des *Yuen* en parle. *P. G.*

(3) Avant la venuë des Jéſuites. *P. G.*

(4) Le jour & la nuit ont 12. heures qui faiſoient autrefois 100. *ke*. Ainſi châque heure avoit 8. *ke* & quelques minutes. Châque *ke* avoit 100'. Châque minute 100". Ceci peut sèrvir à corriger ce que dit M. d'Hèrbelot dans ſa Bibliothéque Orientale, au titre de *ke*, ou *keh*. *P. G.*

## PRE'MIERE TABLE.

*Les* Ke *Chinois réduits à nos degrés & minuntes.*

| Temps Chinois réduits en *ke.* | *Ke* Chinois réduits en temps Européans. | Temps Chinois reduits en *ke.* | *Ke* Chinois réduits en temps Européans. |
|---|---|---|---|
| | Heur. ′. ″. | | Heur. ′. ″. |
| 1. | 0. 14. 24. | 20. | 4. 48. 0. |
| 2. | 0. 28. 48. | 30. | 7. 12. 0. |
| 3. | 0. 43. 12. | 40. | 9. 36. 0. |
| 4. | 0. 57. 36. | 50. | 12. 0. 0. |
| 5. | 1. 12. 0. | 60. | 14. 24. 0. |
| 6. | 1. 26. 24. | 70. | 16. 48. 0. |
| 7. | 1. 40. 48. | 80. | 19. 12. 0. |
| 8. | 1. 55. 12. | 90. | 21. 36. 0, |
| 9. | 2. 9. 36. | 100. | 24. 0. 0. |
| 10. | 2. 24. 0. | | |

# II. TABLE.

*Parties ou minutes des* Ke *Chinois réduites aux nôtres.*

| Parties ou min. des *Ke* Chinois. | Parties ou minutes Européannes qui leur répondent. | Parties ou min. des *Ke* Chinois. | Parties ou minutes Européannes qui leur répondent. |
|---|---|---|---|
| | ′. ″. ‴. ⁗. | | ′. ″. ‴. ⁗. |
| 1. | 0. 8. 38. 24. | 20. | 2. 52. 48. 0. |
| 2. | 0. 17. 16. 48. | 30. | 3. 59. 12. 0. |
| 3. | 0. 25. 55. 12. | 40. | 5. 45. 36. 0. |
| 4. | 0. 34. 33. 36. | 50. | 7. 12. 0. 0. |
| 5. | 0. 43. 12. 0. | 60. | 7. 58. 24. 0. |
| 6. | 0. 51. 50. 24. | 70. | 9. 24. 48. 0. |
| 7. | 1. 0. 28. 48. | 80. | 11. 31. 12. 0. |
| 8. | 1. 9. 7. 12. | 90. | 12. 57. 36. 0. |
| 9. | 1. 17. 45. 36. | 100. | 14. 24. 0. 0. |
| 10. | 1. 26. 24. 0. | | |

# III. TABLE.

*Degrés Chinois réduits aux nôtres.*

| Degrés Chinois. | Degrés Chinois réduits à la forme Européanne. | Degrés Chinois. | Degrés Chinois réduits à la forme Européanne. |
|---|---|---|---|
| 1. | Deg. '. ". '''. ''''.<br>0. 59. 8. 15. 18. | 20. | Deg. '. ". '''. ''''.<br>19. 42. 45. 6. 0. |
| 2. | 1. 58. 16. 30. 36. | 30. | 29. 34. 7. 39. 0. |
| 3. | 2. 57. 24. 45. 54. | 40. | 39. 25. 30. 12. 0. |
| 4. | 3. 56. 33. 1. 12. | 50. | 49. 16. 52. 45. 0. |
| 5. | 4. 55. 41. 16. 30. | 60. | 59. 8. 15. 18. 0. |
| 6. | 5. 54. 49. 31. 40. | 70. | 68. 59. 37. 51. 0. |
| 7. | 6. 53. 57. 47. 6. | 80. | 78. 51. 0. 24. 0. |
| 8. | 7. 53. 6. 2. 24. | 90. | 88. 42. 22. 57. 0. |
| 9. | 8. 52. 14. 17. 42. | 100. | 98. 33. 45. 30. 0. |
| 10. | 9. 51. 22. 33. 0. | | |

Dans cette réduction, je suppôse la division du cèrcle en 365°. & 25'. Chinoises.

# IV. TABLE.

*Minutes des degrés Chinois réduites à la forme Européanne.*

| Minutes de degré Chinois. | Minutes Chinoiſes réduites à la forme Européanne. | Minutes de degré Chinois. | Minutes Chinoiſes réduites à la forme Européanne. |
|---|---|---|---|
| | ′. ″. ‴. ⁗. ′‴″. | | ′. ″. ‴. ⁗. ′‴″. |
| 1. | 0. 35. 29. à peu près. | 50. | 29. 34. 7. 39. 0. |
| 5. | 2. 57. près de 25‴. | 60. | 35. 28. 57. 10. 48. |
| 10. | 5. 54. 49. 31. 48. | 70. | 41. 23. 46. 42. 36. |
| 20. | 11. 49. 39. 3. 36. | 80. | 47. 18. 36. 14. 24. |
| 30. | 17. 44. 28. 35. 24. | 90. | 53. 13. 25. 46. 12. |
| 40. | 23. 39. 18. 7. 12. | 100. | 59. 8. 15. 18. 0. |

J'ai peut-être fait quelques fautes dans ces Tables, & par conſéquent dans les calculs que j'ai réduits ſelon ces Tables. Par les principes pôſés, on peut aiſément corriger ces èrreurs.

## V. TABLE.

*Pour avoir la déclinaiſon du ☉, & la quantité du jour dans châque degré Chinois de diſtance du ☉ au Tropique.*

| Degrés. | Déclinaiſon. | Moitié du jour. | Moitié du jour. |
|---|---|---|---|
| | ° ′ ″ | Ke. ′ ″ | Ke. ′ ″ |
| 1. | 23. 89. 97. | 19. 8. 5. | 30. 91. 95. |
| 2. | 23. 88. 98. | 19. 8. 34. | 30. 91. 66. |
| 3. | 23. 87. 32. | 19. 8. 81. | 30. 91. 19. |
| 4. | 23. 85. 1. | 19. 9. 81. | 30. 90. 53. |
| 5. | 23. 82. 2. | 19. 10. 32. | 30. 89. 68. |
| 6. | 23. 78. 37. | 19. 11. 36. | 30. 88. 64. |
| 7. | 23. 74. 5. | 19. 12. 58. | 30. 87. 42. |
| 8. | 23. 69. 7. | 19. 14. 0. | 30. 86. 0. |
| 9. | 23. 63. 42. | 19. 15. 61. | 39. 84. 39. |
| 10. | 23. 57. 6. | 19. 17. 40. | 30. 82. 60. |
| 11. | 23. 50. 4. | 19. 19. 39. | 30. 80. 61. |
| 12. | 23. 42. 35. | 19. 21. 57. | 30. 78. 43. |
| 13. | 23. 33. 96. | 19. 23. 54. | 30. 76. 6. |
| 14. | 23. 24. 88. | 19. 26. 50. | 30. 73. 50. |
| 15. | 23. 15. 13. | 19. 29. 24. | 30. 70. 76. |
| 16. | 23. 4. 66. | 19. 32. 18. | 30. 67. 82. |
| 17. | 22. 93. 52. | 19. 35. 32. | 30. 64. 68. |
| 18. | 22. 81. 67. | 19. 38. 62. | 30. 61. 38. |

*Continuation de la V. Table.*

| Degrés. | Déclinaison. | Moitié du jour. | Moitié du jour. |
|---|---|---|---|
| | °. '. ". | Ke. '. ". | Ke. '. ". |
| 19. | 22. 69. 13. | 19. 42. 13. | 30. 57. 87. |
| 20. | 22. 55. 88. | 19. 45. 82. | 30. 54. 18. |
| 21. | 22. 41. 93. | 19. 49. 70. | 30. 50. 30. |
| 22. | 22. 27. 27. | 19. 53. 77. | 30. 46. 23. |
| 23. | 22. 11. 90. | 19. 58. 3. | 30. 41. 97. |
| 24. | 21. 95. 84. | 17. 62. 46. | 30. 37. 54. |
| 25. | 21. 79. 6. | 19. 67. 8. | 30. 32. 92. |
| 26. | 21. 61. 59. | 19. 71. 88. | 30. 28. 12. |
| 27. | 21. 43. 39. | 19. 76. 86. | 30. 23. 14. |
| 28. | 21. 24. 49. | 19. 82. 2. | 30. 17. 98. |
| 29. | 21. 4. 89. | 19. 87. 37. | 30. 12. 63. |
| 30. | 20. 84. 62. | 19. 92. 86. | 30. 7. 14. |
| 31. | 20. 63. 69. | 19. 98. 53. | 30. 1. 47. |
| 32. | 20. 41. 95. | 20. 4. 38. | 29. 95. 62. |
| 33. | 20. 19. 60. | 20. 10. 39. | 29. 89. 61. |
| 34. | 19. 96. 67. | 20. 16. 55. | 29. 83. 45. |
| 35. | 19. 72. 86. | 20. 22. 88. | 29. 77. 72. |
| 36. | 19. 58. 49. | 20. 29. 36. | 29. 70. 64. |
| 37. | 19. 23. 46. | 20. 35. 99. | 29. 64. 7. |
| 38. | 18. 97. 80. | 20. 52. 77. | 29. 57. 23. |
| 39. | 18. 71. 49. | 20. 49. 69. | 29. 50. 31. |

*Continuation de la V. Table.*

| Degrés. | Déclinaison. | Moitié du jour. | Moitié du jour. |
|---|---|---|---|
| | °. '. ". | Ke. '. ". | Ke. '. ". |
| 40. | 18. 44. 56. | 20. 56. 74. | 29. 43. 26. |
| 41. | 18. 17. 4. | 20. 63. 93. | 29. 36. 7. |
| 42. | 17. 88. 92. | 20. 71. 25. | 29. 28. 75. |
| 43. | 17. 60. 18. | 20. 78. 69. | 29. 21. 31. |
| 44. | 17. 30. 89. | 20. 86. 25. | 29. 13. 75. |
| 45. | 17. 1. 5. | 20. 93. 93. | 29. 6. 7. |
| 46. | 16. 70. 67. | 21. 1. 71. | 28. 98. 29. |
| 47. | 16. 39. 77. | 21. 9. 60. | 28. 90. 40. |
| 48. | 16. 8. 35. | 21. 17. 58. | 28. 82. 42. |
| 49. | 15. 76. 45. | 21. 25. 66. | 28. 74. 34. |
| 50. | 15. 44. 9. | 21. 33. 83. | 28. 66. 17. |
| 51. | 15. 11. 24. | 21. 42. 9. | 28. 57. 91. |
| 52. | 14. 77. 98. | 21. 50. 41. | 28. 49. 59. |
| 53. | 14. 44. 34. | 21. 58. 81. | 28. 41. 19. |
| 54. | 14. 10. 27. | 21. 67. 27. | 28. 32. 73. |
| 55. | 13. 75. 82. | 21. 75. 81. | 28. 24. 19. |
| 56. | 13. 41. 1. | 21. 84. 40. | 28. 15. 60. |
| 57. | 13. 5. 86. | 21. 93. 4. | 28. 6. 96. |
| 58. | 12. 70. 39. | 22. 1. 73. | 27. 98. 27. |
| 59. | 12. 34. 61. | 22. 10. 48. | 27. 89. 52. |
| 60. | 11. 98. 54. | 22. 19. 26. | 27. 80. 74. |

*Continuation de la V. Table.*

| Degrés. | Déclinaison. | Moitié du jour. | Moitié du jour. |
|---|---|---|---|
| | °. '. ". | Ke. '. ". | Ke. '. ". |
| 61. | 11. 62. 21. | 22. 28. 7. | 27. 71. 93. |
| 62. | 11. 25. 62. | 22. 36. 91. | 27. 63. 9. |
| 63. | 10. 88. 79. | 22. 45. 80. | 27. 54. 20. |
| 64. | 10. 51. 74. | 22. 54. 70. | 27. 45. 30. |
| 65. | 10. 14. 50. | 22. 63. 62. | 27. 36. 38. |
| 66. | 9 77. 6. | 22. 72. 56. | 27. 27. 44. |
| 67. | 9. 39. 45. | 22. 81. 53. | 27. 18. 47. |
| 68. | 9. 1. 69. | 22. 90. 50. | 27. 9. 50. |
| 69. | 8. 63. 78. | 22. 99. 48. | 27. 0. 52. |
| 70. | 8. 25. 71. | 23. 8. 48. | 26. 91. 52. |
| 71. | 7. 87. 54. | 23. 17. 48. | 26. 82. 52. |
| 72. | 7. 49. 26. | 23. 26. 49. | 26. 73. 51. |
| 73. | 7. 10. 88. | 23. 35. 50. | 26. 64. 50. |
| 74. | 6. 72. 41. | 23. 44. 51. | 26. 55. 49. |
| 75. | 6. 33. 87. | 23. 53. 52. | 26. 46. 48. |
| 76. | 5. 95. 25. | 23. 62. 53. | 26. 37. 47. |
| 77. | 5. 56. 58. | 23. 71. 54. | 26. 28. 46. |
| 78. | 5. 17. 85. | 23. 80. 54. | 26. 19. 46. |
| 79. | 4. 79. 8. | 23. 89. 54. | 26. 10. 46. |
| 80. | 4. 40. 27. | 23. 98. 54. | 26. 1. 46. |
| 81. | 4. 1. 42. | 24. 7. 54. | 25. 92. 46. |

*Continuation de la V. Table.*

| Degrés. | Déclinaison. | Moitié du jour. | Moitié du jour. |
|---|---|---|---|
| | °. ′. ″. | Ke. ′. ″. | Ke. ′. ″. |
| 82. | 3. 62. 54. | 24. 16. 54. | 25. 83. 46. |
| 83. | 3. 23. 65. | 24. 25. 51. | 25. 74. 49. |
| 84. | 2. 84. 75. | 24. 34. 48. | 25. 65. 52. |
| 85. | 2. 45. 83. | 24. 43. 45. | 25. 56. 55. |
| 86. | 2. 6. 90. | 24. 52. 42. | 25. 47. 58. |
| 87. | 1. 67. 96. | 24. 61. 38. | 25. 38. 62. |
| 88. | 1. 29. 2. | 24. 70. 34. | 25. 29. 66. |
| 89. | 0. 90. 7. | 24. 79. 30. | 25. 20. 70. |
| 90. | 0. 51. 12. | 24. 88. 26. | 25. 11. 74. |
| 91. | 0. 12. 17. | 24. 97. 21. | 25. 2. 79. |
| °. ′. ″. 91. 31. 23. | 0. 0. 0. | 25. 0. 0. | 25. 0. 0. |

*Usage & explication de la Table précédente.*

Cette Table eſt comme on voit, pour avoir la déclinaiſon du ⊙. & la quantité du jour dans châque degré Chinois de diſtance du ⊙ au Tropique.

Par exemple, quand le ⊙ eſt au moment du Solſtice. Cette diſtance eſt zéro. La déclinaiſon eſt 23°. 90′. 30″. Moitié du jour 19. *ke.* 7′. 96″. au Solſtice d'Hyvèr. Moitié du jour 30. *ke.* 92′. 4″. au Solſtice d'Eté.

De même les moitiés du jour ſont marquées, tant pour les diſtances au Tropique d'Eté quand le ⊙ eſt dans la bande Boreal, que pour les diſtances au Tropique d'Hyvèr quand le Soleil eſt dans la bande Auſtrale.

On voit aſſez que la grandeur des jours eſt marquée à la Chinoiſe. Voyez la Table pour réduire les temps Chinois en temps Européans.

La déclinaiſon eſt ainſi marquée °. degré. ′. minute. ″. ſeconde. Cela eſt encore à la Chinoiſe. On voit aſſez quand on doit ſuppôſer cette déclinaiſon Boreale, & quand il faut la ſuppôſer Auſtrale.

Cette Table fut faite par *Co-cheou-king* Aſtronome de *Cobilay* ou *Coblay*, en Chinois *Houpi-lie.*

cf. Tab. X. a XI.

## VI. TABLE.

*Constellations Chinoises.*

| Constellations. | Etenduë selon l'Equateur. | Etenduë selon le Zodiaque. | Distance du Pôle Boreal. | |
|---|---|---|---|---|
| 1. *Kio.* | 12°. | 13°. | 97°. | Déclinaison Australe 6°. |
| 2. *Kang.* | 9°. | 9°. $\frac{1}{2}$. | 99°. | |
| 3. *Ti.* | 15°. | 15°. $\frac{1}{2}$. | 98°. | |
| 4. *Fang.* | 5°. | 5°. | 115°. | Déclinaison Austral. 23°. |
| 5. *Sin.* | 5°. | 4°. | 114°. | |
| 6. *Ouy.* | 18°. | 17°. | 128°. Je ne sai s'il n'y a pas faute dans l'exemplaire. | |
| 7. *Ki.* | 11°. | 10°. | 123°. | |
| 8. *Teou.* | 26°. | 23°. $\frac{1}{2}$. | 122°. | |
| 9. *Nieou.* | 8°. | 7°. $\frac{1}{2}$. | 110°. $\frac{1}{2}$. | |

*Continuation de la VI. Table.*

| Constellations. | Etenduë selon l'Equateur. | Etenduë selon le Zodiaque. | Distance du Pôle Boreal. | |
|---|---|---|---|---|
| 10. *Nu.* | 12°. | 11°. $\frac{1}{2}$. | Je ne trouve pas de distance marquée. | Déclinaison Austral. 14°. |
| 11. *Hiu.* | 10°. | 10°. | | Déclinaison Austral. 12°. |
| 12. *Ouey.* | 17°. | 17°. | 98°. | Déclinaison Australe 7°. |
| 13. *Che.* | 16°. | 17°. | 85°. | Déclinaison Australe 6°. |
| 14. *Pi.* | 9°. | 9°. | 85°. | |
| 15. *Kouey.* | 16°. | 17°. | 76°. | |
| 16. *Leou.* | 12°. | 12°. | | Déclinaison Boreale 11°. |
| 17. *Ouey.* | 14°. | 14.° $\frac{1}{2}$. | Je ne trouve marquée ni distance, ni déclinaison. | |
| 18. *Mao.* | 11°. | 11°. | 71°. | |
| 19. *Pi.* | 17°. | 16°. | 77°. | |

*Continuation*

*Continuation de la VI. Table.*

| Constellations. | Etenduë selon l'Equateur. | Etenduë selon le Zodiaque. | Distance du Pôle Boreal. | |
|---|---|---|---|---|
| 20. *Tse.* | 1°. | 1°. | 84°. | Déclinaison Boreale 7°. |
| 21. *Tsan.* | 10°. | 9°. | Je ne trouve ni distance, ni déclinaison. | |
| 22. *Tsing.* | 33°. | 33°. | 69°. | |
| 23. *Kouey.* | 3°. | 2°. | 68°. | |
| 24. *Lieou.* | 15°. | 14°. | 83°. | |
| 25. Les 7. Etoiles *Tsi-sing.* | 7°. | 7°. | 97°. | *Tsi-sing* est le cœur de l'Hydre. |
| 26. *Tchang.* | 18°. | 18°. | 103°. | |
| 27. *Y.* | 18°. | 19°. ½. | 104°. | |
| 28. *Tchin.* | 17°. | 18°. | 100°. | |

L'Empereur *Gin-tſong*, Empereur des dèrniers *Song*, fit obsèrver à *Caifong-fou* capitale du *Honan*, la diſtance des 28. Conſtellations au Pôle, & leur déclinaiſon. J'ai marqué les obsèrvations que j'ai trouvées. On n'explique pas en détail comment on fit ces obsèrvations.

Sur la fin du onziême ſiécle on obsèrva à *Caifong-fou* l'étenduë de châque Conſtellation & ſelon l'Equateur & ſelon le Zodiaque.

Selon le P. Couplet, *Gin-tſong* mourut l'an de Jéſus-Chriſt 1063. après un régne de 41. an.

# VII. TABLE.

## Epoques néceſſaires à l'Aſtronomie Chinoiſe.

*Dans le Catalogue de ces Epoques, il s'agit des années ſolaires.*

1. Depuis la prémière année de *Yao* juſqu'à la prémière année de *Yng-kong* Prince de *Lou*, il y a 1610. ans.

2. Depuis la prémière année de *Yng-kong* juſqu'à la ſeconde année de *Tchi-tao*, il y a 1715. ans.

3. Depuis la prémière année de *Tai-kia* petit-fils de *Tching-tang*, juſqu'à la ſeconde année de *Tchi-tao*, il y a 2732. ans.

4. Depuis la ſeptiême année de *Tchoang-kong* Prince de *Lou*, juſqu'à la ſeconde année de *Tchi-tao*, il y a 1681. an.

5. Depuis la vingtiême année de *Ling-vang* Empereur des *Tcheou*, juſqu'à la ſeconde année de *Tchi-tao*, il y a 1545. ans. *Confucius* nâquit cette année-là.

6. Depuis la ſeiziême année de *Gai-kong* Prince de *Lou*, juſqu'à la ſeconde année *Tchi-tao*, il y a 1472. ans. *Confucius* mourut cette année-là.

### NOTES.

1. *Tchi-tao* eſt le nom des trois dèrnières années du régne de *Tai-tſong* ſecond Empereur des dèrniers *Song*. L'an de Jéſus-Chriſt 996. eſt la ſeconde année *Tchi-tao*. L'Empereur ayant fait éxaminer la Chronologie Chinoiſe depuis la prémière année de *Yao* juſqu'à l'an 996. fit écrire les Epoques qu'on voit ici, & que j'ai fidellement tirées de l'Aſtronomie faite par ordre des Em-

pereurs des *Song*. On marque que ce Prince fit éxaminer avec soin ces Epoques.

2. La comparaison des Epoques de la naissance & de la mort de *Confucius* qu'on voit ici, avec les mêmes Epoques qu'on fixe par les Eclipses, diffère de quelque année. Il en est de même de celles de *Tchang-kang* & de *Yng-kong*. La différence ne va qu'à un & deux ans. La vérification des Eclipses résout ces sortes de difficultés qui se trouvent dans les Chronologies, lorsque ces Eclipses sont tellement vérifiées qu'on fait voir non seulement qu'elles sont arrivées à l'année qu'on fixe par l'Eclipse, mais même que l'Eclipse dont on vérifie les circonstances rapportées, du moins les essentielles, n'a pû arriver que cette année déterminée; ou du moins, qu'elle n'a pû arriver long-temps devant, ni long-temps après. C'est de cette sorte que j'ai fixé beaucoup d'Epoques de la Chronologie Chinoise en vertu des Eclipses.

## VIII. TABLE.

*Nombres supposés connus dans les Méthodes de* Co-cheou-king.

Anni révolutio, *Souy-tcheou*. Le nombre de l'année solaire, 365. jours, 24. *ke*, 25'. 0''. 0'''.

*Cho-tche*, nombre de la nouvelle Lune, 29. jours, 53. *ke*, 5'. 93''. 0'''.

*Ki-tche*, nombre du *Ki*, 15. jours, 21. *ke*, 84'. 37''. 50'''.

*Hien-tche*, nombre de l'Arc, 7. jours, 38. *ke*, 26'. 48''. 25'''.

*Ouang-tche*, nombre de la pleine Lune, 14. jours, 76. *ke*, 52'. 96''. 50'''.

*Tong-yu*, le *Tong-yu*, 5. jours, 24. *ke*, 25'.

*Tong-jun*, le *Tong-jun*, 10. jours, 87. *ke*, 53'. 84''.

*Ki-yng*, (1) 21. *ke*, 84'. 37''. 50'''.

*Yue-jun*, 0. jours, 90. *ke*, 62'. 82''.

*Cho-hiu*, 0. jours, 46. *ke*, 94'. 7''.

*Ki-yng*, nombre du *Heou*, 5. jours, 7. *ke*, 28'. 12''. 50'''.

*Cho-yu*, l'Epoque du *Ki*, 55. jours, 6. *ke*.

*Heou-tche*, l'Epoque du *Jun*, 20. jours, 20. *ke*, 50'.

*Jun-yng*, la révolution du *Sun*, 60. jours, 0. *ke*, 0'. 0''.

*Sun* veut dire, 10. c'est le Cycle des 10. *Kan*, dont la moitié 5. multipliée par 12. est le Cycle de 60. jours.

*Notes & Explications.*

1. Si on divise en 24. parties égales le nombre de

### REMARQUES.

(1) On l'appelle aussi *Ki-fa*; mais *Ki-fa* veut à la rigueur dire ici, Cycle de 60. & *Sun-fa*, Cycle de 60. jours en particulier. *P. G.*

l'année solaire, vous aurez le nombre du *Ki*, 15. jours, 21. *ke*, 84'. 37''. 50'''. Ces 24. *Ki*, est ce qu'on appelle les 24. *Tsiéki*, dont le prémièr commence au Solstice d'Hyvèr : Ajoûtez de suite ces nombres du *Ki*, ayant une fois détèrminé le moment du Solstice d'Hyvèr, vous détèrminerez le moment des autres dans la méthode Chinoise (1).

2. Concevez une année de 360. jours. Si cette année a douze mois égaux, châque mois aura 30. jours, & les 24. *Tsiéki* seront châcun de 15. jours. Comparez cette année avec la solaire; celle-ci est plus grande de 5. jours, 24. *ke*, 25'. Voilà le *Tang-yu*. Le *Ki* de l'année solaire surpasse le *Ki* de l'année commune de 21. *ke*, 84'. 37''. 50'''. Voilà le *Ki-yng*. Le mois de 30. jours surpasse le nombre de la σ. de 46. *ke* 94'. 7''. Voilà le *Cho-hiu*. Joignez le *Cho-hiu* aux deux *Ki-yng*, voilà le *Yue-jun*, ou l'Epacte d'un mois. Multipliez par 12. l'Epacte d'un mois, & vous aurez le *Tong-jun*, ou l'Epacte annuelle.

3. Divisez châque *Tsiéki* en trois parties, châque partie est appellée un *Heou*, & dans 24. *Tsiéki* il y en a 72.

4. Le Solstice d'Hyvèr qui à *Péking* sur la fin de l'an de Jésus-Christ 1280. fut au jour appellé dans le Cycle de 60. jours, *Ki-ouy*, 6. *ke* après minuit. *Ki-ouy* est le soixante-cinquiême jour du Cycle, & ce Solstice est l'Epoque de la Méthode Chinoise de *Co-cheou-king*.

5. Le moment de ce Solstice étoit éloigné du moment de la nouvelle Lune moyenne précédente de 20. jours, 20. *ke*, 50'. Cet éloignement est appellé Epacte, & c'est l'Epoque de l'Epacte de la Méthode.

## REMARQUES.

(1) Voyez la Note sur les *Tsiéki* dans la Méthode du calcul des lieux du Soleil & de la Lune. *P. G.*

## Continuation de la VIII. Table.

### *Nombres suppôsés connus dans les Méthodes de* Co-cheou-king.

*Tcheou-tien-fen*, les *fen* de la révolution céleste sont 365. *van*, 25'. 75''. *fen*.

*Tcheou-tien*, la révolution du Ciel, ou céleste, 365°. 25'. 75''.

*Pan-tcheou*, la moitié de cette révolution, 182°. 62'. 87''. ½.

*Siang-hien*, le quart de cette révolution, 91°. 31'. 43''.

*Souy-tcha*, la différence annuelle, 1'. 50''.

*Tcheou-yng*, l'Epoque de la révolution, 35. *van*, 1075'.

*Pan-souy-tcheou*, la moitié de la révolution d'un an, 182. jours, 62. *ke*, 12'. 50''.

*Tcheou-siang-hien*, le quart de cette révolution, 91. jours, 31. *ke*, 6'. 25''.

Le tèrme de *Yng-tsou*, *Sou-mo*, 88. jours, 90. *ke*, 92'.

Le tèrme de *Sou-tsou*, *Yng-mo*, 93. jours, 71. *ke*, 20'.

Différence du *Yng*, & du *Sou*, 2. jours, 40. *ke*, 14'.

### *Notes & Explications.*

1. Un degré est de 100'. ou *fen*, un *fen* de 100''. ou *Miao*, un *Miao* de 100'''. ou *Ouey*, &c. Un *Van* a 10000. parties; ici un degré est de 10000 parties. 365°. 25'. 75''. est ici la mesure du cèrcle, & c'est le mouvement du ☉. dans l'an solaire.

2. Le mouvement propre des fixes est dans cette méthode de 1'. 50''. par an. C'est le mouvement que leur

donnoit *Co-cheou-king* l'an 1280. Quelques années après on marqua ce mouvement de 1'.38". par an. Sur ce point, voyez ce que j'ai dit ailleurs.

3. *Co-cheou-king* commençoit les degrés du Zodiaque par le sixiême de la Constellation *Hiu*. Au Solstice d'Hyvèr de l'an 1280. il détèrmina le lieu qu'occupoit le Soleil dans la Constellation *Ki*, & ce lieu se trouva éloigné 6°. de *Hiu* de 315°. 10'. 75". c'est-à-dire, 315. *van*, 1075'. ou parties.

4. Le caractère *Tsou* exprime le commencement, ou ce qui est devant, ou le prémier. Le caractère *Mo* exprime la fin, ou ce qui est après, ou le dèrnier. Or depuis le Solstice d'Hyvèr jusqu'au Solstice d'Eté le Soleil va en montant. C'est le temps du *Yng*. Divisez le *Yng* en deux parties. La prémière sera *Yng-tsou* depuis le Solstice d'Hyvèr jusqu'à l'Equinoxe du Printemps, de 88. jours, 90. *ke*, 92'. La seconde sera *Yng-mo*, depuis l'Equinoxe du Printemps jusqu'au Solstice d'Eté de 93. jours 71. *ke*, 20'. Depuis le Solstice d'Eté jusqu'à celui d'Hyvèr, le Soleil va en descendant; c'est le temps du *Sou*, *Sou-tsou* jusqu'à l'Equinoxe d'Automne, 93. jours, 71. *ke*, 20'. *Sou-mo* depuis cet Equinoxe jusqu'au Solstice d'Hyvèr, 88. jours, 90. *ke*, 92'. Il est clair que la différence de ces *Yng* & *Sou* avec le quart de la révolution est de 2. jours, 40. *ke*, 14'.

## Continuation de la VIII. Table.

### *Nombres supposés connus dans les Méthodes de* Co-cheou-king.

*Tchouen-tchong-fen*, les *fen*, ou parties d'anomalie entière, 27. *van*, 5546'. ou parties.

*Tchouen-tchong*, anomalie entière, 27. jours, 5546'.

La prémière moitié est appellée *Tsi*.

La

La seconde moitié *Tchi*.

1°. Prémier quart d'Anomalie *Tsi-tsou*, second quart *Tsi-mo*.

2°. Prémier quart d'Anomalie *Tchi-tsou*, second quart *Tchi-mo*.

Prémier tèrme, 84.

Tèrme moyen, 168.

Tous les tèrmes font 336.

Mouvement moyen de la Lune, *Yue-ping-hing* 13°. 36'. 87". ½.

Différence de la révolution, *Tchuen-tcha* 1. jour, 9759'. 93".

Nombre de l'Arc, *Hien-tche* 7. jours, 3826'. 48". &c.

Prémier Arc, *Chang-hien* 91°. 31'. 43".

Le *Ouang*, 182°. 62'. 87". ½.

Arc posterieur, *Hiu-hien* 273°. 94'. 31".

Epoque de l'Anomalie, *Tchuen-yng* 13. *van*, 1904'. ou 13. jours, 19. *ke*, 4'.

*Notes & Explications.*

1. Suppôsez le jour divisé en 10000'. Un jour a 100. *ke*. Il est clair que châque *ke* aura 100'. ou *fen*, ou parties. 10000. est exprimé par le caractère *Van*.

2. Pour avoir plus facilement les Equations de la Lune, on partage ici le temps entier de l'Anomalie en 336. parties, dont la septiême partie est 84. du Périgée à l'Apogée, & de l'Apogée au Périgée il y a 168. tèrmes. Voyez la méthode de chèrcher le vrai lieu de la Lune.

3. Si on compare la révolution d'Anomalie avec la révolution de la ☌, on trouvera une différence de 1. jour, 9759'. 93".

4. Si on compare le mouvement moyen de la Lune dans une ☌ moyenne, on trouvera 1°. la révolution entière du Ciel, ou d'un cèrcle, & 2°. le mouvement moyen du ☉ dans une ☌; c'est-à-dire, que dans le temps

d'une Lunaison le mouvement de la Lune par rapport au ☉ est égal à la révolution céleste, ou au cèrcle entier. Le mouvement de la ☾ au ☉ dans le temps du prémier arc, est de 91°. 31'. 43''. Dans le temps entre la ☌ & ☍ de 182°. 62' 87''. ½. &c.

5. Au moment du Solstice de la fin de l'an 1280. *Co-cheou-king* détèrmina les jours le l'Anomalie de la ☾, de 13. *van*, 1904'. c'est-à-dire, 13. jours, 19. *ke*, 4'. Il mettoit 10000'. pour un jour.

## Continuation de la VIII. Table.

*Nombres suppôsés connus dans les Méthodes de* Co-cheou-king.

*Fen*, ou parties de la révolution de latitude, *Kiao-tchong-fen* 27. *van*, 2122'. 24''.

Révolution de latitude, *Kiao-tchong* 27. jours, 2122''. 24''.

Moitié de la révolution, *Kiao-tchong* 13. jours, 6061'. 12''.

Différence de la révolution, *Kiao-tcha* 2. jours, 3183'. 69''.

*Kiao-ouang*, 14. jours, 7652'. 96''. ½.

Epoque du *Kiao*, ou de latitude, *Kiao-yng* 26. jours, 0187'. 86''.

Mouvement de la révolution entière de latitude, 363°. 79'. 34''.

La moitié, 181°. 89'. 67''.

Le *Tching-kiao*, 357°. 64'. 0''.

Le *Tchong-kiao*, 188°. 5'. 0''.

Tèrme des Eclipses du ☉ dans le *Yang-li*, *Ye-che-yang-li-hien* 6°. *Ting-fa* (1) 60.

## REMARQUES.

(1) *Ting-fa* veut dire, *régle détèrminée*. P. G.

Tèrme des Eclipfes du ⊙ dans le *Yn-li*, *Yn-li-hien* 8°. *Ting-fa* 80.

Tèrme des Eclipfes de ☾, 13°. 51′. *Ting-fa* 87.

*Notes & Explications.*

1. Par le temps de la révolution de latitude, on voit aifément le mouvement des nœuds, & par l'Epoque du mouvement en latitude, on voit le lieu du nœud au moment du Solftice d'Hyvèr de la fin de l'an 1280.

2. *Tching-kiao*, veut dire, mouvement de latitude vêrs le Nord. Et *Tchong-kiao*, veut dire, mouvement de latitude vêrs le Sud. Les nombres qu'on leur donne ici font des tèrmes particuliers d'Eclipfe du ⊙ ; on les a expliqués dans la Méthode. Les tèrmes qu'on affigne de même ici pour les Eclipfes de ⊙ & de ☾, font expliqués dans la Méthode, auffi bien que ce qui eft dit du *Ting-fa* pour favoir la quantité de l'Eclipfe. Voyez les tèrmes Ecliptiques expliqués dans la Table.

3. Les nombres qu'on voit dans cette VIIIe. Table font ceux de l'Aftronomie de *Cobilay*, dont *Co-cheou-king* eft l'Auteur. Dans les autres Aftronomies, les nombres qui expriment l'anomalie, la latitude, le jour, le degré, l'année, le cèrcle, font tous différents. Il y a auffi de la différence dans quantité des mois lunaire, anomalitique, draconitique, dans l'année folaire, dans le mouvement propre des Fixes, dans la fixation d'une Epoque. C'eft ce qu'il faut commencer à connoître dans l'ufage des Aftronomies Chinoifes. Dans l'Hiftoire de l'Aftronomie, j'ai fait voir la différence de ces Aftronomies.

## IX. TABLE.

*Les XXIV. Tſiéki pour l'an 85. de Jéſus-Chriſt.*

| Les *Tſiéki.* | Diſtance du ⊙ au Pôle Boreal. | Ombre maj. d'un Gnomon de 8. pieds. | Grandeur du jour. |
|---|---|---|---|
| *Li-tchun.* | 106°. 0'. | 9. pieds. 6. pouces. | 48. *ke.* |
| *Yu-chouy.* | 101°. | 7. pieds. 9. pouces. | 50. |
| *King-tche.* | 95°. | 6. pieds. 5. pouces. | 53. |
| *Tchun-ſen.* | 89°. | 5. pieds. 2. pouces. | 55. |
| *Tſing-ming.* | 83°. | 4. pieds. 1. pouce. | 58. |
| *Cou-yu* | 77°. | 3. pieds. 1. pouce. | 60. |
| *Li-hia.* | 72°. | 2. pieds. 5. pouces. | 62. |
| *Siao-man.* | 69°. | 1. pied. 9. pouces. | 63. |
| *Mang-tchong.* | 67°. | 1. pied. 6. pouces. | 64. |
| *Hia-tchi.* | 67°. | 1. pied. 5. pouces. | 65. |
| *Siao-chou.* | 67°. | 1. pied. 7. pouces. | 64. |
| *Ta-chou.* | 70°. | 2. pieds. | 63. |

*Continuation de la IX. Table.*

| Les *Tſiéki.* | Diſtance du ⊙ au Pôle Boreal. | Ombre min. d'un Gnomon de 8. pouces. | Grandeur du jour. |
|---|---|---|---|
| *Li-tſieôu.* | 73°. | 2. pieds. 5. pouces. | 62. *ke.* |
| *Tchon-chou.* | 74°. | 3. pieds. 3. pouces. | 60. |
| *Pe-lou.* | 84°. | 4. pieds. 3. pouces. | 57. |
| *Tſieou-fen.* | 90°. 50'. | 5. pieds. 5. pouces. | 55. |
| *Han-lou.* | 96°. | 6. pieds. 8. pouces. | 52. |
| *Tchoang Kiang.* | 102°. | 8. pieds. 4. pouces. | 50. |
| *Li-tong.* | 107°. | 10. pieds. 4. pouces. | 48. |
| *Siao-ſue.* | 111°. | 11. pieds. | 46. |
| *Ta-ſue.* | 113°. | 12. pieds. | 45. |
| *Tong-tchi.* | 115°. | 13. pieds. | 45. |
| *Siao-han.* | 113°. | 12. pieds. | 45. |
| *Ta-han.* | 111°. | 11. pieds. | 46. |

Ce Catalogue est pris de l'Astronomie des *Han*, il fut fait l'an 85. de Jésus-Christ pour *Loyang*. On suit l'ancienne division du jour en 100. *ke*, châque *ke* a 100'. On voit des Catalogues semblables dans l'Astronomie des *Han* antérieurs, & autres Dynasties. On a pris celui-ci pour faire voir la méthode. On n'a pas mis le nom des Etoiles qu'on marque passer par le Méridien aux crépuscules du matin & du soir.

Par le nombre des *ke* des Equinoxes, on voit qu'on marque la durée des deux crépuscules. Car on dit plusieurs fois, qu'aux Equinoxes les jours sont égaux aux nuits; c'est-à-dire, que le temps du ☉ sur l'Horison est égal au temps du ☉ sous l'Horison.

Dans les Dynasties suivantes, les Catalogues sont plus exacts.

# X. TABLE.

cf. Tab. VI.

## *Des XXVIII. Constellations.*

| Constellations. | Longitudes. | Latitudes. | Grandeur. |
|---|---|---|---|
| *Kio.* | ♎ 19°. 26'. | 1°. 59'. A. | 1. |
| *Kang.* | ♏ 0°. 3'. | 2°. 58'. B. | 4. |
| *Ti.* | ♏ 10°. 41'. | 0°. 26'. B. | 2. |
| *Fang.* | ♏ 28°. 31'. | 5°. 23'. A. | 3. |
| *Sin.* | ♐ 3°. 21'. | 3°. 55'. A. | 4. |
| *Ouey.* | ♐ 10°. 54'. | 15°. 0'. A. | 4. |
| *Ki.* | ♐ 26°. 50'. | 6°. 56'. A. | 3. |
| *Teou.* | ♑ 5°. 50'. | 3°. 50'. A. | 5. |
| *Nicou.* | ♑ 29°. 37'. | 4°. 41'. B. | 3. |
| *Nu.* | ♒ 7°. 23'. | 8°. 10'. B. | 4. |
| *Hiu.* | ♒ 19°. 1'. | 8°. 42'. B. | 3. |
| *Ouey.* | ♒ 29°. 0'. | 10°. 42'. B. | 3. |
| *Che.* | ♓ 19°. 7'. | 19°. 26'. B. | 2. |
| *Pi.* | ♈ 4°. 78'. | 12°. 35'. B. | 2. |
| *Kouey.* | ♈ 17°. 54'. | 15°. 58'. B. | 5. |
| *Leou.* | ♈ 29°. 33'. | 8°. 29'. B. | 4. |
| *Ouey.* | ♉ 12°. 33'. | 11°. 16'. B. | 4. |
| *Mao.* | ♉ 24°. 48'. | 4°. 10'. B. | 5. |

*Continuation de la X. Table.*

| Conſtellations. | Longitudes. | Latitudes. | Grandeur. |
|---|---|---|---|
| *Pi.* | ♊ 4°. 3′. | 2°. 37′. A. | 3. |
| *Tſe.* | ♊ 19°. 22′. | 13°. 26′. A. | 4. |
| *Tſan.* | ♊ 18°. 1′. | 23°. 38′. A. | 2. |
| *Tſing.* | ♋ 0°. 55′. | 0°. 53′. A. | 3. |
| *Kouey.* | ♌ 1°. 20′. | 0°. 48′. A. | 5. |
| *Lieou.* | ♌ 5°. 56′. | 12°. 27′. A. | 4. |
| *Sing.* | ♌ 22°. 56′. | 22°. 24′. A. | 1. |
| *Tchong.* | ♍ 1°. 19′. | 26°. 12′. A. | 5. |
| *Y.* | ♍ 19°. 23′. | 22°. 41′. A. | 4. |
| *Tchin.* | ♎ 6°. 13′. | 14°. 25′. A. | 3. |

Ces Conſtellations ſont dans l'Aſtronomie Chinoiſe faite par ordre de l'Empereur *Cam-hi.*

Les longitudes & latitudes ſont pour le Solſtice d'Hyvèr de l'an de Jéſus-Chriſt 1683. On auroit dû mettre la Conſtellation *Tſan* avant *Tſe.* On ne l'a pas fait pour garder l'ordre de l'ancien Catalogue.

L'Empereur a fait faire ce Catalogue ſelon des Tables Européannes.

Les 28. Conſtellations ont été de tout temps appellées *Eul-che-pa-ſieou.* On les appelle auſſi fort ſouvent les 28. *Che.* Mais à la rigueur le caractère *Che* pris aſtronomiquement, exprime le lieu de la Conſtellation où la ☾ ſe trouve tous les jours. *Che* exprime auſſi le mouvement diurne de la Lune.

XI.

## XI. TABLE.

*Des XXVIII. Constellations du Zodiaque faite l'an 103. de Jésus-Christ.*

| Ordre des Constellations. | Noms des Constellations. | Etenduë selon l'Equateur. | Etenduë selon le Zodiaque. |
|---|---|---|---|
| 1. | *Teou.* | 26°. 0'. | 24°. 0'. |
| 2. | *Nieou.* | 8°. | 7°. |
| 3. | *Nu.* | 12°. | 11°. |
| 4. | *Hiu.* | 10°. | 10°. |
| 5. | *Ouey.* | 16°. | 16°. |
| 6. | *Che.* | 16°. | 18°. |
| 7. | *Pi.* | 10°. | 10°. |
| 8. | *Kouey.* | 16°. | 17°. |
| 9. | *Leou.* | 12°. | 12°. |
| 10. | *Ouey.* | 14°. | 15°. |
| 11. | *Mao.* | 11°. | 12°. |
| 12. | *Pi.* | 16°. | 16°. |
| 13. | *Tse.* | 2°. | 3°. |
| 14. | *Tsan.* | 9°. | 8°. |
| 15. | *Tsing.* | 33°. | 30°. |
| 16. | *Kouey.* | 4°. | 4°. |
| 17. | *Lieou.* | 15°. | 14°. |
| 18. | *Sing.* | 7°. | 7°. |

*Continuation de la XI. Table.*

| Ordre des Conſtellations. | Nom des Conſtellations. | Etenduë ſelon l'Equateur. | Etenduë ſelon le Zodiaque. |
|---|---|---|---|
| 19. | *Tchang.* | 18°. 0'. | 17°. 0'. |
| 20. | *Y.* | 18°. | 19°. |
| 21. | *Tchin.* | 17°. | 18°. |
| 22. | *Kio.* | 12°. | 13°. |
| 23. | *Kang.* | 9°. | 10°. |
| 24. | *Ti.* | 15°. | 16°. |
| 25. | *Sang.* | 5°. | 5°. |
| 26. | *Sing.* | 5°. | 5°. |
| 27. | *Ouey.* | 18°. | 18°. |
| 28. | *Ki.* | 11°. | 10°. |

1°. L'an 103. après Jéſus-Chriſt, on détèrmina à *Loyang* le Solſtice d'Hyvèr près du 21°. de *Teou.* Dans un autre endroit on dit 19°. 26'.

2°. Pour prendre & obsèrver l'étenduë de châque Conſtellation, on ſe sèrvit d'un grand inſtrument de léton à qui on donne le nom de Zodiacal, on n'en donne pas la deſcription.

3°. Sous *Vou-ti* des *Han* antérieurs, on obsérva l'étenduë des 28. Conſtellations ; mais on ne les rapporta qu'à l'Equateur, du reſte la diſpoſition des Conſtellations eſt la même. *Vouti* régna 138. ans avant J. C.

4°. Les ſept prémières ſont placées au Nord, les ſept ſuivantes à l'Oueſt, les ſept autres au Sud, & les ſept dèrnières à l'Eſt.

## XII. TABLE.

### Des XXXIV. Tsiéki.

81

| | Tsiéki. | Lieux du ☉ dans les Constellations. | L'an 85. après J. C. | L'année 1727. après J. C. |
|---|---|---|---|---|
| 1. | *Li Tchun.* | 7°. 21'. | | 11.h. 26'. matin. *Nu* 6°. 31'. |
| 2. | *Yu Chouy.* | 8°. 28'. | | 7.h. 24'. matin. *Ouey* 0°. 4'. |
| 3. | *Kin Tche.* | 8°. 3'. | | 5.h. 58'. matin. *Ouey* 15°. 8'. |
| 4. | *Tchun Fen.* | 14°. 10'. | C'eſt le moment de l'Equinoxe du Printemps. | 7.h. 37'. matin. *Che* 9°. 57'. |
| 5. | *Tſing Ming.* | 1°. 17'. | | 37'. après midi. *Pi* 9°. 4'. |
| 6. | *Kou Yu.* | 2°. 24'. | | 9. h. 1'. ſoir. *Kouey* 10°. 38'. |
| 7. | *Li Hia.* | 6°. 31'. | | 8. h. 36'. matin. *Ouey* 1°. 38'. |
| 8. | *Siao Man.* | 4°. 6'. | | 11. h. 1'. ſoir. *Mao* 30°. 40'. |
| 9. | *Man Tchong.* | 10°. 13'. | | 3. h. 36'. après midi. *Pi* 9°. 43'. |

*Continuation de la XII. Table.*

| | *Tſiéki.* | Lieux du ☉ dans les Conſtel-lations. | L'an 85. après J. C. | L'année 1727. après J. C. |
|---|---|---|---|---|
| 10. | *Hia Tchi.* | 25°. 20'. | Solſtice d'Eté. | 9. h. 35'. matin. *Tſé* 9°. 29'. |
| 11. | *Siao Chou.* | 3°. 17'. | | 4. h. 3'. matin. *Tſing* 13°. 19'. |
| 12. | *Ta Chou.* | 4°. 3'. | | 10. h. ſoir. *Tſing* 27°. 36'. |
| 13. | *Li Tſieou.* | 12°. 9'. | | 2. h. 49'. après midi. *Lieou* 7°. 52'. |
| 14. | *Tchou Chou.* | 9°. 6'. | | 5. h. 24'. matin. *Sing* 6°, 40'. |
| 15. | *Pe Lou.* | 6°. 23'. | | 5. h. 13'. ſoir. *Tchang* 12°. 23'. |
| 16. | *Tſieou Fen.* | 4°. 30'. | Equinoxe d'Autom-ne. | 1. h. 48'. matin. *Y* 9°. 56'. |
| 17. | *Han Lou.* | 8°. 5'. | | 6. h. 49'. matin. *Tchin* 7°. 44'. |
| 18. | *Tchoang Kiang.* | 14°. 13'. | | 8. h. 48'. matin. *Kio* 9°. 36'. |
| 19. | *Li Tong.* | 4°. 19'. | | 7. h. 29'. matin. *Ti* 3°. 24'. |

*Continuation de la XII. Table.*

| | *Tſiéki.* | Lieux du ⊙ dans les Conſtellations. | L'an 85. après J. C. | L'année 1727. après J. C. |
|---|---|---|---|---|
| 20. | *Siao Sue.* | 1°. 26'. | | 3. h. 32'. matin. *Fang* 0°. 44'. |
| 21. | *Ta Sue.* | 6°. 1'. | | 9. h. 33'. ſoir. *Ouey* 2°. 33'. |
| 22. | *Tong Tchi.* | 20°. 80'. | Solſtice d'Hyvèr. | 2. h. 17'. après midi. *Ki* 1°. 57'. |
| 23. | *Siao Han.* | 2°. 70'. | | 6. h. 34'. matin. *Teou* 8°. 16'. |
| 24. | *Ta Sue.* | 5°. 14'. | | 11. h. 18'. ſoir. *Teou* 22°. 33'. |

1°. Les *Tſiéki* ſont les 24. parties égales de l'Equateur & du Zodiaque. Au commencement des *Han*, *Kin-tche* étoit le ſecond *Tſieki*, & *Yu-chouy* étoit le troiſiême. Quelques années avant Jéſus-Chriſt, on plaça *Yu-chouy* le ſecond *Tſiéki*, & juſqu'à aujourd'hui ils n'ont pas changé ni de caractère, ni de ſituation.

2°. Les lieux du ⊙ pour l'an 85. ſont pris de l'Aſtronomie même de ce temps-là, & ſelon l'ancienne diviſion du cèrcle en 365°. 25'. châque degré en 100'. & ſelon le mouvement moyen.

3°. Les lieux du ⊙ pour l'an 1727. ſont pris du Calendrier Chinois de l'an 1727. ſelon le mouvement vrai au moment de minuit à *Péking*. Les moments vrais des *Tſiéki* y ſont marqués. Par exemple, *Li-tchon* 11 h. 26'. au matin, & à minuit lieu du ⊙ Conſtellation *Nu* 6°. 31'.

# XIII. TABLE.

*Des quatre points Cardinaux sous les* Ouey.

| *Tsiéki.* | Lieu du Soleil dans les Constellations. | Distance du Soleil au Pôle Boreal. | Ombre méridienne du Gnomon de 8. pieds. | Grandeur du jour. |
|---|---|---|---|---|
| Solstice d'Hyvèr. | *Teou* 20°. Dans l'Astronomie des prémiers *Song*, on lit 21°. au lieu de 20°. | 115°. | 13 pieds. 3 pouces. Dans l'exemplaire cité par les prémiers *Song*, on lit : 15 pieds. 0 pouces. | 45. *ke.* |
| *Li Tchun.* | *Ouey* 10°. | 106°. | 9 pieds. 6 pouces. | 48. |
| Equinoxe du Printemps. | *Couey* 14°. | 89°. | 5 pieds. 2 pouces. | 55. |
| *Li Hia.* | *Pi* 7°. | 73°. | 2 pieds. 5 pouces. 2'. | 62. |
| Solstice d'Eté. | *Tsing* 25°. | 67°. | 1 pied. 5 pouces. | 65. |
| *Li Tsieou.* | *Tchang* 12°. | 73°. | 2 pieds. 5 pouces. | 62. |
| Equinoxe d'Automne. | *Kio* 5°. | 90°. | 5 pieds. 5 pouces. | 55. |
| *Li Tong.* | *Ouey* 4°. | 107°. | 10 pieds. 1 pouce. 2'. | 48. |

Cette Table eſt une partie de celle qu'on voit dans l'Aſtronomie des *Ouey* Chinois qui poſſedoient une bonne partie de la Chine l'an 237. après J. C.

C'eſt cette année que les Princes de cette Dynaſtie firent publier leur Calendrier. La Table eſt pour la ville de *Hiu-tcheou* qui eſt près d'un degré au Sud de *Caifong-fou* capitale du *Honan*, & quelques minutes à l'Oueſt. C'étoit la Cour des *Ouey*.

Dans les *ke* du jour, ſont compris les *ke* des crépuſcules; & on les faiſoit les mêmes tous les jours de l'année.

# XIV. TABLE.

*Des quatre points Cardinaux, faite ſur la fin du* v[e]. *ſiécle.*

| *Tſiéki.* | Ombre méridienne du Gnomon de 8. pieds. | Grandeur du jour. | Cette Table eſt priſe de l'Aſtronomie de *Tſou-tchong*. Celle-ci n'eſt qu'une partie d'une aſſez grande qu'il fit pour *Nanking*, alors capitale de l'Empire des *Song*. Cet Aſtronome plaça le Solſtice d'Hyvèr dans la Conſtellation *Teou* 11°. C'étoit vèrs l'an de J. C. 463. |
|---|---|---|---|
| Solſtice d'Hyvèr. | 13. pieds. | 45. *ke.* | |
| *Li-tchun.* | 9. pieds. 8. pouces. | 48. | |
| Equinoxe d'Automne, & du Printemps. | 5. pieds. 3. pouc. 7'. | 55. | |
| Solſtice d'Eté. | 1. pied. 5. pouces. | 65. | |

| Moitié de la nuit. | Moitié de la nuit. | Moitié de la nuit. | Moitié de la nuit. | Moitié de la nuit |
|---|---|---|---|---|
| Solſtice d'Hyvèr. | *Li-tchun.* | Equinoxe du Printemps, & d'Automne. | *Li-hia.* | Solſtice d'Eté. |
| 27. *ke*, 43'. | 25. *ke*, 98'. $\frac{1}{2}$. | 22. *ke*. 50'. | 19. *ke.* | 17. *ke*. 57'. |
| Le ☉ ſe leve à 7. heures. | | A 6. heures le ☉ ſe leve. | | A 4. heures le ☉ ſe leve. |

Cette Table eſt pour la latitude de *Siganfou*, elle fut faite ſur la fin du ſixiême ſiécle par les Aſtronomes du Fondateur des *Souy.* Dans l'Aſtronomie de ce temps-là, il y a des chôſes conſidérables. Voyez l'Hiſt. de l'Aſtr.

XV.

## XV. TABLE.

*Des quatre points Cardinaux faite l'an 665.*

| *Tsiéki.* | Moitié de la nuit. | Distance du ⊙ au Pôle. |
|---|---|---|
| Solstice d'Hyvèr. | 30. *ke.* | 115°. 3'. |
| *Li-tchun.* | 28. *ke*, 33'. | 107°. 9'. |
| Equinoxes du Printemps, & d'Automne. | 25. *ke.* | 91°. 3'. |
| *Li-hia.* | 21. *ke*, 39'. | 74°. 7'. |
| Solstice d'Eté. | 20. *ke.* | 67°. 3'. |
| *Li-tsieou.* | 21. *ke*, 39'. | 74°. 7'. |
| *Li-tong.* | 28. *ke*, 33'. | 107°. 9'. |

Cette Table est une partie d'une plus grande, qu'on voit dans l'Astronomie de *Li-chun-fong*, publiée l'an de J.C. 665. La Table est pour *Siganfou* capitale de l'Empire des *Tang*.

# XVI. TABLE.

*Des quatre points Cardinaux faite l'an 822.*

| *Tsiéki.* | Distance du ☉ au Pôle Boréal. | Ombre méridienne du Gnomon de 8. pieds. | Moitié de la nuit. |
|---|---|---|---|
| | | pieds. pouc. minut. sec. | |
| Solstice d'Hyvèr. | 115°. 17'. | 12. 7. 32. | 27. *ke*. 40'. |
| *Li-tchun.* | 108°. 55'. | 9. 9. 4. 74. | 26. *ke*. 10'. |
| Equinoxe du Printemps, & d'Automne. | 91°. 25'. | 5. 4. 4. 70. | 22. *ke*. 42'. |
| *Li-hia.* | 73°. 80'. | 2. 4. 4. 51. | 18. *ke*. 74'. |
| Solstice d'Eté. | 67°. 34'. | 1. 4. 7. 80. | 17. *ke*. 44'. |
| *Li-tsieou.* | 73°. 80'. | 2. 4. 4. 51. | 18. *ke*. 74'. |
| *Li-tong.* | 108°. 55'. | 9. 9. 4. 78. | 26. *ke*. 10'. |

Cette Table est prise de l'Astronomie publiée l'an de J. C. 822. sous l'Empire de *Motsong*.

A la tête de la Table, on met la latitude de *Yang-tching* de 34°. 47'. $\frac{1}{2}$.

J'ai déja dit que *Yang-tching* est *Ten-fong* dans le *Honan*.

On avèrtit que le temps de la nuit est depuis la fin du crépuscule du soir jusqu'au commencement de celui du matin.

On avèrtit aussi qu'ici un *ke* a 84'. & un degré a aussi 84'.

# XVII. TABLE.

*Des quatre points Cardinaux faite au commencement du onzième siécle.*

| *Tsiéki.* | Grandeur du jour. | Temps du lever du ⊙. | Ombre méridienne du Gnomon de 8. pieds. |
|---|---|---|---|
| Solstice d'Hyvèr. | 40. *ke.* | *Mao tching.* 5. *ke.* | pieds. pouc. minut. 12. 8. 5. |
| *Li-tchun.* | 42. *ke.* 54'. 3. jours après c'est 44. *ke.* | *Mao Tching.* 3. *ke.* 22'. | 9. 6. 7. |
| Equinoxe du Printemps, & d'Automne. | 50. *ke.* 3. jours après c'est 51. *ke.* 7. jours après c'est 49. *ke.* 54'. | *Mao Tching.* | 5. 3. 5. |
| *Li-hia.* | 57. *ke.* 5'. 4. jours après c'est 58. *ke.* | *Yn Tching.* 4. *ke.* 48'. | 1. 5. 7. |
| Solstice d'Eté. | 60. *ke.* | *Yn Tching.* 3. *ke.* 20'. | 1. 5. 7. ½. |

*Continuation de la XVII. Table.*

| *Tſiéki.* | Grandeur du jour. | Temps du lever du ☉. | Ombre méridienne du Gnomon de 8. pieds. |
|---|---|---|---|
| *Li-tſieou.* | 57. *ke.* 5'. 8. jours après c'eſt 56. *ke.* | *Yn Tching.* 4. *ke.* 40'. | pieds. pouc. minut. 2. 5. 9. |
| *Li-tong.* | 42. *ke.* 54'. 8. jours après c'eſt 42. *ke.* | *Mao Tching.* 3. *ke.* 32'. | 9. 8. ½. |

Cette Table eſt tirée de l'Aſtronomie de *Gin-tong* Empereur des *Song* poſtérieurs. Cette Aſtronomie fut publiée vêrs le commencement du onziême ſiécle. Cette Table n'eſt qu'une fort petite partie de celle qu'on fit pour *Caifong-fou* capitale de l'Empire.

*Remarques sur les Tsiéki.*

I. La Cour des Empereurs avant la Dynastie des *Han* a été entre le 40°. & 34°. de latitude Boreale dans le *Honan*, *Chansi*, *Chensi*, *Petchely*, *Chantong*. C'est par cette latitude & le climat particulier de ces cinq Provinces qu'on peut juger peut-être de la signification de la plûpart des 24. *Tsiéki*, quelque soit l'Empereur sous qui on régla les *Tsiéki*.

| Nom des *Tsiéki.* | Signification des *Tsiéki.* |
|---|---|
| 1. *Tong-tchi.* | Dèrnier tèrme de l'Hyvèr. |
| 2. *Siao-han.* | Petit froid. |
| 3. *Ta-han.* | Grand froid. |
| 4. *Li-tchun.* | Commencement du Printemps. |
| 5. *Yu-chouy.* | Eaux de pluye. |
| 6. *King-tche.* | Crainte que causent les insectes. |
| 7. *Tchun-fen.* | Division du Printemps. |
| 8. *Tsing-ming.* | Pure clarté. |
| 9. *Kou-yu.* | Pluye pour les semences. |
| 10. *Lia-hia.* | Commencement de l'Eté. |
| 11. *Siao-man.* | Petite replétion, abondance, plénitude. |
| 12. *Mang-tchong.* | Semence du Froment & du Ris. |
| 13. *Hia-tchi.* | Dèrnier tèrme de l'Eté. |
| 14. *Siao-chou.* | Petite chaleur. |
| 15. *Ta-chou.* | Grande chaleur. |

| Nom des *Tſiéki.* | Signification des *Tſiéki.* |
|---|---|
| 16. *Li-tſieou.* | Commencement d'Automne. |
| 17. *Tchou-chou.* | La chaleur ceſſe. |
| 18. *Pe-lou.* | Roſée blanche. |
| 19. *Tſieou-fen.* | Diviſion de l'Automne. |
| 20. *Han-lou.* | Roſée froide. |
| 21. *Choang-kiang.* | La pruine tombe. |
| 22. *Li-tong.* | Commencement de l'Hyvèr. |
| 23. *Siao-ſue.* | Petite neige. |
| 24. *Ta-ſue.* | Grande neige. |

II. Les *Tſiéki* répondent & ont toûjours répondu à nos Signes du Zodiaque. A la Chine, l'année ſolaire a toûjours commencé par le moment du Solſtice d'Hyvèr, & fini au moment qui précéde celui du Solſtice, & c'eſt cette année ſolaire qu'on a toûjours employée dans les calculs. Les *Tſiéki* ſont conſidérés ou comme des diviſions en temps de l'année ſolaire, ou comme des diviſions en degrés & en parties de degré du cèrcle annuel que décrit le ⊙ par ſon mouvement propre d'Oueſt à Eſt.

III. Les Chinois ont toûjours diviſé le Zodiaque & l'Equateur en 12. *Tſe* ou places, dont châcune a 2. caractères propres. Ces 12. *Tſe* ſont auſſi exprimés par les 12. caractères des 12. heures Chinoiſes. Les Jéſuites, & les Auteurs Chinois diſent, que les 12. *Tſe* Chinois répondent aux 12. Signes des Européans, des Indiens & des Mahométans. Ces tèrmes ont trompé pluſieurs Miſſionnaires, il faut en développer le vrai ſens. Les 12. *Tſe* Chinois diviſent l'Equateur & le Zodiaque en 12. parties égales; en ce sens on peut les comparer à nos 12. Signes. Depuis l'arrivée des Jésuites, ou pour mieux dire, depuis leur entrée dans le Tribunal des Mathématiques, le commencement & la fin de châque *Tse* Chinois répond parfaitement au commencement & à la fin de châcun de nos Signes, au commencement du *Tsiéki* & à la fin du *Tchong-ki*. Mais il n'en est pas de même avant le temps des Jésuites. Par exemple, on feroit un faux calcul, si trouvant une obsèrvation du temps de *Cobilay* au 4°. du *Tse Sing-ki*, on la faisoit répondre au Signe ♑ 3°. 55'. 1'''. 12''''. l'erreur seroit de quelques degrés. Quand on trouve des *lieux* dans les *Tse* Chinois avant l'arrivée des Jésuites, voyez le commencement du *Tse Sing-ki* selon les Astronomes du temps du calcul, ou de l'obsèrvation.

Dans le calcul Chinois, un Européan peut facilement ignorer ces sortes de régles, faute des préceptes qui lui soient connus, & même souvent, à cause des suppôsitions toutes contraires qui portent à faux, & qu'il met pour des principes. Pour éviter ces sortes d'embarras, il faut tant qu'on peut s'en tenir aux lieux des Planétes qui sont rapportés aux *Tsiéki*, ou aux Constellations. Le Livre *Koue-yu* rapporte quelques obsèrvations, ou calculs anciens aux 12. *Tse* Chinois. L'Auteur de ce Livre est lui-même ancien, étant bien près du temps de *Confucius*; mais ces obsèrvations qu'il rapporte aux 12. *Tse* ne sauroient être seurement examinées, il faudroit auparavant savoir où il faisoit répondre le commencement des *Tse* : or c'est ce qu'on ne sauroit détèrminer, puisqu'il n'a rien dit du rapport de ces *Tse* avec les *Tsiéki*, ou avec les Constellations.

# XVIII. TABLE.

*Des Veilles de la nuit.*

| *Signa Zodiaci.* | *Ortus* ☉. | *Occuſ.* ☉. | *Vigil.* I. | *Vigil.* II. | *Vigil.* III. | *Vigil.* IV. | *Vigil.* V. | *Diluculа.* | *Signa Zodaici.* |
|---|---|---|---|---|---|---|---|---|---|
| | h. ′. | h. ′. | h. ′. | h. ′. | h. ′. | h. ′. | h. ′. | h. ′. | |
| ♑ 0°. | 7. 26. | 4. 34. | 6. 34. | 8. 41. | 10. 49. | 12. 56. | 3. 4. | 5. 11. | ♑ 0°. |
| ♑ 15°. | 7. 22. | 4. 38. | 6. 38. | 8. 44. | 10. 50. | 12. 55. | 3. 1. | 5. 7. | ♐ 15°. |
| ♒ 0°. | 7. 12. | 4. 48. | 6. 48. | 8. 50. | 10. 52. | 12. 53. | 2. 55. | 4. 57. | ♐ 0°. |
| ♒ 15°. | 6. 57. | 5. 3. | 7. 3. | 8. 59. | 10. 55. | 12. 50. | 2. 46. | 4. 42. | ♏ 15°. |
| ♓ 0°. | 6. 39. | 5. 21. | 7. 21. | 9. 10. | 10. 58. | 12. 47. | 2. 35. | 4. 24. | ♏ 0°. |
| ♓ 15°. | 6. 20. | 5. 40. | 7. 40. | 9. 21. | 11. 2. | 12. 43. | 2. 24. | 4. 5. | ♎ 15°. |
| ♈ 0°. | 6. 0. | 6. 0. | 8. 0. | 9. 33. | 11. 6. | 12. 39. | 2. 12. | 3. 45. | ♎ 0°. |
| ♈ 15°. | 5. 40. | 6. 20. | 8. 20. | 9. 45. | 11. 10. | 12. 35. | 2. 0. | 3. 25. | ♍ 15°. |
| ♉ 0°. | 5. 21. | 6. 39. | 8. 39. | 9. 56. | 11. 14. | 12. 31. | 1. 49. | 3. 6. | ♍ 0°. |
| ♉ 15°. | 5. 3. | 6. 57. | 8. 57. | 10. 7. | 11. 17. | 12. 27. | 1. 37. | 2. 47. | ♌ 15°. |
| ♊ 0°. | 4. 48. | 7. 12. | 9. 12. | 10. 16. | 11. 20. | 12. 24. | 1. 28. | 2. 33. | ♌ 0°. |
| ♊ 15°. | 4. 38. | 7. 22. | 9. 22. | 10. 22. | 11. 22. | 12. 22. | 1. 22. | 2. 23. | ♋ 15°. |
| ♋ 0°. | 4. 34. | 7. 26. | 9. 26. | 10. 25. | 11. 23. | 12. 22. | 1. 20. | 2. 19. | ♋ 0°. |

Cette Table m'a été donnée par le R. P. Kœgler Jéſuite, Préſident du Tribunal des Mathématiques. Elle fait voir l'uſage préſent du Tribunal pour le commencement de châque veille de la nuit, & ſa durée ſelon les différentes ſaiſons de l'année.

Les Chinois ont toûjours diviſé le temps de la nuit en 5. veilles, & châque veille en 5. parties appellées tantôt *Tchang*, tantôt *Cheou*, tantôt *Tien*. Avant la venuë des Jéſuites les veilles étoient entre la fin du crépuſcule du ſoir & le commencement de celui du matin. J'ai marqué la différence & la durée des crépuſcules ſelon la différente opinion, ou l'uſage des Aſtronomes des Dynaſties; ainſi on a l'uſage ſur les veilles depuis la réforme de l'Aſtronomie avant J. C. juſqu'à nos jours.

Les veilles de la nuit s'expriment par le caractère *Keng*. Ce que je dis ici peut au moins ſervir à corriger ce que diſent ſur ce caractère pluſieurs Dictionnaires faits par les Miſſionnaires.

XIX.

XIX. TABLE.

*durée de l'année solaire, du mois Synodique, Anomalistique, & Draconitique, sous les différentes Dynasties.*

| née Ca- rier. | Année solaire. | | | | Mois synodique. | | | | Mois anomalistique. | | | | Mois draconitique. | | | | Dynastie. |
|---|---|---|---|---|---|---|---|---|---|---|---|---|---|---|---|---|---|
| | jours. | *ke*. | '. | ''. | jrs. | *ke*. | '. | ''. | jrs. | *ke*. | '. | ''. | jrs. | *ke*. | '. | ''. | |
| 104. ant C. | 365. | 25. | 0. | 0. | 29. | 53. | 8. | 64. | | | | | 27. | 32. | 0. | 0. | *Han.* |
| ant .66. | 365. | 25. | 0. | 0. | 29. | 53. | 8. | 64. | | | | | 27. | 32. | 0. | 0. | |
| rès .85. | 365. | 25. | 0. | 0. | 29. | 53. | 8. | 51. | | | | | 27. | 32. | 18. | 0. | |
| 06. | 365. | 24. | 61. | 80. | 29. | 53. | 5. | 40. | 27. | 55. | 33. | 59. | 27. | 32. | 15. | 64. | |
| 37. | 365. | 24. | 68. | 80. | 29. | 53. | 5. | 98. | 27. | 55. | 45. | 5. | 27. | 32. | 16. | 17. | Les *Ouey* Chinois. |
| 84. | 365. | 24. | 68. | 38. | 29. | 53. | 5. | 95. | 27. | 55. | 45. | 10. | 27. | 32. | 16. | 13. | *Tsin.* |
| 43. | 365. | 24. | 60. | 71. | 29. | 53. | 5. | 85. | 27. | 55. | 45. | 21. | 27. | 32. | 16. | 0. | Prémiers *Song.* |
| 63. | 365. | 24. | 28. | 14. | 29. | 53. | 5. | 91. | 27. | 55. | 46. | 87. | 27. | 21. | 22. | 3. | |
| 21. | 365. | 24. | 31. | 29. | 29. | 53. | 5. | 29. | 27. | 55. | 45. | 14. | 27. | 21. | 44. | 32. | Les *Ouey* Tartâres. |
| 540. | 365. | 24. | 41. | 87. | 29. | 53. | 6. | 4. | 27. | 55. | 45. | 5. | 27. | 21. | 45. | 6. | |
| 550. | 365. | 24. | 45. | 9. | 29. | 53. | 5. | 99. | 27. | 55. | 46. | 42. | 27. | 21. | 22. | 55. | Les *Tsi* Boreaux. |
| 604. | 365. | 24. | 45. | 43. | 29. | 53. | 5. | 95. | 27. | 55. | 45. | 73. | 27. | 21. | 17. | 55. | Le *Souy.* |
| 608. | 365. | 24. | 30. | 34. | 29. | 53. | 5. | 94. | 27. | 55. | 45. | 52. | 27. | 21. | 22. | 69. | |
| 618. | 365. | 24. | 46. | 11. | 29. | 53. | 6. | 1. | 27. | 55. | 45. | 43. | 27. | 21. | 23. | 5. | *Tang.* |
| 665. | 365. | 24. | 47. | 0. | 29. | 53. | 5. | 97. | 27. | 55. | 45. | 4. | 27. | 21. | 22. | 21. | |
| 724. | 365. | 24. | 44. | 7. | 29. | 53. | 5. | 92. | 27. | 55. | 46. | 1. | 27. | 21. | 22. | 10. | |
| 822. | 365. | 24. | 46. | 2. | 29. | 53. | 5. | 95. | 27. | 55. | 45. | 46. | 27. | 21. | 22. | 2. | |
| 892. | 365. | 24. | 45. | 51. | 29. | 53. | 5. | 93. | 27. | 55. | 45. | 9. | 27. | 21. | 22. | 2. | |
| 1001. | 365. | 24. | 45. | 54. | 29. | 53. | 5. | 94. | 27. | 55. | 45. | 56. | 27. | 21. | 22. | 0. | *Song.* |
| 1064. | 365. | 24. | 35. | 89. | 29. | 53. | 5. | 9. | 27. | 55. | 46. | 0. | 27. | 21. | 22. | 0. | |
| 1271. | 365. | 24. | 39. | 35. | 29. | 53. | 5. | 93. | 27. | 55. | 45. | 31. | 27. | 21. | 22. | 3. | |
| 1280. | 363. | 24. | 25. | 0. | 29. | 53. | 5. | 93. | 27. | 55. | 46. | 0. | 27. | 21. | 22. | 24. | *Yuen* Tartâres. |

Dans cette Table, on voit le systême des Astronomes Chinois depuis la réforme de l'Astronomie r l'an solaire, mois synodique, & le jour a 106. *ke*, un *ke* 100'. une minute 100''. Des Astronomes de la dèrnière Dynastie adoptèrent les nombres des *Yuen*.

Je n'ai pas mis plusieurs autres Calendriers des *Tang* & dèrniers *Souy*, à cause de la petite fférence des nombres.

# XX. TABLE.

*Signes du Zodiaques.*

| *Aries.* ♈. Kiang Leou. | *Taurus.* ♉. Ta Leang. *Magnus ſplendor.* | *Gemini.* ♊. Che Ching. *Verum profundum.* | *Cancer.* ♋. Chun Cheou. *Coturnicis caput.* | *Leo.* ♌. Chun Ho. *Coturnix ignea.* | *Virgo.* ♍. Chun Ouey. *Coturnicis canda.* |
|---|---|---|---|---|---|
| *Libra.* ♎. Cheou Sing. *Multorum annorum ſydus.* | *Scorpius* ♏. Ta Ho. *Magnus ignis.* | *Arcitenens* ♐. Si Mou. *Scindere lignum. Qui ſcindit lignum.* | *Caper.* ♑. Sing Ki. *Syderum annales.* | *Amphora* ♒. Hiuen Hiao. *Vacuum profundum.* | *Piſces.* ♓. Tſeou Tſe. |

1°. On a vû ci-deſſus les 12. Signes du Zodiaque. Voici une autre expreſſion des Signes du Zodiaque très-ancienne. On la voit dans les Aſtronomies des *Han* Occidentaux, & Orientaux, dans le Dictionnaire *Eul-ya*, & ailleurs. On a vû encore pluſieurs de ces noms.

2°. Je n'ai garde de donner comme ſeure la verſion Latine qu'on voit ici des douze noms Chinois des Signes. Les caractères Chinois ainſi détachés ont trop de ſignifications pour pouvoir s'aſſeurer de la vérité de l'idée qu'on leur applique ici. D'ailleurs, je ne ſai pas l'Epoque de ces caractères attachés aux Signes, ni par conſéquent l'occaſion & la cauſe de cette application.

3°. Au commencement des *Han* antérieurs, on fixoit le Solstice d'Hyvèr au prémier degré de *Nieou*. Quelque temps après au 21. ou 22°. de *Teou*; & cependant, on disoit que le Signe *Sing-ki* commençoit au 6°. de *Teou*. Les *Han* Orientaux l'an 85. de J.C. dirent la même chôse. On plaçoit à ce 6°. le *Tsiéki Ta-sue*.

4°. La même année 85. nous avons vû que l'Equinoxe d'Automne étoit placé par les *Han* au 4°. 30'. de la Constellation *Kio*; or les mêmes *Han* plaçoient le commencement du Signe *Cheou-sing* au 6°. de la Constellation *Tchin*, & c'est à ce 6°. degré de *Tchin*, qu'ils plaçoient le *Tsiéki Pe-lou*.

5°. Les *Tsiéki* sont des points fixes dans le Zodiaque Chinois, & par la comparaison que j'ai faite de la position des Signes du temps des *Han*, je trouve qu'alors leurs *Tsiéki* répondoient au mêmes points qu'aujourd'hui. Par exemple, le *Tsiéki Pe-lou* étoit comme aujourd'hui éloigné de l'Equinoxe d'Automne, de la vingt-quatriême partie du Zodiaque. Il n'en est pas de même des Signes. *Cheou-sing*, par exemple, est notre Signe *Libra* du temps des *Han*. *Cheou-sing* commençoit au *Tsiéki Pe-lou*, & finissoit au *Tsiéki Han-lou*.

*Position des Signes l'an 85. de Jésus-Christ.*

| *Kiang Leou.* Conf-tellat. *Pi* 8°.3'. | *Ta Leang.* Conf-tellat. *Tien* 1°. | *Che Ching.* Conf-tellat. *Pi* 6°. | *Chun Cheou.* Conf-tellat. *Tsing* 10°. | *Chun Ho.* Conf-tellat. *Lieou* 3°. | *Chun Ouey.* Conf-tellat. *Tchang* 12°. |
|---|---|---|---|---|---|
| *Cheou Sing.* Conf-tellat. *Tching* 6°. | *Ta Ho.* Conf-tellat. *Kang* 8°. | *Si Mou.* Conf-tellat. *Ouey* 4°. | *Sing Ki.* Conf-tellat. *Teou* 0°. | *Hiuen Hia.* Conf-tellat. *Nu* 2°. | *Tseou Tse.* Conf-tellat. *Kouei* 8°. |

6°. Si on compare la position de ces Signes avec les *Tsiéki* de la Table on vèrra que ce que j'ai avancé sur les Signes des *Han* est très-conforme, & s'il y a quelque différence, il faut l'attribuer aux èrreurs que je crois s'être glissées dans plusieurs nombres & autres points.

7°. Selon les prémiers *Han* avant *Tsing-chi-hoang*, le Solstice d'Hyvèr étoit au prémier degré de *Nieou*; & un Commentateur du Dictionnaire *Eul-ya* asseure que le *Nieou* dont parle le Dictionnaire est appellé *Sing-ki*, parce que le Solstice d'Hyvèr étoit alors au prémier degré de *Nieou*; il ajoûte, que toutes les Planétes & Etoiles commencent & finissent les révolutions aux Solstice d'Hyvèr, & que de la vient l'appellation de *Sing-ki*, comme si on vouloit dire que le Solstice est l'Histoire, & les Annales du Ciel. Ce Commentateur d'*Eul-ya* vivoit un temps des *Han* Orientaux. Les Astronomes des *Tang* placèrent le Signe *Sing-ki* au prémier degré de ♑, ou pour mieux dire, ils mirent le Solstice d'Hyvèr au prémier degré de *Sing-ki*, & par conséquent, ils placèrent les autres Signes comme on les place aujourd'hui; sans doute que l'ignorance du mouvement propre des Fixes, & la négligence des Astronomes de la fin des *Tcheou*, & dès *Tsin*, avoient fait pèrdre le souvenir des vrais points du Ciel où répondoient anciennement les Signes *Kiung-leou*, *Ta-leang*, &c.

# XXI. TABLE.

*Des douze Signes de l'Equateur sous l'Empire de Vouti.*

| Position des 12. Signes de l'Equateur. | Milieu du Signe. | Degré de la Constellation où répond le milieu du Signe, & le *Tsiéki.* |
|---|---|---|
| 1. *Sing-ki.* | Solstice d'Hyvèr. | Entre *Teou,* & *Nieou.* |
| 2. *Hiuen-hiao.* | *Ta-han.* Nom d'un *Tsiéki.* | Prémier degré *Ouey.* |
| 3. *Tseou-tse.* | *Kin-tche.* C'étoit alors le *Tsiéki* après le *Li-tchun.* Ce fut ensuite *Yu-Chouy.* | Constellat. *Che* 14°. |
| 4. *Kiang-leou.* | L'Equinoxe du Printemps. | 4°. de *Leou.* |
| 5. *Ta-leang.* | *Tsing-ming.* Nom de *Tsiéki.* | 4°. de *Mao.* |
| 6. *Che-ching.* | *Siao-man.* Nom d'un *Tsiéki.* | 1er. degré de *Tsing.* |
| 7. *Chun-cheou.* | Solstice d'Eté. | *Tsing* 31°. |
| 8. *Chun-ho.* | *Ta-chou.* Nom d'un *Tsiéki.* | 3°. de *Tchang.* |
| 9. *Chun-ouey.* | *Tchou-chou.* Nom d'un *Tsiéki.* | 15°. de *Y.* |
| 10. *Cheou-sing.* | Equinoxe d'Automne. | *Kio* 10°. |

*Continuation de la XXI. Table.*

| Position des 12. Signes de l'Equateur. | Milieu du Signe. | Degré de la Constellation où répond le milieu du Signe, & le *Tsiéki*. |
|---|---|---|
| 11. *Ta-ho.* | *Chouang - kiang.* Nom d'un *Tsiéki.* | 5°. de *Fang.* |
| 12. *Si-mou.* | *Siao-sue.* Nom d'un *Tsiéki.* | 7°. de *Ki.* |

Cette Table est tirée de l'Astronomie des *Han* antérieurs.

La position des 12. Signes par rapport aux *Tsiéki*, & aux Constellations fut ainsi déterminée sous l'Empire de *Vouti* plus de 100. ans avant J. C.

Peu de temps après ce Prince, on plaça le *Tsiéki Yu-chong* après le *Tsiéki Li-tchun*, & on mit le *Tsiéki Kin-tche* après *Yu-chouy*. Pour tous les autres *Tsiéki*, ils sont marqués dans le même ordre, & avec les mêmes caractères que ceux d'aujourd'hui.

Je n'ai pas ici les 12. autres *Tsiéki* après cette Remarque, cela est inutile.

On marque de même le *Tsiéki*, & le degré de la Constellation où commmence & finit le Signe; mais après ce que j'ai marqué, cela est aussi inutile.

Quand j'ai écrit les autres Tables, je n'avois pas encore pû avoir celle-ci.

## XXII. TABLE.

*Des XXVIII. Constellations de l'Equateur, ou selon l'Equateur.*

| | Sieou-tche-tao-tou. | Constellations. | Degrés de l'Equateur. | |
|---|---|---|---|---|
| 1. | *Che-eul.* | *Kio.* | 12°. | |
| 2. | *Kieou.* | *Kang.* | 9°. | |
| 3. | *Che-ou.* | *Ti.* | 15°. | |
| 4. | *Ou.* | *Fang.* | 5°. | |
| 5. | *Ou.* | *Sin.* | 5°. | |
| 6. | *Che-leou.* | *Ouey.* | 18°. | |
| 7. | *Che-i.* *Tong Tsi Che Ou Tou.* | *Ki.* | 11°. | A l'Orient 76°. Ces 7. 1eres. Constellat. sont à l'Orient. |
| 8. | *Eul-che-leou.* | *Teou.* | 26°. | |
| 9. | *Pa.* | *Nieou.* | 8°. | |
| 10. | *Che-eul.* | *Nu.* | 12°. | |
| 11. | *Che.* | *Hiu.* | 10°. | |
| 12. | *Che-tsi.* | *Ouey.* | 17°. | |
| 13. | *Che-leou.* | *Che.* | 16°. | |
| 14. | *Kieou.* *Pe Kieou Che Pa Tou.* | *Pi.* | 9°. | Au Nord 98°. Ces 7. Constellations sont au Nord. |

*Continuation*

*Continuation de la XXII. Table.*

| *Sieou-tche-tao-tou.* | | | Conſtellations. | Degrés de l'Equateur. | |
|---|---|---|---|---|---|
| 15. | *Che-leou.* | | *Kouey.* | 16°. | |
| 16. | *Che-eul.* | | *Leou.* | 12°. | |
| 17. | *Che-ſe.* | | *Ouey.* | 14°. | |
| 18. | *Che-i.* | | *Mao.* | 11°. | |
| 19. | *Che-leou.* | | *Pi.* | 16°. | |
| 20. | *Eul.* | | *Tſe.* | 2°. | |
| 21. | *Kieou.* | *Si Pa Che Tou.* | *Tſan.* | 9°. | A l'Oueſt 80°. Ces 7. Conſtellat. à l'Oueſt. |
| 22. | *San-che-ſan.* | | *Tſing.* | 33°. | |
| 23. | *Se.* | | *Kouey.* | 4°. | |
| 24. | *Che-ou.* | | *Lieou.* | 15°. | |
| 25. | *Tſi.* | | *Sing.* | 7°. | |
| 26. | *Che-pa.* | | *Tchong.* | 18°. | |
| 27. | *Che-pa.* | | *Y.* | 18°. | |
| 28. | *Che-tſi.* | *Nan Pe I Che Eul Tou.* | *Tchin.* | 17°. | Au Sud 112°. Ces 7. Conſtellations ſont au Sud. |

Ce Catalogue eſt pris de l'Aſtronomie des *Han* antérieurs. Les obsèrvations des diſtances & de l'étenduë des 28. Conſtellations furent faites ſous *Vou-ti* plus de 100. ans avant J. C. On employa les Armilles. On rapportoit tout alors à l'Equateur.

## XXIII. TABLE.

*Des Constellations selon l'Equateur & le Zodiaque sous l'Empire de* Cobilay.

| Constellations. | Etenduë selon l'Equateur. | Etenduë selon le Zodiaque. |
|---|---|---|
| *Kio.* | 12°. 10′. | 12°. 87′. |
| *Kang.* | 9°. 20′. | 9°. 56′. |
| *Ti.* | 16°. 30′. | 16°. 40′. |
| *Fang.* | 5°. 60′. | 5°. 48′. |
| *Sin.* | 6°. 50′. | 6°. 37′. |
| *Ouey.* | 19°. 10′. | 17°. 95′. |
| *Ki.* | 10°. 40′. | 9°. 59′. |
| *Teou.* | 25°. 20′. | 23°. 47′. |
| *Nieou.* | 7°. 20′. | 6°. 90′. |
| *Nu.* | 11°. 35′. | 11°. 12′. |
| *Hiu.* | 8°. 95′. | 9°. |
| *Ouey.* | 15°. 40′. | 15°. 95′. |
| *Che.* | 17°. 10′. | 18°. 32′. |
| *Pi.* | 8°. 60′. | 9°. 34′. |
| *Kouey.* | 16°. 60′. | 17°. 87′. |
| *Leou.* | 11°. 80′. | 12°. 36′. |
| *Ouey.* | 15°. 60′. | 15°. 81′. |
| *Mao.* | 11°. 30′. | 11°. 8′. |

*Continuation de la XXIII. Table.*

| Conſtellations. | Etenduë ſelon l'Equateur. | Etenduë ſelon le Zodiaque. |
|---|---|---|
| *Pi.* | 17°. 40′. | 16°. 50′. |
| *Tſe.* | 0°. 5′. | 0°. 5′. |
| *Tſan.* | 11°. 10′. | 10°. 28. |
| *Tſing.* | 33°. 30′. | 31°. 3′. |
| *Kouey.* | 2°. 20′. | 2°. 11′. |
| *Lieou.* | 13°. 30′. | 13°. |
| *Sing.* | 6°. 30′. | 6°. 31′. |
| *Tchang.* | 17°. 25′. | 17°. 79′. |
| *Y.* | 18°. 75′. | 20°. 9′. |
| *Tchin.* | 17°. 30′. | 18°. 75′. |

Ce Catalogue des 28. Conſtellations eſt pris de l'Aſtronomie Chinoiſe en uſage avant la venuë des Jéſuites. L'étenduë de ces Conſtellations fut obsèrvée par *Cocheou-king* Aſtronome de *Cobilay*. Ses obsèrvations furent faites à la ville qu'on appelle aujourd'hui *Péking*, & *Ta-tou* du temps de *Cobilay*. *Péking* ſignifie Cour du Nord, *Ta-tou* ſignifie grande Cour.

# XXIV. TABLE.

*Des Constellations selon l'Equateur & le Zodiaque, faite par* Y-hang.

| Constellations. | Etenduë selon l'Equateur. | Etenduë selon le Zodiaque. | Distance du Pôle Boreal. | Distance ancienne. |
|---|---|---|---|---|
| *Kio.* | 12°. | 13°. | 93°. 50'. | 91°. |
| *Kang.* | 9°. | 9°. | 91°. 50'. | 89°. |
| *Ti.* | 15°. | 15°. | 98°. 0'. | 94°. |
| *Fang.* | 5°. | 5°. | 110°. 50'. | 108°. |
| *Sin.* | 5°. | 4°. | 110°. 0'. | 108°. |
| *Ouey.* | 18°. | 17°. | 124°. 0'. | 120°. |
| *Ki.* | 11°. | 10°. | 120°. 0'. | 118°. |
| *Teou.* | 26°. | 23°. | 115°. 0'. | 116°. |
| *Nieou.* | 8°. | 7°. | 104°. 0'. | 106°. |
| *Nu.* | 12°. | 11°. | 101°. 0'. | 100°. |
| *Hiu.* | 10°. | 10°. | 101°. 0'. | 104°. |
| *Ouey.* | 17°. | 17°. | 97°. 0'. | 97°. |
| *Che.* | 16°. | 17°. | 83°. 0'. | 85°. |
| *Pi.* | 9°. | 9°. | 84°. 0'. | 86°. |
| *Kouey.* | 16°. | 17°. | 73°. 0'. | 76°. |
| *Leou.* | 12°. | 12°. | 77°. 0'. | 80°. |
| *Ouey.* | 14°. | 14°. | 72°. 0'. | 74°. |

*Continuation de la XXIV. Table.*

| Constellations. | Etenduë selon l'Equateur. | Etenduë selon le Zodiaque. | Distance du Pôle Boreal. | Distance ancienne. |
|---|---|---|---|---|
| *Mao.* | 11°. | 11°. | 72°. 0'. | 74°. |
| *Pi.* | 17°. | 16°. | 76°. 0'. | 78°. |
| *Tse.* | 1°. | 1°. | 82°. 0'. | 84°. |
| *Tsan.* | 10°. | 9°. | 93°. 0'. | 94°. |
| *Tsing.* | 33°. | 30°. | 68°. 0'. | 70°. |
| *Kouey.* | 3°. | 2°. | 68°. 0'. | 68°. |
| *Lieou.* | 15°. | 10°. | 80°. 0'. | 77°. |
| (1) *Tsi-sing.* 7. Stellæ. | 7°. | 6°. | 93°. 50'. | 91°. |
| *Tchang.* | 18°. | 18°. | 100°. 0'. | 97°. |
| *Y.* | 18°. | 19°. | 103°. 0'. | 97°. |
| *Tchin.* | 17°. | 18°. | 100°. 0'. | 98°. |

1°. Cette Table est de l'Astronomie du Bonze *Y-hang*, qui marqua les méthodes de l'Astronomie Chinoise l'an de Jésus-Christ 724. Il dit que le Solstice d'Hyvèr étoit dans *Teou* 10°.

## REMARQUES.

(1) *Tsi-sing*, est la Constellation *Sing*, cœur de l'Hydre. *P. G.*

2°. Ce Bonze obsèrva les 28. Conſtellations au paſſage par le Méridien avec un grand inſtrument de leton, où étoient de grands cèrcles gradués qui coupoient à angles droits le Zodiaque, & l'Equateur. Il avoit des régles mobiles dont il ſe sèrvoit pour détèrminer les points des cèrcles où il croyoit voir répondre les Etoiles.

3°. Ce Bonze ne marque pas le temps où furent détèrminées les diſtances qu'il nomme anciennes.

Les obsèrvations du Bonze *Y-hang* furent faites à *Siganfou* capitale du *Chenſi*.

# XXV. TABLE.

*Des XXIV. Tſiéki pour l'uſage de l'intèrcalation.*

| 1ère. Lune. *Li Tchun.* | 2e. Lune. *King Che.* | 3e. Lune. *Tſing Ming.* | 4e. Lune. *Li Hia.* | 5e. Lune. *Mang Tchong.* | 6e. Lune. *Siao Chou.* |
|---|---|---|---|---|---|
| *Yu Chouy.* | *Tchun Fen.* Equinoxe du Printemps. | *Kou Yu.* | *Siao Man.* | *Hia Tchi.* Solſtice d'Eté. | *Ta Chou.* |
| 7e. Lune. *Li Tſieou.* | 8e. Lune. *Pe Lou.* | 9e. Lune. *Han Lou.* | 10e. Lune. *Li Tong.* | 11e. Lune. *Ta Sue.* | 12e. Lune. *Siao Han.* |
| *Tchon Chou.* | *Tſieou Fen.* Equinoxe d'Automne. | *Tchoang Kiang.* | *Siao Sue.* | *Tong Tchi.* Solſtice d'Hyvèr. | *Ta Han.* |

C'eſt la Table des 24. *Tſiéki* : elle sèrvoit autrefois pour l'uſage de l'intèrcalation : Voici comment.

On marquoit deux *Tſiéki* pour châque Lune. Le prémier avoit proprement le nom de *Tſié* ; & le ſecond celui de *Tchong*.

Le *Tſié*, où le prémier *Tſiéki* de châque Lune, n'étoit pas toûjours dans la Lune dont il porte le nom. Mais le

*Tchong-ki* devoit être nécessairement dans le cours de la Lune dont il porte le nom. Par exemple, le *Yu-chouy* devoit être dans la prémière Lune ; le *Tchun-fen* dans la seconde, &c. La Lune intèrcalaire n'avoit jamais de *Tchong-ki*, elle ne pouvoit avoir qu'un *Tsié*.

Quand par le calcul on voit, par exemple, que le *Kou-yu*, *Tchong-ki* de la troisième Lune étoit le dèrnier jour de la troisième Lune, & que le *Siao-man*, *Tchong-ki* de la quatrième Lune étoit le prémier de la quatrième Lune ; alors, on voyoit entre la troisième & la quatrième Lune un *Tsié*, savoir *Li-hia* qui ne pouvoit pas être placé dans la troisième ni dans la quatrième Lune. On plaçoit entre deux une Lune où étoit le *Li-hia*. Cette Lune n'avoit qu'un *Tsié*, elle ne pouvoit avoir un *Tchong-ki*. On appelloit cette Lune intèrcalaire, & son caractère étoit *Jun*.

Si on divise l'année solaire en 24. parties égales, on aura la quantité des 24. *Tsiéki* ; mais pour avoir le moment du *Tsiéki*, il faut diviser le Zodiaque en 24. parties égales, & par le calcul, savoir à quel moment le Soleil par son mouvement est dans la partie du Zodiaque qui tèrmine un *Tsiéki*, & en commence un autre,

XXVI.

# XXVI. TABLE.

*Commencement des Signes du Zodiaque l'an de Jésus-Christ 1280. rapportés aux Constellations.*

| | | |
|---|---|---|
| *Ouey*<br>12°. 64'. 91".<br>*Tseou-tse.* | *Kouey*<br>1°. 73'. 63".<br>*Kiang-leou.* | *Ouey*<br>3°. 74'. 56".<br>*Ta-leang.* |
| *Pi*<br>6°. 88'. 5".<br>*Che-chin.* | *Tsing*<br>8°. 34'. 94".<br>*Chun-cheou.* | *Lieou*<br>3°. 36'. 80".<br>*Chun-ho.* |
| *Tchang*<br>15°. 26'. 6".<br>*Chun-ouey.* | *Tchin*<br>10°. 7'. 97".<br>*Cheou-sing.* | *Ti*<br>1°. 14'. 52".<br>*Ta-ho.* |
| *Ouey*<br>3°. 1'. 15".<br>*Si-mou.* | *Teou*<br>2°. 76'. 85".<br>*Sing-ki.* | *Nu*<br>2°. 6'. 38.<br>*Hiuen-hiao.* |

Cette Table est de l'Astronomie de *Cobilay*. Le Solstice d'Hyvèr y est marqué pour l'an 1280. au 10°. de la Constellation *Ki* selon l'Equateur, & au 9°. selon l'Ecliptique. Ainsi dans ce temps-là les Signes Chinois ne répondoient pas tout-à-fait aux nôtres. L'Equateur & le Zodiaque commençoient au 6°. de la Constellation *Hiu*. Comme on n'apporte pas de raison de cette disposition, je ne m'arrêterai pas ici à faire des conjectures pour rendre une raison plausible de ce fait.

J'ai entre les mains les Calendriers Chinois; on y voit à peu près les mêmes commencements des Signes, & on y dit expressément, que le commencement de l'Equateur, & du Zodiaque est le 6°. de la Constellation *Hiu*, & que ce 6°. est juste le milieu du Signe

*Tſeou-tſe.* Dans ces Calendriers on marque ſelon un calcul le Solſtice d'Hyvèr le 22. Décembre 1. h. 28'. 48". après minuit, dans la Conſtellation *Ki* 5°. 3'. 92". ſelon l'Equateur, & 4°. 63'. 86". ſelon l'Ecliptique. Suivant un autre calcul qu'on rapporte, le Solſtice devoit être vêrs les 4. h. du matin du 22. Décembre. On voit enſuite les entrées du Soleil dans *Sing-ki*, *Kiang-leou*, *Cheou-ſing*, *Chun-cheou*, pluſieurs jours après les Solſtices, & les Equinoxes.

Je vois que ſelon les différentes Dynaſties, le commencement des Signes étoit différent, & ils n'avoient pas toûjours les mêmes rapports avec les *Tſiéki* points fixes; cela venoit, ſi je ne me trompe, de quelques régles frivoles d'Aſtrologie judiciaire; ſelon les vûës particulières des Aſtronomes, & les différentes circonſtances des temps, on plaçoit les Signes, tantôt plus près, tantôt plus loin des *Tſiéki*. Les Livres d'Aſtronomie Chinoiſe ſont pleins d'idées & de régles ſurpèrſtitieuſes ſur les 12. Signes.

# XXVII. TABLE.

## Pour trouver le vrai lieu du ☉ tous les jours de l'année.

### I.

*Pour le temps entre le Solstice d'Hyvèr & l'Equinoxe du Printemps.*

| Jours du *Yng-tsou.* | °. | ′. | ″. | ‴. | Jours du *Yng-tsou.* | °. | ′. | ″. | ‴. |
|---|---|---|---|---|---|---|---|---|---|
| 1. | 1. | 5. | 10. | 83. | 31. | 32. | 34. | 5. | 6. |
| 2. | 2. | 10. | 16. | 76. | 32. | 33. | 38. | 0. | 5. |
| 3. | 3. | 15. | 17. | 72. | 33. | 34. | 41. | 4. | 9. |
| 4. | 4. | 20. | 13. | 70. | 34. | 35. | 44. | 8. | 8. |
| 5. | 5. | 25. | 4. | 69. | 35. | 36. | 48. | 1. | 9. |
| 6. | 6. | 29. | 90. | 66. | 36. | 37. | 51. | 4. | 6. |
| 7. | 7. | 34. | 71. | 60. | 37. | 38. | 54. | 6 | 7. |
| 8. | 8. | 39. | 47. | 49. | 38. | 39. | 57. | 8. | 3. |
| 9. | 9. | 44. | 18. | 31. | 39. | 40. | 60. | 93. | 7. |
| 10. | 10. | 48. | 84. | 4. | 40. | 41. | 63. | 9. | 8. |
| 11. | 11. | 53. | 44. | 67. | 41. | 42. | 66. | 9. | 6. |
| 12. | 12. | 58. | 0. | 17. | 42. | 43. | 69. | 9. | 0. |
| 13. | 13. | 62. | 25. | 5. | 43. | 44. | 72. | 7. | 7. |
| 14. | 14. | 66. | 95. | 7. | 44. | 45. | 75. | 5. | 9. |
| 15. | 15. | 71. | 35. | 7. | 45. | 46. | 78 | 3. | 5. |
| 16. | 16. | 75. | 70. | 5. | 46. | 47. | 81. | 0. | 5. |
| 17. | 17. | 80. | 0. | 1. | 47. | 48. | 83. | 6. | 9. |
| 18. | 18. | 84. | 24. | 5. | 48. | 49. | 86. | 2. | 8. |
| 19. | 19. | 88. | 43. | 6. | 49. | 50. | 88. | 81. | 5. |
| 20. | 20. | 92. | 57. | 4. | 50. | 51. | 91. | 2. | 8. |
| 21. | 21. | 96. | 6. | 6. | 51. | 52. | 93. | 6. | 9. |
| 22. | 23. | 0. | 6. | 9. | 52. | 53. | 96. | 0. | 4. |
| 23. | 24. | 4. | 6. | 7. | 53. | 54. | 98. | 3. | 4. |
| 24. | 25. | 8. | 5. | 9. | 54. | 56. | 0. | 5. | 7. |
| 25. | 26. | 12. | 4. | 6. | 55. | 57. | 2. | 7. | 5. |
| 26. | 27. | 16. | 2. | 4. | 56. | 58. | 4. | 8. | 6. |
| 27. | 28. | 20. | 0. | 5. | 57. | 59. | 6. | 9. | 2. |
| 28. | 29. | 23. | 7. | 6. | 58. | 60. | 8. | 92. | 0. |
| 29. | 30. | 27. | 41. | 6. | 59. | 61. | 10. | 8. | 5. |
| 30. | 31. | 31. | 0. | 1. | 60. | 62. | 12. | 7. | 3. |

## Continuation de la XXVII. Table.

*Pour le temps qui eſt entre le Solſtice d'Hyvèr & l'Equinoxe du Printemps.*

| Jours du *Yng-tſou.* | °. | '. | ''. | '''. | Jours du *Yng-tſou.* | °. | '. | ''. | '''. |
|---|---|---|---|---|---|---|---|---|---|
| 61. | 63. | 14. | 5. | 9. | 76. | 78. | 34. | 4. | 2. |
| 62. | 64 | 16. | 3. | 0. | 77. | 79. | 35. | 2. | 4. |
| 63. | 65. | 17. | 9. | 9. | 78. | 80. | 36. | 0. | 8. |
| 64. | 66. | 19. | 6. | 3. | 79. | 81. | 36. | 7. | 0. |
| 65. | 67. | 21. | 2. | 0. | 80. | 82. | 37. | 3. | 4. |
| 66. | 68. | 22. | 7. | 1. | 81. | 83. | 37. | 9. | 1. |
| 67. | 69. | 24. | 1. | 6. | 82. | 84. | 38. | 4. | 1. |
| 68. | 70. | 25. | 55. | 6. | 83. | 85. | 38. | 8. | 5. |
| 69. | 71. | 26. | 8. | 8. | 84. | 86. | 39. | 2. | 3. |
| 70. | 72. | 28. | 1. | 4. | 85. | 87. | 39. | 5. | 4. |
| 71. | 73. | 29. | 3. | 5. | 86. | 88. | 39. | 7. | 9. |
| 72. | 74. | 30. | 4. | 8. | 87. | 89. | 39. | 9. | 7. |
| 73. | 75. | 31. | 5. | 6. | 88. | 90. | 40. | 8. | 9. |
| 74. | 76. | 32. | 5. | 8. | 89. | 91. | 40. | 1. | 4. |
| 75. | 77. | 33. | 5. | 3. | | | | | |

Cette Table & les trois parties ſuivantes, ſont pour trouver le vrai lieu du ☉ dans tous les jours de l'année.

Dans la prémière colomne, ſont les jours de l'an; dans la ſeconde, les degrés; dans la troiſiême, les minutes; dans la quatriême, les ſecondes; dans la cinquiême, les troiſiêmes. C'eſt le vrai mouvement du Soleil.

Ces Tables ſont de l'Aſtronomie de *Cobilay.* Il y en a encore d'autres ſous une autre forme, mais celles-ci ſont plus commodes; & dans le fonds auſſi ſeures, étant toutes faites ſur les mêmes principes.

# XXVII. TABLE.

## II.

*Pour trouver le vrai lieu du ⊙ entre l'Equinoxe d'Automne, & le Solstice d'Hyvèr.*

| Jours du *Sou-mo.* | °. | '. | ''. | '''. | Jours du *Sou-mo.* | °. | '. | ''. | '''. |
|---|---|---|---|---|---|---|---|---|---|
| 1. | 1. | 0. | 11. | 61. | 31. | 31. | 33. | 1. | 6. |
| 2. | 2. | 0. | 29. | 76. | 32. | 32. | 35. | 2. | 2. |
| 3. | 3. | 0. | 54. | 43. | 33. | 33. | 37. | 3. | 3. |
| 4. | 4. | 0. | 85. | 60. | 34. | 34. | 39. | 5. | 1. |
| 5. | 5. | 1. | 23. | 25. | 35. | 35. | 41. | 7. | 4. |
| 6. | 6. | 1. | 67. | 37. | 36. | 36. | 44. | 0. | 4. |
| 7. | 7. | 2. | 17. | 93. | 37. | 37. | 46. | 3. | 9. |
| 8. | 8. | 2. | 74. | 92. | 38. | 38. | 48. | 8. | 6. |
| 9. | 9. | 3. | 38. | 32. | 39. | 39. | 51. | 2. | 7. |
| 10. | 10. | 4. | 8. | 11. | 40. | 40. | 53. | 80. | 5. |
| 11. | 11. | 4. | 84. | 2. | 41. | 41. | 56. | 3. | 9. |
| 12. | 12. | 5. | 66. | 7. | 42. | 42. | 59. | 0. | 1. |
| 13. | 13. | 6. | 55. | 6. | 43. | 43. | 61. | 7. | 3. |
| 14. | 14. | 7. | 50. | 7. | 44. | 44. | 64. | 4. | 9. |
| 15. | 15. | 8. | 52. | 2. | 45. | 45. | 67. | 3. | 1. |
| 16. | 16. | 9. | 59. | 9. | 46. | 46. | 70. | 1. | 8. |
| 17. | 17 | 10. | 73. | 9. | 47. | 47. | 73. | 1. | 1. |
| 18. | 18. | 11. | 94. |  | 48. | 48. | 76. | 1. | 0. |
| 19. | 19. | 13. | 20. | 6. | 49. | 49. | 79. | 1. | 5. |
| 20. | 20. | 14. | 53. | 2. | 50. | 50. | 82. | 25. | 3. |
| 21. | 21. | 15. | 9. | 1. | 51. | 51. | 85. | 4. | 1. |
| 22. | 22. | 17. | 3. | 7. | 52. | 52. | 88. | 6. | 2. |
| 23. | 23. | 18. | 8. | 8. | 53. | 53. | 91. | 8. | 9. |
| 24. | 24. | 20. | 4. | 5. | 54. | 54. | 95. | 2. | 1. |
| 25. | 25. | 22. | 0. | 8. | 55. | 55. | 98. | 5. | 9. |
| 26. | 26. | 23. | 7. | 8. | 56. | 57. | 2. | 0. | 1. |
| 27. | 27. | 25. | 5. | 4. | 57. | 58. | 5. | 5. | 2. |
| 28. | 28. | 27. | 3. | 5. | 58. | 59. | 9. | 0. | 7. |
| 29. | 29. | 29. | 2. | 3. | 59. | 60. | 12. | 67. | 2. |
| 30. | 30. | 31. | 16. | 9. | 60. | 61. | 16. | 3. | 2. |

## Continuation de la XXVII. Table.

*Pour trouver le vrai lieu du ☉ entre l'Equinoxe d'Automne, & le Solstice d'Hyvèr.*

| Jours du *Sou-mo.* | °. | ′. | ″. | ‴. | Jours du *Sou-mo.* | °. | ′. | ″. | ‴. |
|---|---|---|---|---|---|---|---|---|---|
| 61. | 62. | 20. | 0. | 3. | 76. | 77. | 82. | 0. | 8. |
| 62. | 63. | 23. | 8. | 0. | 77. | 78. | 86. | 6. | 4. |
| 63. | 64. | 27. | 6. | 0. | 78. | 79. | 91. | 2. | 4. |
| 64. | 65. | 31. | 4. | 9. | 79. | 80. | 95. | 0. | 6. |
| 65. | 66. | 35. | 4. | 1. | 80. | 82. | 0. | 6. | 1. |
| 66. | 67. | 39. | 3. | 9. | 81. | 83. | 5. | 3. | 7. |
| 67. | 68. | 43. | 4. | 2. | 82. | 84. | 10. | 1. | 8. |
| 68. | 69. | 47. | 5. | 1. | 83. | 85. | 15. | 0. | 4. |
| 69. | 70. | 51. | 65. | 3. | 84. | 86. | 19. | 9. | 5. |
| 70. | 71. | 55. | 8. | 4. | 85. | 87. | 26. | 9. | 1. |
| 71. | 72. | 60. | 0. | 8. | 86. | 88. | 29. | 9. | 2. |
| 72. | 73. | 64. | 3. | 8. | 87. | 89. | 34. | 9. | 8. |
| 73. | 74. | 68. | 7. | 3. | 88. | 90. | 40. | 8. | 9. |
| 74. | 75. | 72. | 1. | 3. | 89. | | | | |
| 75. | 76. | 77. | 5. | 8. | | | | | |

# XXVII. TABLE.

## III.

*Pour le vrai mouvement du ☉ entre le Solstice d'Eté & l'Equinoxe d'Automne.*

| Jours du *Sou-tsou.* | °. | ′. | ″. | ‴. | Jours du *Sou-tsou.* | °. | ′. | ″. | ‴. |
|---|---|---|---|---|---|---|---|---|---|
| 1. | 0. | 95. | 15. | 16. | 31. | 29. | 71. | 0. | 5. |
| 2. | 1. | 90. | 34. | 75. | 32. | 30. | 67. | 65. | 8. |
| 3. | 2. | 85. | 58. | 90. | 33. | 31. | 64. | 3. | 1. |
| 4. | 3. | 80. | 87. | 41. | 34. | 32. | 61. | 0. | 1. |
| 5. | 4. | 76. | 20. | 41. | 35. | 33. | 57. | 7. | 6. |
| 6. | 5. | 71. | 57. | 91. | 36. | 34. | 54. | 5. | 6. |
| 7. | 6. | 66. | 99. | 93. | 37. | 35. | 51. | 4. | 1. |
| 8. | 7. | 62. | 46. | 48. | 38. | 36. | 48. | 3. | 1. |
| 9. | 8 | 57. | 97. | 58. | 39. | 37. | 45. | 3. | 6. |
| 10. | 9. | 53. | 53. | 23. | 40. | 38. | 42. | 2. | 6. |
| 11. | 10. | 49. | 13. | 50. | 41. | 39. | 39. | 3. | 1. |
| 12. | 11 | 44. | 78. | 3. | 42. | 40. | 36. | 42. | 2. |
| 13. | 12. | 40. | 47. | 8. | 43. | 41. | 33. | 5. | 7. |
| 14. | 13. | 36. | 21. | 9. | 44. | 42. | 30. | 7. | 8. |
| 15. | 14. | 32. | 0. | 6. | 45. | 43. | 28. | 0. | 3. |
| 16. | 15. | 27. | 84. | 0. | 46. | 44. | 25. | 3. | 4. |
| 17. | 16. | 23. | 72. | 1. | 47. | 45. | 22. | 7. | 0. |
| 18. | 17. | 19. | 64. | 9. | 48. | 46. | 20. | 1. | 1. |
| 19. | 18. | 15. | 62. | 3. | 49. | 47. | 17. | 5. | 8. |
| 20. | 19. | 11. | 64. | 6. | 50. | 48. | 15. | 0. | 9. |
| 21. | 20. | 7. | 71. | 5. | 51. | 49. | 12. | 6. | 6. |
| 22. | 21. | 1. | 2. | 8. | 52. | 50. | 10. | 28. | 7. |
| 23. | 21. | 99. | 9. | 9. | 53. | 51. | 7. | 9. | 6. |
| 24. | 22. | 96. | 2. | 1. | 54. | 52. | 5. | 6. | 8. |
| 25. | 23. | 92. | 4. | 7. | 55. | 53. | 3. | 4. | 6. |
| 26. | 24 | 88. | 7. | 8. | 56. | 54. | 1. | 2. | 9. |
| 27. | 25. | 85. | 1. | 3. | 57. | 54. | 99. | 1. | 8. |
| 28. | 26. | 81. | 5. | 4. | 58. | 55. | 97. | 1. | 2. |
| 29. | 27. | 77. | 9. | 9. | 59. | 56. | 95. | 1. | 1. |
| 30. | 28 | 74. | 5. | 0. | 60. | 57. | 93. | 1. | 6. |

## Continuation de la vrai XXVII. Table.

*Pour le vrai mouvement du ☉ entre le Solstice d'Eté & de l'Equinoxe d'Automne.*

| Jours du *Sou-tsou.* | °. | '. | ''. | '''. | Jours du *Sou-tsou.* | °. | '. | ''. | '''. |
|---|---|---|---|---|---|---|---|---|---|
| 61. | 58. | 91. | 2. | 6. | 78. | 75. | 67. | 3. | 6. |
| 62. | 59. | 89. | 4. | 1. | 79. | 76. | 66. | 4. | 6. |
| 63. | 60. | 87. | 62. | 2. | 80. | 77. | 65. | 6. | 2. |
| 64. | 61. | 85. | 8. | 8. | 81. | 78. | 64. | 8. | 3. |
| 65. | 62. | 84. | 2. | 0. | 82. | 79. | 64. | 1. | 0. |
| 66. | 63. | 82. | 5. | 7. | 83. | 80. | 63. | 43. | 0. |
| 67. | 64. | 81. | 0. | 0. | 84. | 81. | 62. | 8. | 1. |
| 68. | 65. | 79. | 4. | 8. | 85. | 82. | 62. | 2. | 5. |
| 69. | 66. | 78. | 0. | 2. | 86. | 83. | 61. | 7. | 5. |
| 70. | 67. | 76. | 6. | 1. | 87. | 84. | 61. | 3. | 1. |
| 71. | 68. | 75. | 1. | 6. | 88. | 85. | 60. | 9. | 3. |
| 72. | 69. | 73. | 9. | 6. | 89. | 86. | 60. | 6. | 1. |
| 73. | 70. | 72. | 72 | 5. | 90. | 87. | 60. | 3. | 4. |
| 74. | 71. | 71. | 5. | 4. | 91. | 88. | 60. | 1. | 3. |
| 75. | 72. | 70. | 4. | 1. | 92. | 89. | 59. | 9. | 8. |
| 76. | 73. | 69. | 3. | 4. | 93. | 90. | 59. | 90. | 0. |
| 77. | 74. | 68. | 3. | 2. | 94. | 91. | 59. | 8. | 7. |

# XXVII. TABLE.

## IV.

*Pour le vrai mouvement du ☉ depuis l'Equinoxe du Printemps jusqu'au Solstice d'Eté.*

| Jours du *Ing-mo.* | °. | '. | ''. | '''. | Jours du *Ing-mo.* | °. | '. | ''. | '''. |
|---|---|---|---|---|---|---|---|---|---|
| 1. | 0. | 99. | 91. | 10. | 31. | 30. | 70. | 48. | 6. |
| 2. | 1. | 99. | 76. | 29. | 32. | 31. | 68. | 6. | 4. |
| 3. | 2. | 99. | 55. | 59. | 33. | 32. | 66. | 7. | 4. |
| 4. | 3. | 99. | 29. | 1. | 34. | 33. | 64. | 7. | 8. |
| 5. | 4. | 98. | 96. | 57. | 35. | 34. | 62. | 7. | 7. |
| 6. | 5. | 98. | 58. | 28. | 36. | 35. | 60. | 7. | 1. |
| 7. | 6. | 98. | 14. | 16. | 37. | 36. | 58. | 6. | 0. |
| 8. | 7. | 97. | 64. | 23. | 38. | 37. | 56. | 4. | 3. |
| 9. | 8 | 97. | 8. | 50. | 39. | 38. | 54. | 2. | 1. |
| 10. | 9. | 96. | 46. | 99. | 40. | 39. | 51. | 9. | 4. |
| 11. | 10. | 95. | 79. | 72. | 41. | 40. | 49. | 61. | 3. |
| 12. | 11. | 95. | 6. | 7. | 42. | 41. | 47. | 2. | 3. |
| 13. | 12. | 94. | 27. | 9. | 43. | 42. | 44. | 8. | 0. |
| 14. | 13. | 93. | 43. | 4. | 44. | 43. | 42. | 3. | 1. |
| 15. | 14. | 92. | 53. | 3. | 45. | 44. | 39. | 7. | 8. |
| 16. | 15. | 91. | 57. | 4. | 46. | 45. | 37. | 1. | 9. |
| 17. | 16. | 90. | 55. | 9. | 47. | 46. | 34. | 5. | 5. |
| 18. | 17. | 89. | 48. | 7. | 48. | 47. | 31. | 8. | 6. |
| 19. | 18. | 88. | 35. | 9. | 49. | 48. | 29. | 1. | 1. |
| 20. | 19. | 87. | 17. | 5. | 50. | 49. | 26. | 3. | 2. |
| 21. | 20. | 85. | 93. | 5. | 51. | 50. | 23. | 47. | 7. |
| 22. | 21. | 84. | 6. | 2. | 52. | 51. | 20. | 5. | 8. |
| 23. | 22. | 83. | 2. | 8. | 53. | 52. | 17. | 6. | 3. |
| 24. | 23. | 81. | 8. | 7. | 54. | 53. | 14. | 6. | 3. |
| 25. | 24. | 80. | 4. | 1. | 55. | 54. | 11. | 5. | 8. |
| 26. | 25. | 78. | 8. | 9. | 56. | 55. | 8. | 4. | 8. |
| 27. | 26. | 77. | 3. | 2. | 57. | 56. | 5. | 2. | 3. |
| 28. | 27. | 75. | 6. | 9. | 58. | 57. | 2. | 1. | 3. |
| 29. | 28. | 74. | 0. | 1. | 59. | 57. | 98. | 8. | 8. |
| 30. | 29. | 72. | 2. | 7. | 60. | 58. | 95. | 5. | 9. |

## Continuation de la XXVII. Table.

*Pour le vrai mouvement du ☉ depuis l'Equinoxe du Printemps jusqu'au Solstice d'Eté.*

| Jours du *Ing-mo.* | °. | ′. | ″. | ‴. | Jours du *Ing-mo.* | °. | ′. | ″. | ‴. |
|---|---|---|---|---|---|---|---|---|---|
| 61. | 59. | 92. | 2. | 4. | 78. | 76. | 27. | 8. | 9. |
| 62. | 60. | 88. | 4. | 4. | 79. | 77. | 23. | 6. | 8. |
| 63. | 61. | 85. | 3. | 9. | 80. | 78. | 19. | 4. | 2. |
| 64. | 62. | 81. | 9. | 0. | 81. | 79. | 51. | 1. | 6. |
| 65. | 63. | 78. | 3. | 5. | 82. | 80. | 10. | 76. | 5. |
| 66. | 64. | 74. | 7. | 6. | 83. | 81. | 6. | 3. | 6. |
| 67. | 65. | 71. | 1. | 1. | 84. | 82. | 1. | 9. | 2. |
| 68. | 66. | 67. | 4. | 2. | 85. | 82. | 97. | 4. | 3. |
| 69. | 67. | 63. | 6. | 8. | 86. | 83. | 92. | 9. | 0. |
| 70. | 68. | 59. | 9. | 0. | 87. | 84. | 88. | 3. | 2. |
| 71. | 69. | 56. | 0. | 6. | 88. | 85. | 83. | 6. | 9. |
| 72. | 70. | 52. | 18. | 4. | 89. | 86. | 79. | 0. | 2. |
| 73. | 71. | 48. | 2 | 5. | 90. | 87. | 74. | 2. | 1. |
| 74. | 72. | 44. | 2. | 7. | 91. | 88. | 69. | 5. | 5. |
| 75. | 73. | 40. | 2. | 5. | 92. | 89. | 64. | 7. | 4. |
| 76. | 74. | 36. | 1. | 7. | 93. | 90. | 59. | 90. | 0. |
| 77. | 75. | 32. | 0. | 6. | | | | | |

## XXVIII. TABLE.

*Cette Table est de l'an 724. pour les Equations du ☉.*

| Nombre des *Tſiéki.* | Equation du ☉. A. additive. S. ſouſtractive. | Equation du ☉. A. additive. S. ſouſtractive. |
|---|---|---|
| 1er. *Tſiéki.* Solſtice d'Hyvèr. | | 176. A. |
| 2. | 2353'. S. | 138. A. |
| 3. | 4198'. S. | 104. A. |
| 4. | 5588'. S. | 73. A. |
| 5. | 6564'. S. | 44. A. |
| 6. | 7152'. S. | 16. A. |
| 7. Equinoxe du Printemps. | 7366'. S. | 16. S. |
| 8. | 7152'. A. | 44. S. |
| 9. | 6564'. A. | 73. S. |
| 10. | 5588'. A. | 104. S. |
| 11. | 4198'. A. | 138. S. |
| 12. | 2353'. A. | 176. S. |
| 13. Solſtice d'Eté. | 0. | 176. A. |
| 14. | 2353'. A. | 138. A. |
| 15. | 4198'. A. | 104. A. |
| 16. | 5588'. A. | 73. A. |
| 17. | 6564'. A. | 44. A. |
| 18. | 7152'. A. | 16. A. |
| 19. Equinoxe d'Automne. | 7366'. A. | 16. S. |
| 20. | 7152'. S. | 44. S. |
| 21. | 6564'. S. | 73. S. |
| 22. | 5588'. S. | 104. S. |
| 23. | 4198'. S. | 138. S. |
| 24. | 2353'. S. | 176. S. |

*Explication & usage de la Table précédente.*

Le Bonze *Y-hang* Auteur de cette Table suppôsoit l'année solaire de 365. jours 24. *ke*, 44'.7''. On suppôse le jour de 100. *ke*, un *ke* de 100'. une minute de 100''.

Ce Bonze divisoit le jour en 3040'. Cela étant suppôsé, concevez l'année solaire divisée en 4. parties égales. 1°. Du Solstice d'Hyvèr à l'Equinoxe du Printemps. 2°. De l'Equinoxe du Printemps au Solstice d'Eté. 3°. Du Solstice d'Eté à l'Equinoxe d'Automne. 4°. De l'Equinoxe d'Automne au Solstice d'Hyvèr. Châcune de ces 4. parties aura 6. *Tsiéki*, & concevez les temps de châque *Tsiéki* égaux.

L'Equation qu'on voit à la seconde colonne est pour changer les intèrvalles moyens des *Tsiéki* en intèrvalles vrais.

Par exemple, le prémier *Tsiéki* commence au Solstice d'Hyvèr. Je divise l'année en 24. parties égales. Je prens cinq de ces intèrvalles, & j'en ôte 7152'. le reste est le vrai moment du sixiême *Tsiéki*.

Le vrai Equinoxe du Printemps n'est pas la moitié de l'intèrvalle entre le Solstice d'Hyvèr & celui d'Eté. Il s'en manque 7366'. & il faut les ôter de cet intèrvalle pour avoir le vrai moment de cet Equinoxe.

Si on prend 11. intèrvalles moyens de 11. *Tsiéki*, on aura une Equation additive de 2353'. & ce sera le temps à ajoûter à l'intèrvalle moyen pour avoir le moment du commencement du douziême *Tsiéki*.

L'Equinoxe d'Automne n'est pas la moitié de l'intèrvalle entre le Solstice d'Eté & celui d'Hyvèr; il faut ajoûter à la moitié de cet intèrvalle 7366'. & on aura le moment vrai de cet Equinoxe.

Les vrais moments des 24. *Tsiéki* étant ainsi ordonnez, on se sèrvoit de la Table qu'on voit à la troisiême colomne pour avoir le vrai mouvement du Soleil.

Par exemple, le moment du commencement vrai du 10^e^. véritable *Tſiéki* étant détèrminé, je ſai qu'à ce moment le ☉ a parcouru neuf parties du Zodiaque diviſé en 24. parties égales; ainſi, je ſai que le ☉ eſt au commencement de la dixiême partie, en réduiſant le cèrcle Chinois au nôtre, on a 15°. pour châque *Tſiéki*, donc le commencement de cette dixiême partie répond à ♉. 15°.

On veut ſavoir où eſt le ☉ 8. jours complêts après le moment du commencement du dixiême *Tſiéki*. Voici la méthode de *Y-hang*.

Il ſuppôſoit le mouvement diurne du ☉ de 1°. Chinois. Par-là il ſavoit le mouvement moyen pour châque heure, & châque *ke*, &c. Ainſi, prenez 8°. pour le mouvement diurne de 8. jours. Au prémier jour du dixiême *Tſiéki* l'Equation eſt ſouſtractive de 104′. de degré; au prémier jour du onziême *Tſiéki*, cette Equation eſt ſouſtractive de 138′. Cela me fait donc voir que dans le cours de ce *Tſiéki* l'Equation pour un jour n'a été ni de 104′. ni de 138′. Le prémier jour complet cette Equation ſe trouve de 104′. le ſecond jour complet, il faut ajoûter à 104′. plus de 104′. & ayant ainſi l'addition des Equations diurnes, on voit la quantité de l'Equation qui convient à 8. jours complets, & on réduit ainſi le mouvement moyen au vrai.

Si l'on veut ſavoir combien de minutes ſont contenuës dans un degré, il faut remarquer que *Y-hang* diviſoit le cèrcle en 1110379′. il diſoit que dans un an ſolaire le ☉ parcouroit 365°. 779′. *Hing-yun-lou* dit, que ſelon la méthode des *Yuen* c'eſt 365°. 25′. 64″. 96‴.

Vêrs le commencement du ſixiême ſiécle *Tchang-tſé-ſin* apprit aux Chinois que le temps du Solſtice d'Hyvèr à l'Equinoxe du Printemps étoit plus court, que le temps de l'Equinoxe du Printemps au Solſtice d'Eté. Il leur apprit auſſi que l'intèrvalle du temps entre le

Solstice d'Hyvèr & l'Equinoxe d'Automne étoit égal à celui qui est entre l'Equinoxe du Printemps & le Solstice d'Hyvèr, & que l'intèrvalle entre l'Equinoxe du Printemps & le Solstice d'Eté étoit égal à celui qui est entre le Solstice d'Eté & l'Equinoxe d'Automne. De ce principe, cet Astronome tira les Equations pour changer en vrai le moyen mouvement du ☉; au reste, on asseure que le temps entre les deux Solstices est justement la moitié de l'année.

Du temps des *Souy*, près de 30. ans après la découvèrte de *Tchang-tse-sin*, on dispôsa les Equations additives & soustractives, selon les différentes saisons, & selon châque commencement des *Tsiéki.* La plus grande Equation étoit à peu près la même que dans *Y-hang*; mais les autres Equations n'étoient pas si bien distribuées.

Durant la Dynastie des *Song*, on voit des Catalogues des vrais lieux du ☉ pour tous les jours de l'année après le Solstice d'Hyvèr. J'ai copié le Catalogue que fit *Co-cheou-king*, & depuis *Co-cheou-king* jusqu'à la venuë des Jésuites, on n'a rien de mieux que ce Catalogue pour le calcul du lieu du ☉.

J'ai déja dit, que je n'ai trouvé dans les Astronomies Chinoises aucun vestige de mouvement de l'Apogée du ☉, & suppôsé que les Chinois ayent eu connoissance de ce mouvement par le moyen des Astronomies Etrangères qu'ils avoient dès le commencement du septiême siécle, & peut-être plûtôt, ils n'en font nulle mention dans leurs préceptes pour le calcul du mouvement du ☉; ils suppôsent toûjours l'Apogée du ☉ fixe au Solstice d'Eté.

On voit donc qu'en suivant la méthode Chinoise, on ne sauroit calculer bien juste le mouvement du ☉ pour plusieurs siécles devant ou après. Pour compenser ce défaut à l'égard des siécles passés; il faudroit avoir des obsèrvations éxactes du moment des Solstices, ou des autres *Tsiéki*. Or avant l'an 440. de J. C. on n'a aucune obsèrvation bien juste du lieu du ○, soit que l'on considére ce lieu par rapport à un point fixe du Zodiaque comme les Solstices & les Equinoxes, soit qu'on les considére par rapport aux Etoiles que les Chinois ont mises à la tête de leurs 28. Constellations.

Avant *Tchang-tse-sin*, les Chinois n'ont rien mis dans leurs Livres qui puisse faire juger qu'ils avoient connoissance des Equations pour ce mouvement, & avant le temps de cet Astronome, les Chinois les plus habiles suppôsent que les intèrvalles en temps des deux Solstices & des deux Equinoxes sont parfaitement égaux, ensorte que le temps de l'année en général, est par là divisé en quatre temps entièrement égaux entr'eux.

Le P. Adam Schall fait entendre dans un de ses Ouvrages que *Lieou-tcho* est l'Auteur des Equations du ☉. *Lieou-tcho* vivoit du temps des *Souy*, & il fit ses Ouvrages plus de 30. ans après la mort de *Tchang-tse-sin*. Mais *Ko-cheou-king* dit positivement, que *Lieou-tcho* n'a fait que copier & distribuer ce que *Tchang-tse-sin* avoit enseigné auparavant. Ce que dit *Ko-cheou-king* est confirmé par le témoignage des Historiens Impériaux de la Dynastie des *Souy*, qui attribuent cette invention à *Tchang-tse-sin*.

# XXIX. TABLE.

*Pour trouver la latitude Australe ou Boreale de la Lune dans les différentes parties de la révolution de latitude.*

Cette Table est de l'an de Jésus-Christ 724.

| Nombre des *Yao*. | Latitude de la Lune. | Temps qui répond à châque *Yao*. | | | | | |
|---|---|---|---|---|---|---|---|
| Prémier *Siang*. | A. Australe. B. Boreale. | Jours. | *ke*. | '. | ''. | '''. | ''''. |
| 1. | 1°. 67'. A. | 1. | 13. | 38. | 42. | 7. | 50. |
| 2. | 2°. 118'. A. | 2. | 26. | 76. | 84. | 15. | 0. |
| 3. | 4°. 25'. A. | 3. | 40. | 15. | 26. | 22. | 50. |
| 4. | 5°. 20'. A. | 4. | 53. | 53. | 68. | 30. | 0. |
| 5. | 5°. 95'. A. | 5. | 66. | 92. | 10. | 37. | 50. |
| 6. | 6°. 2'. A. | 6. | 80. | 30. | 52. | 45. | 0. |
| Second *Siang*. | | | | | | | |
| 1. | 5°. 95'. A. | | | | | | |
| 2. | 5°. 20'. A. | | | | | | |
| 3. | 4°. 25'. A. | | | | | | |
| 4. | 2°. 118'. A. | | | | | | |
| 5. | 1°. 67'. A. | | | | | | |
| 6. | 0. | 13. | 60. | 61. | 4. | 90. | 0. |
| Troisième *Siang*. | | | | | | | |
| 1. | 1°. 67'. B. | | | | | | |
| 2. | 2°. 118'. B. | | | | | | |
| 3. | 4°. 25'. B. | | | | | | |
| 4. | 5°. 20'. B. | | | | | | |
| 5. | 5°. 95'. B. | | | | | | |
| 6. | 6°. 2'. B. | 20. | 40. | 91. | 57. | 35. | 0. |

Continuation

*Continuation de la XXIX. Table.*

| Nombre des *Yao.* | Latitude de la Lune. | Temps qui répond à châque *Yao.* |
|---|---|---|
| Quatrième *Siang.* | B. Boreale. | Jours. *ke.* ′. ″. ‴. ⁗. |
| 1. | 5°. 95′. B. | |
| 2. | 5°. 20′. B. | |
| 3. | 4°. 25′. B. | |
| 4. | 2°. 118′. B. | |
| 5. | 1°. 67′. B. | |
| 6. | o. | 28. 21. 22. 9. 80. o. |
| Dans le mouvement de latitude, le Bonze *Thong* suppôse le degré divisé en 120′. | | Le temps qu'on voit ici est selon la méthode de beaucoup de Chinois anciens, sur tout de *Ko-cheou-king.* |

*Explication & usage de cette Table.*

1°. On a vû que châcun des 64. *Koua* du Livre *Y-king* a 6. lignes, elles ont le nom de 6. *Yao.*

2°. Divisez les degrés du Zodiaque en quatre parties égales; divisez de même l'Equateur, châque quart s'appelle *Siang.*

3°. Divisez de même les dégrez, ou le temps d'une révolution de latitude, ou d'anomalie de la Lune en 4. parties égales, châque quart s'appelle *Siang.*

4°. Multipliez 4. par 6. on a le nombre 24.

5°. Le Bonze *Y-hang* fit son Astronomie en 724. Il appliqua les régles du calcul aux *Koua*, figures, & nombres du Livre *Y-king.* ⚌. ⚍. ⚎. ⚏. sont 4. figures, on leur donne le nom de 4. images *Sse-siang.*

6°. Ce Bonze concevant une révolution de latitude divisée en 4. parties égales, les appella 4. *Siang*. Il divisa châque quart en 6. & à châque sixiême partie, il a mis la latitude de la Lune qui lui convient.

7°. Ce Bonze commence la révolution de latitude par le nœud descendant; ainsi les deux prémiers *Siang* sont pour la latitude Australe, & les deux autres pour la Boreale.

8°. On a vû que ce Bonze suppôsoit la révolution en latitude de 27. jours 21. *ke*, 22'. près de 10". ou 11". Si on réduit la plus grande latitude de la Lune à notre forme, elle est ici de 5°. 54'. 84". 60'''. 48''''. Il faut remarquer 1°. que l'an 206. après Jésus-Christ on commença à détèrminer la latitude de la Lune à 6°. Chinois, & c'étoit sa plus grande latitude. 2°. Avant ce temps-là, on ne voit dans les Astronomies Chinoises aucune détèrmination précise pour cette latitude. 3°. Depuis l'an 206. jusqu'à la venuë des Jésuites, les Chinois s'en sont tenus à cette latitude de 6°. Chinois, & la différence de *Co-cheou-king* à *Y-hang* n'est que d'une minute Chinoise, de celles dont 100. font un degré. 4°. On ne voit pas qu'avant les Jésuites, les Astronomes Chinois ayent distingué les différentes plus grandes latitudes pour les ☌☌, ☍☍, ou □□. 5°. Je n'ai pas trouvé de Table plus ancienne où on marquât en détail la latitude de la Lune dans les différentes parties de sa révolution.

# XXX. TABLE.

*Pour l'Anomalie de la Lune.*

| Jours de l'Anomalie de la ☾. | Mouvement d'un jour pour la Lune. | Jours de l'Anomalie de la ☾. | Mouvement d'un jour pour la Lune. |
|---|---|---|---|
| 1. | 12°. 5'. | 15. | 200°. 59'. |
| 2. | 24°. 23'. | 16. | 215°. 18'. |
| 3. | 36°. 54'. | 17. | 229°. 40'. |
| 4. | 49°. 22'. | 18. | 243°. 49'. |
| 5. | 62°. 4'. | 19. | 257°. 44'. |
| 6. | 75°. 0'. | 20. | 271°. 25'. |
| 7. | 88°. 12'. | 21. | 284°. 65'. |
| 8. | 101°. 42'. | 22. | 298°. 11'. |
| 9. | 115°. 15'. | 23. | 311°. 15'. |
| 10. | 129°. 2'. | 24. | 324°. 5'. |
| 11. | 143°. 3'. | 25. | 336°. 57'. |
| 12. | 157°. 18'. | 26. | 349°. 19'. |
| 13. | 171°. 46'. | 27. | 361°. 44'. |
| 14. | 186°. 11'. | 28. | |

Cette Table eſt de l'an 724. elle eſt tirée de l'Aſtronomie du Bonze *Y-hang*. On avèrtit que dans l'anomalie, on diviſe le degré en 76'.

Le mouvement moyen d'un jour pour la Lune eſt ſuppôſé de 13°. & 28'. On voit auſſi l'Equation additive, ou ſouſtractive pour tous les jours de l'anomalie.

# XXXI. TABLE.

*Pour l'Anomalie de la Lune.*

| Jours de l'Anomalie de la ☾. | Mouvement réel de la Lune. | | Mouvement réel de la Lune. | | Mouvement réel de la Lune. | | |
|---|---|---|---|---|---|---|---|
| | °. | '. | °. | '. | °. | '. | ''. |
| 1. | 14. | 10. | 14. | 13. | 14. | 55. | 73. |
| 2. | 14. | 9. | 14. | 11. | 14. | 40. | 29. |
| 3. | 14. | 7. | 14. | 8. | 14. | 21. | 30. |
| 4. | 14. | 4. | 14. | 4. | 13. | 98. | 77. |
| 5. | 14. | 8. | 13. | 18. | 13. | 72. | 71. |
| 6. | 13. | 15. | 13. | 13. | 13. | 44. | 46. |
| 7. | 13. | 11. | 13. | 7. | 13. | 23. | 53. |
| 8. | 13. | 7. | 13. | 2. | 12. | 94. | 75. |
| 9. | 13. | 3. | 12. | 17. | 12. | 69. | 48. |
| 10. | 12. | 18. | 12. | 14. | 12. | 47. | 77. |
| 11. | 12. | 15. | 12. | 11. | 12. | 29. | 60. |
| 12. | 12. | 11. | 12. | 8. | 12. | 4. | 66. |
| 13. | 12. | 8. | 12. | 6. | 12. | 4. | 62. |
| 14. | 12. | 6. | 12. | 4. | 12. | 8. | 58. |
| 15. | 12. | 5. | 12. | 2. | 12. | 21. | 22. |
| 16. | 12. | 6. | 12. | 4. | 12. | 37. | 52. |
| 17. | 12. | 8. | 12. | 6. | 12. | 57. | 30. |
| 18. | 12. | 11. | 12. | 9. | 12. | 80. | 62. |
| 19. | 12. | 15. | 12. | 14. | 13. | 7. | 53. |
| 20. | 12. | 18. | 13. | 2. | 13. | 33. | 77. |
| 21. | 13. | 3. | 13. | 7. | 13. | 57. | 12. |
| 22. | 13. | 7. | 13. | 12. | 13. | 85. | 11. |
| 23. | 13. | 11. | 13. | 16. | 14. | 9. | 55. |
| 24. | 13. | 15. | 14. | 1. | 14. | 30. | 46. |

*Continuation de la XXXI. Table.*

| Jours de l'Anomalie de la ☾. | Mouvement réel de la Lune. | | Mouvement réel de la Lune. | | Mouvement réel de la Lune. | | |
|---|---|---|---|---|---|---|---|
| | °. | '. | °. | '. | °. | '. | ''. |
| 25. | 14. | 0. | 14. | 5. | 14. | 47. | 82. |
| 26. | 14. | 4. | 14. | 8. | 14. | 61. | 63. |
| 27. | 14. | 7. | 14. | 11. | 14. | 71. | 54. |
| | On suppôse le degré divisé en 19'. | | On suppôse le degré divisé en 19'. | | On suppôse le degré divisé en 100'. & une minute en 100''. | | |

*Explication de cette Table.*

Dans la prémière colomne sont les jours de l'Anomalie de la Lune.

Dans la seconde colomne est le mouvement réel que *Lieou-hong* donnoit à la Lune à châque jour de l'Anomolie. C'est le prémier Chinois qu'on sache avoir prémièrement détèrminé les Equations additives & soustractives pour connoître le vrai mouvement de la Lune. Il publia sa Table l'an 206. après J.C.

Dans la troisiême colomne est le mouvement que *Co-ching-tien* donnoit à la Lune à châque jour de l'Anomalie. Il fit sa Table l'an de J.C. 443.

Dans la quatriême colomne est le mouvement que *Co-cheou-king* donnoit à la Lune à châque jour de l'Anomalie. Il publia sa Table sur la fin du treiziême siécle.

Les Auteurs de ces trois Tables suppôsent le mouvement moyen de la Lune 13°. + $\frac{7}{19}$.

Depuis le temps des *Han* jusqu'à la venuë des Jésuites, les Astronomes Chinois ont constamment suppôsé le mouvement diurne de la ☾ de 13°. & 7. parties d'un degré divisé en 19. parties.

Depuis *Co-cheou-king* jusqu'au temps de l'arrivée des Missionnaires, les Chinois n'ont eu rien de meilleur sur les Equations de la Lune, que la Table qu'on voit ici. Depuis le commencement des *Tang* jusqu'à *Co-cheou-king*, on ne trouve rien de mieux en ce genre que la Table de *Y-hang*. Depuis le temps de *Co-ching-tien* jusqu'à celui des *Tang*, on ne trouve rien qui donne de nouvelles lumières sur cette matière; ainsi par le moyen des quatre Tables de l'Anomalie, on voit quelle a été la méthode Chinoise sur les Equations de la Lune.

*Y-hang* mettoit la Lune à l'Apogée au prémier moment de l'Anomalie, & les autres à ce moment la mettoient à son Périgée. Par la révolution que les Chinois ont donnée dans les différents temps à l'Anomalie, on voit aisément le mouvement qu'ils ont donné à l'Apogée & au Périgée.

On ne voit pas que les Chinois ayent jamais connu d'autre Equation que celle qui est suppôsée dans ces Tables d'Anomalie. Ils appellent en général la révolution d'Anomalie, c'est-à-dire, le mois Anomalistique, ils l'appellent, dis-je, *Tchouen-tchong*, & l'inégalité de ce mouvement est appellée *Tchi-tsi*.

Pour avoir le vrai mouvement de la Lune à un temps détèrminé; ayez 1°. pour ce moment le moyen mouvement de la Lune, & les parties de l'Anomalie à ce moment. 2°. Ajoûtez, ou soustrayez à ce moyen mouvement l'Equation que donne le temps de l'Anomalie de la Lune, & vous aurez selon la méthode Chinoise le vrai mouvement de la Lune pour le temps préscrit. Voyez l'exemple de calcul pour le lieu de la Lune.

# XXXII. TABLE.

*Pour l'Anomalie de la Lune.*

| Tèrmes. | Jours. | ke. | Min. | Equation. | Mouvement propre. | Mouvement propre. |
|---|---|---|---|---|---|---|
| | | | | ° ′ ″ ‴ | ° ′ ″ | ° ′ ″ |
| 1. | 0. | 8. | 20. | 0. 20. 8. 15. | 1. 20. 11. | 0. 98. 55. |
| 2. | 0. | 16. | 40. | 0. 22. 10. 0. | 1. 20. 59. | 0. 98. 67. |
| 3. | 0. | 24. | 60. | 0. 33. 6. 83. | 1. 20. 59. | 0. 98. 67. |
| 4. | 0. | 32. | 80. | 0. 43. 90. 69. | 1. 20. 53. | 0. 98. 73. |
| 5. | 0. | 41. | 0. | 0. 54. 80. 68. | 1. 20. 47. | 0. 98. 79. |
| 6. | 0. | 49. | 20. | 0. 65. 50. 78. | 1. 20. 33. | 0. 98. 93. |
| 7. | 0. | 57. | 40. | 0. 76. 28. 16. | 1. 20. 26. | 0. 99. 0. |
| 8. | 0. | 65. | 60. | 0. 86. 90. 52. | 1. 20. 19. | 0. 99. 7. |
| 9. | 0. | 73. | 80. | 0. 97. 47. 69. | 1. 20. 12. | 0. 99. 14. |
| 10. | 0. | 82. | 0. | 1. 7. 90. 65. | 1. 20. 4. | 0. 99. 22. |
| 11. | 0. | 90. | 20. | 1. 18. 37. 73. | 1. 19. 96. | 0. 99. 29. |
| 12. | 0. | 98. | 40. | 1. 28. 70. 12. | 1. 19. 88. | 0. 99. 37. |
| 13. | 1. | 6. | 61. | 1. 38. 96. 70. | 1. 19. 80. | 0. 99. 46. |
| 14. | 1. | 14. | 81. | 1. 49. 10. 40. | 1. 19. 72. | 0. 99. 54. |
| 15. | 1. | 23. | 1. | 1. 59. 23. 6. | 1. 19. 63. | 0. 99. 62. |
| 16. | 1. | 31. | 21. | 1. 69. 20. 31. | 1. 19. 55. | 0. 99. 71. |
| 17. | 1. | 39. | 41. | 1. 79. 15. 22. | 1. 19. 46. | 0. 99. 80. |
| 18. | 1. | 47. | 61. | 1. 88. 90. 80. | 1. 19. 37. | 0. 99. 99. |
| 19. | 1. | 55. | 81. | 1. 98. 71. 67. | 1. 19. 27. | 0. 99. 99. |
| 20. | 1. | 64. | 1. | 2. 8. 0. 36. | 1. 19. 18. | 1. 0. 8. |
| 21. | 1. | 72. | 21. | 2. 17. 90. 80. | 1. 19. 8. | 1. 0. 18. |
| 22. | 1. | 80. | 41. | 2. 27. 30. 59. | 1. 18. 98. | 1. 0. 28. |
| 23. | 1. | 88. | 61. | 2. 36. 71. 8. | 1. 18. 88. | 1. 0. 38. |
| 24. | 1. | 96. | 81. | 2. 45. 90. 61. | 1. 18. 78. | 1. 0. 48. |
| 25. | 2. | 5. | 2. | 2. 55. 10. 93. | 1. 18. 67. | 1. 0. 59. |
| 26. | 2. | 13. | 22. | 2. 64. 10. 52. | 1. 18. 56. | 1. 0. 69. |
| 27. | 2. | 21. | 42. | 2. 73. 9. 82. | 1. 18. 46. | 1. 0. 80. |
| 28. | 2. | 29. | 62. | 2. 81. 90. 15. | 1. 18. 35. | 1. 0. 91. |
| 29. | 2. | 37. | 82. | 2. 90. 63. 47. | 1. 18. 23. | 1. 1. 3. |

*Continuation de la XXXII. Table.*

| Tèrmes. | Jours. | *ke.* | Min. | Equation. | Mouvement propre. | Mouvement propre. |
|---|---|---|---|---|---|---|
| | | | | ° ′ ″ ‴ | ° ′ ″ | ° ′ ″ |
| 30. | 2. | 46. | 2. | 2. 99. 20. 35. | 1. 18. 21. | 1. 1. 14. |
| 31. | 2. | 54. | 22. | 3. 97. 72. 38. | 1. 18. 0. | 1. 1. 26. |
| 32. | 2. | 62. | 42. | 3. 16. 0. 96. | 1. 17. 88. | 1. 1. 38. |
| 33. | 2. | 70. | 62. | 3. 24. 34. 95. | 1. 17. 76. | 1. 1. 50. |
| 34. | 2. | 78. | 82. | 3. 32. 40. 82. | 1. 17. 64. | 1. 1. 62. |
| 35. | 2. | 87 | 2. | 3. 40. 49. 31. | 1. 17. 52. | 1. 1. 74. |
| 36. | 2. | 95. | 22. | 3. 48. 83. 79. | 1. 17. 39. | 1. 1. 87. |
| 37. | 3. | 3. | 42. | 3. 56. 13. 88. | 1. 17. 26. | 1. 2. 0. |
| 38. | 3. | 11. | 63. | 3. 63. 0. 77. | 1. 17. 13. | 1. 2. 13. |
| 39. | 3. | 19. | 83. | 3. 71. 27. 11. | 1. 17. 0. | 1. 2. 26. |
| 40. | 3. | 28. | 3. | 3. 78. 0. 64. | 1. 16. 86. | 1. 2. 39. |
| 41. | 3. | 36. | 23. | 3. 85. 87. 45. | 1. 16. 73. | 1. 2. 53. |
| 42. | 3. | 44. | 43. | 3. 92. 90. 73. | 1. 16. 59. | 1. 2. 67. |
| 43. | 3. | 52. | 63. | 3. 99. 93. 33. | 1. 16. 45. | 1. 2. 81. |
| 44. | 3. | 60. | 83. | 4. 6. 70. 53. | 1. 16. 31. | 1. 2. 95. |
| 45. | 3. | 69. | 3. | 4. 13. 43. 18. | 1. 16. 16. | 1. 3. 9. |
| 46. | 3. | 77. | 23. | 4. 19. 90. 66. | 1. 16. 2. | 1. 3. 24. |
| 47. | 3. | 85. | 43. | 4. 26. 35. 46. | 1. 15. 87. | 1. 3. 39. |
| 48. | 3. | 93. | 63. | 4. 32. 50. 95. | 1. 15. 73. | 1. 3. 54. |
| 49. | 4. | 1. | 83. | 4. 38. 68. 59. | 1. 15. 57. | 1. 3. 69. |
| 50. | 4. | 10. | 4. | 4. 44. 60. 25. | 1. 15. 41. | 1. 3. 84. |
| 51. | 4. | 18. | 24. | 4. 50. 41. 3. | 1. 15. 26. | 1. 4. 0. |
| 52. | 4. | 26. | 44. | 4. 56. 0. 4. | 1. 15. 10. | 1. 4. 16. |
| 53. | 4. | 34. | 64. | 4. 61. 51. 20. | 1. 14. 94. | 1. 4. 32. |
| 54. | 4. | 42. | 84. | 4. 66. 82. 46. | 1. 14. 78. | 1. 4. 48. |
| 55. | 4. | 51. | 4. | 4. 71. 97. 56. | 1. 14. 62. | 1. 4. 64. |
| 56. | 4. | 59. | 24. | 4. 76. 90. 63. | 1. 14. 45. | 1. 4. 81. |
| 57. | 4. | 67. | 44. | 4. 81. 78. 53. | 1. 14. 28. | 1. 4. 97. |
| 58. | 4. | 75. | 64. | 4. 86. 40. 40. | 1. 14. 11. | 1. 5. 14. |
| 59. | 4. | 83. | 84. | 4. 90. 93. 57. | 1. 13. 94. | 1. 5. 31. |
| 60. | 4. | 92. | 4. | 4. 95. 0. 24. | 1. 13. 77. | 1. 5. 49. |
| 61. | 5. | 0. | 24. | 4. 99. 38. 10. | 1. 13. 59. | 1. 5. 66. |

*Continuation*

*Continuation de la XXXII. Table.*

| Tèrmes. | Jours. | *ke.* | Min. | Equation. | Mouvement propre. | Mouvement propre. |
|---|---|---|---|---|---|---|
| | | | | ° ′ ″ ‴ | ° ′ ″ | ° ′ ″ |
| 62. | 5. | 8. | 44. | 5. 3. 30. 47. | 1. 13. 42. | 1. 5. 84. |
| 63. | 5. | 16. | 65. | 5. 7. 13. 58. | 1. 13. 24. | 1. 6. 2. |
| 64. | 5. | 24. | 85. | 5. 10. 70. 45. | 1. 13. 6. | 1. 6. 20. |
| 65. | 5. | 33. | 5. | 5. 14. 17. 43. | 1. 12. 87. | 1. 6. 38. |
| 66. | 5. | 41. | 25. | 5. 17. 40. 10. | 1. 12. 69. | 1. 6. 57. |
| 67. | 5. | 49. | 45. | 5. 20. 48. 11. | 1. 12. 50. | 1. 6. 75. |
| 68. | 5. | 57. | 65. | 5. 23. 30. 55. | 1. 12. 31. | 1. 6. 54. |
| 69. | 5. | 65. | 85. | 5. 26. 4. 4. | 1. 12. 13. | 1. 7. 13. |
| 70. | 5. | 74. | 5. | 5. 28. 50. 35. | 1. 11. 93. | 1. 7. 33. |
| 71. | 5. | 82. | 25. | 5. 30. 83. 66. | 1. 11. 74. | 1. 7. 52. |
| 72. | 5. | 90. | 45. | 5. 32. 90. 44. | 1. 11. 54. | 1. 7. 72. |
| 73. | 5. | 98. | 65. | 5. 34. 85. 45. | 1. 11. 34. | 1. 7. 92. |
| 74. | 6. | 6. | 85. | 5. 36. 50. 66. | 1. 11. 14. | 1. 8. 13. |
| 75. | 6. | 15. | 6. | 5. 38. 7. 82. | 1. 10. 94. | 1. 8. 32. |
| 76. | 6. | 23. | 26. | 5. 39. 30. 87. | 1. 10. 73. | 1. 8. 52. |
| 77. | 6. | 31. | 46. | 5. 40. 49. 18. | 1. 10. 53. | 1. 8. 73. |
| 78. | 6. | 39 | 66. | 5. 41. 30. 90. | 1. 10. 32. | 1. 8. 94. |
| 79. | 6. | 47. | 86. | 5. 42. 8. 2. | 1. 10. 11. | 1. 9. 15. |
| 80. | 6. | 56. | 6. | 5. 42. 0. 56. | 1. 9. 90. | 1. 9. 36. |
| 81. | 6. | 64. | 26. | 5. 42. 82. 75. | 1. 9. 68. | 1. 9. 58. |
| 82. | 6. | 72. | 46. | 5. 42. 80. 81. | 1. 9. 66. | 1. 9. 60. |
| 83. | 6. | 80. | 66. | 5. 42. 91. 66. | 1. 9. 63. | 1. 9. 61. |
| 84. | 6. | 88. | 86. | 5. 42. 93. 44. | 1. 9. 61. | 1. 9. 63. |
| 85. | 6. | 97. | 6. | 5. 42. 91. 66. | 1. 9. 60. | 1. 9. 66. |
| 86. | 7. | 5. | 26. | 5. 42. 80. 81. | 1. 9. 58. | 1. 9. 68. |
| 87. | 7. | 13. | 46. | 5. 42. 82. 75. | 1. 9. 36. | 1. 9. 90. |
| 88. | 7. | 21. | 67. | 5. 42. 56. | 1. 9. 15. | 1. 10. 12. |
| 89. | 7. | 29. | 87. | 5. 42. 78. 2. | 1. 8. 94. | 1. 10. 32. |
| 90. | 7. | 38. | 7. | 5. 41. 30. 90. | 1. 8. 73. | 1. 10. 53. |
| 91. | 7. | 46. | 27. | 5. 40. 49. 18. | 1. 8. 52. | 1. 10. 73. |
| 92. | 7. | 54. | 47. | 5. 39. 30. 7. | 1. 8. 32. | 1. 10. 94. |
| 93. | 7. | 62. | 67. | 5. 38. 7. 81. | 1. 8. 12. | 1. 11. 14. |

*Continuation de la XXXII. Table.*

| Tèrmes. | Jours. | ke. | Min. | Equation. | Mouvement propre. | Mouvement propre. |
|---|---|---|---|---|---|---|
| | | | | o. '. ". '''. | o. '. ". | o. '. ". |
| 94. | 7. | 70. | 87. | 5. 35. 50. 66. | 1. 7. 92. | 1. 11. 34. |
| 95. | 7. | 79. | 7. | 5. 34. 85. 45. | 1. 7. 72. | 1. 11. 54. |
| 96. | 7. | 87. | 27. | 5. 32. 90. 44. | 1. 7. 52. | 1. 11. 74. |
| 97. | 7. | 95. | 47. | 5. 30. 83. 58. | 1. 7. 33. | 1. 11. 93. |
| 98. | 8. | 3. | 67. | 5. 28. 50. 55. | 1. 7. 13. | 1. 12. 12. |
| 99. | 8. | 11. | 87. | 5. 26. 4. 4. | 1. 6. 94. | 1. 12. 31. |
| 100. | 8. | 20. | 8. | 5. 23. 30. 52. | 1. 6. 75. | 1. 12. 50. |
| 101. | 8. | 28. | 28. | 5. 20. 48. 12. | 1. 6. 57. | 1. 12. 69. |
| 102. | 8. | 36. | 48. | 5. 17. 40. 20. | 1. 6. 38. | 1. 12. 87. |
| 103. | 8. | 44. | 68. | 5. 14. 17. 43. | 1. 6. 20. | 1. 13. 6. |
| 104. | 8. | 52. | 88. | 5. 10. 70. 45. | 1. 6. 2. | 1. 13. 24. |
| 105. | 8. | 61. | 8. | 5. 7. 13. 58. | 1. 5. 84. | 1. 13. 42. |
| 106. | 8. | 69. | 28. | 5. 3. 30. 47. | 1. 5. 66. | 1. 13. 59. |
| 107. | 8. | 77. | 48. | 4. 99. 38. 10. | 1. 5. 49. | 1. 13. 77. |
| 108. | 8. | 85. | 68. | 4. 95. 24. | 1. 5. 31. | 1. 13. 94. |
| 109. | 8. | 93. | 88. | 4. 90. 92. 97. | 1. 5. 14. | 1. 14. 11. |
| 110. | 9. | 2. | 8. | 4. 86. 40. 40. | 1. 4. 97. | 1. 14. 28. |
| 111. | 9. | 10. | 28. | 4. 81. 78. 53. | 1. 4. 81. | 1. 14. 45. |
| 112. | 9. | 18. | 48. | 4. 76. 90. 63. | 1. 4. 64. | 1. 14. 62. |
| 113. | 9. | 26. | 69. | 4. 71. 97. 56. | 1. 4. 48. | 1. 14. 78. |
| 114. | 9. | 34. | 89. | 4. 66. 80. 24. | 1. 4. 32. | 1. 14. 94. |
| 115. | 9. | 43. | 9. | 4. 61. 51. 20. | 1. 4. 16. | 1. 15. 10. |
| 116. | 9. | 51. | 29. | 4. 56. 4. | 1. 4. 0. | 1. 15. 26. |
| 117. | 9. | 59. | 49. | 4. 50. 41. 3. | 1. 3. 84. | 1. 15. 41. |
| 118. | 9. | 67. | 69. | 4. 44. 60. 25. | 1. 3. 69. | 1. 15. 57. |
| 119. | 9. | 75. | 89. | 4. 38. 68. 59. | 1. 3. 54. | 1. 15. 72. |
| 120. | 9. | 84. | 9. | 4. 32. 50. 95. | 1. 3. 39. | 1. 66. 87. |
| 121. | 9. | 92. | 29. | 4. 26. 35. 46. | 1. 3. 12. | 1. 16. 2. |
| 122. | 10. | 0. | 49. | 4. 19. 90. 66. | 1. 3. 9. | 1. 16. 16. |
| 123. | 10. | 8. | 69. | 4. 13. 43. 18. | 1. 2. 95. | 1. 16. 31. |
| 124. | 10. | 16. | 89. | 4. 6. 70. 53. | 1. 2. 31. | 1. 16. 45. |
| 125. | 10. | 25. | 10. | 3. 99. 93. 53. | 1. 2. 67. | 1. 16. 59. |

*Continuation de la XXXII. Table.*

| Tèrmes. | Jours. | ke. | Min. | Equation. | Mouvement propre. | Mouvement propre. |
|---|---|---|---|---|---|---|
| | | | | °. '. ''. '''. | °. '. ''. | °. '. ''. |
| 126. | 10. | 33. | 30. | 3. 92. 90. 73. | 1. 2. 53. | 1. 16. 73. |
| 127. | 10. | 41. | 50. | 3. 85. 87. 45. | 1. 2. 39. | 1. 16. 86. |
| 128. | 10. | 49. | 70. | 3. 78. 0. 64. | 1. 2. 26. | 1. 17. 0. |
| 129. | 10. | 57. | 90. | 3. 71. 27. 12. | 1. 2. 13. | 1. 17. 13. |
| 130. | 10. | 66. | 10. | 3. 63. 70. 70. | 1. 2. 0. | 1. 17. 26. |
| 131. | 10. | 74. | 30. | 3. 56. 13. 88. | 1. 1. 87. | 1. 17. 39. |
| 132. | 10. | 82. | 50. | 3. 40. 30. 79. | 1. 1. 74. | 1. 17. 52. |
| 133. | 10. | 90. | 70. | 3. 40. 49. 31. | 1. 1. 62. | 1. 17. 64. |
| 134. | 10. | 98. | 90. | 3. 32. 40. 81. | 1. 1. 50. | 1. 17. 76. |
| 135. | 11. | 7. | 10. | 3. 24. 34. 95. | 1. 1. 38. | 1. 17. 88. |
| 136. | 11. | 15. | 30. | 3. 16. 0. 96. | 1. 1. 26. | 1. 18. 0. |
| 137. | 11. | 23. | 50. | 3. 7. 72. 38. | 1. 1. 14. | 1. 18. 12. |
| 138. | 11. | 31. | 71. | 2. 99. 20. 35. | 1. 1. 3. | 1. 18. 23. |
| 139. | 11. | 39. | 91. | 2. 90. 63. 14. | 1. 0. 91. | 1. 18. 35. |
| 140. | 11. | 48. | 11. | 2. 81. 90. 15. | 1. 0. 80. | 1. 18. 46. |
| 141. | 11. | 56. | 31. | 2. 73. 8. 81. | 1. 0. 69. | 1. 18. 56. |
| 142. | 11. | 64. | 51. | 2. 64. 10. 52. | 1. 0. 59. | 1. 18. 67. |
| 143. | 11. | 72. | 71. | 2. 55. 10. 93. | 1. 0. 48. | 1. 18. 78. |
| 144. | 11. | 80. | 91. | 2. 45. 90. 61. | 1. 0. 38. | 1. 18. 88. |
| 145. | 11. | 89. | 11. | 2. 36. 72. 8. | 1. 0. 28. | 1. 18. 98. |
| 146. | 11. | 97. | 31. | 2. 27. 30. 59. | 1. 0. 18. | 1. 19. 8. |
| 147. | 12. | 5. | 51. | 2. 17. 90. 80. | 1. 0. 8. | 1. 19. 18. |
| 148. | 12. | 13. | 71. | 2. 8. 0. 26. | 0. 99. 99. | 1. 19. 27. |
| 149. | 12. | 21. | 91. | 1. 98. 71. 67. | 0. 99. 89. | 1. 19. 27. |
| 150. | 12. | 30. | 12. | 1. 88. 90. 80. | 0. 99. 80. | 1. 19. 46. |
| 151. | 12. | 38. | 32. | 1. 79. 15. 23. | 0. 99. 71. | 1. 19. 55. |
| 152. | 12. | 46. | 52. | 1. 69. 20. 35. | 0. 99. 62. | 1. 19. 63. |
| 153. | 12. | 54. | 72. | 1. 53. 33. 6. | 0. 99. 54. | 1. 19. 72. |
| 154. | 12. | 62. | 92. | 1. 49. 10. 40. | 0. 99. 46. | 1. 19. 80. |
| 155. | 12. | 71. | 12. | 1. 38. 96. 70. | 0. 99. 37. | 1. 19. 88. |
| 156. | 12. | 79. | 32. | 1. 28. 70. 42. | 0. 99. 29. | 1. 19. 96. |
| 157. | 12. | 87. | 52. | 1. 18. 37. 73. | 0. 99. 22. | 1. 20. 4. |

*Continuation de la XXXII. Table.*

| Tèrmes. | Jours. | *ke.* | Min. | Equation. | Mouvement propre. | Mouvement propre. |
|---|---|---|---|---|---|---|
| | | | | o. ′. ″. ‴. | o. ′. ″. | o. ′. ″. |
| 158. | 12. | 95. | 72. | 1. 7. 90. 65. | 0. 99. 14. | 1. 20. 12. |
| 159. | 13. | 3. | 92. | 0. 97. 47. 69. | 0. 99. 7. | 1. 20. 19. |
| 160. | 13. | 12. | 12. | 0. 86. 90. 15. | 0. 99. 0. | 1. 20. 26. |
| 161. | 13. | 20. | 32. | 0. 76. 28. 16. | 0. 98. 93. | 1. 20. 32. |
| 162. | 13. | 28. | 52. | 0. 65. 50. 78. | 0. 98. 86. | 1. 20. 40. |
| 163. | 13. | 36. | 72. | 0. 54. 85. 68. | 0. 98. 79. | 1. 20. 47. |
| 164. | 13. | 44. | 92. | 0. 43. 90. 69. | 0. 98. 73. | 1. 20. 53. |
| 165. | 13. | 53. | 13. | 0. 33. 6. 83. | 0. 98. 67. | 1. 20. 59. |
| 166. | 13. | 61. | 33. | 0. 32. 10. 5. | 0. 98. 61. | 1. 20. 65. |
| 167. | 13. | 69. | 53. | 0. 20. 8. 15. | 0. 98. 55. | 1. 20. 71. |
| 168. | | | | | | |
| 169. | | | | | | |

Cette Table eſt priſe de l'Aſtronomie de *Cobilay*. Dans la prémière colomne ſont les Tèrmes de l'Anomalie. Dans les deuxiême, troiſiême & quatriême, les Jours, *ke*, & minutes d'Anomalie qui répondent aux Tèrmes. Dans la cinquiême eſt l'Equation qui convient aux Tèrmes. Additives au *Tſi*, ſouſtractives au *Tchi*. Dans la ſixiême eſt le mouvement horaire de la Lune dans le *Tſi*. Et dans la ſeptiême colomne eſt le mouvement horaire de la Lune dans le *Tchi*. Cette Table sèrt pour le *Tſi*, & pour le *Tchi*.

*Explication de la Table précédente.*

Concevez le mouvement d'Anomalie de 28. jours, châque jour a 12. heures. Ces 12. heures sont autant de tèrmes d'Anomalie. Multipliez 28. par 12. vous avez 336. tèrmes d'Anomalie. 168. est la moitié de 336. Dans 14. jours il y a donc 168. tèrmes d'Anomalie. L'Anomalie de la Lune n'a pas 28. jours, elle en a plus de 27. apparemment on a mis 28. pour savoir au juste la partie proportionnelle au-dessus de 27. & de 13. jours.

Concevez l'Anomalie divisée en deux parties égales. La prémière partie s'appelle *Tsi*; la seconde partie s'appelle *Tchi*. La prémière partie du *Tsi* est *Tsou-tsi*; & la dèrnière partie est *Tsi-mo*. De même la prémière partie du *Tchi* est *Tsou-tchi*; & la dèrnière partie est *Tchi-mo*.

Dans le *Tsi*, les Equations sont additives; & dans le *Tchi*, les Equations sont soustractives. La plus grande Equation se trouve au milieu du *Tsi*, & au milieu du *Tchi*.

Depuis le *Tsi* jusqu'au *Tchi*, la Lune monte toûjours; & au moment qui commence le *Tchi*, c'est le temps que la Lune est dans le plus haut de son Ciel. Depuis le *Tchi* jusqu'au *Tsi*, la Lune va toûjours en baissant. Et le point le plus bas, est lorsqu'elle est au moment qui commence le *Tsi*.

Le temps où la Lune va le plus lentement est près du *Tsi*, & elle va plus vîte près du *Tchi*.

*NOTES.*

Dès la fin des *Han* (1), les Chinois connurent l'Anomalie de la Lune, & employèrent à peu près les mêmes

REMARQUES.

(1) Voyez l'Histoire de l'Astronomie Chinoise. *P. G.*

Equations que du temps de *Cobilay*, additives dans le *Tsi*, & soustractives dans le *Tchi*. Mais jusqu'à *Cobilay* ils ne mettoient que 27. ou 28. términes pour 27. ou 28. jours, négligeant le reste. On voit pour ces 27. & 28. jours, l'Equation & le mouvement propre de la Lune pour châque jour. On voit que jusqu'à l'arrivée des Jésuites les Astronomes Chinois croyoient que le mouvement de la Lune étoit le plus lent à son Périgée, & le plus vîte à son Apogée.

*Co-cheou-king* au lieu de 27. tèrmes en mit 336. pour châque heure de 28. jours; il asseure avoir fait ce nouvel arrangement sur un grand nombre d'obsèrvations réïtérées du mouvement de la Lune dans tous les différents temps de l'Anomalie.

### *De la latitude & déclinaison de la Lune.*

On trouve que les Auteurs des *Han* parloient de 9. différentes routes de la Lune, & que la connoissance de ces routes donnoit celle de la méthode de calculer les Eclipses. Mais on ne dit rien de détaillé sur l'angle que fait la route de la Lune, soit avec l'Ecliptique, soit avec l'Equateur.

Dans le troisiême siécle après Jésus-Christ, on détèrmina la plus grande latitude (1) de la ☾ de 6°. & la plus grande déclinaison de 30°. Jusqu'à la venuë des Jésuites les Chinois s'en sont tenus à cette détèrmination. Dans le même temps qu'on détèrmina la latitude & la déclinaison de la Lune, on s'appèrçût que la Lune

## REMARQUES.

(1) On dit que cette plus grande latitude étoit lorsque la Lune étoit au milieu de sa course entre les deux points où elle coupe l'Ecliptique. *P. G.*

ne coupoit pas l'Ecliptique & l'Equateur aux mêmes points. On reconnut dans ces points un mouvement d'Est à Ouest : mais on ne sût assez au juste la quantité de ce mouvement que dans le cinquiême siécle.

On a vû la révolution de latitude que dètèrmina *Co-cheou-king*. Cet Astronome dit que dans une révolution de latitude, ou 27. jours, 21. *ke*, 22'. 24". Les nœuds avancent d'un degré, & de 93. parties d'un degré divisé en 200. parties. Ensorte que les nœuds après 249. révolutions se retrouvent aux mêmes points. Cette dètèrmination de *Co-cheou-king* ne differe que de bien peu de celle qu'en fit un Astronome des prémiers *Song* l'an 460. de Jésus-Christ. Les Chinois ont-ils eu ces connoissances en vèrtu de leurs propres obsèrvations, les doivent-ils aux Etrangers, c'est ce qu'il est inutile d'éxaminer ici, on le fera ailleurs.

Depuis la fin des *Han* jusqu'à *Co-cheou-king* les Chinois par le moyen des Sphéres, & des Armilles, & leurs propres réfléxions, pouvoient connoître aisément les temps où la déclinaison étoit Australe, ou Boreale; la latitude étoit Australe ou Boreale; la différence du mouvement selon l'Ecliptique & l'Equateur, & les temps où un mouvement étoit plus grand, ou plus petit que l'autre. On trouve des Catalogues d'ascensions droites pour châque degré de l'Ecliptique, & même de déclinaison. Mais je n'ai pû encore trouver des Catalogues de la déclinaison, & de la latitude de la Lune dans les différentes parties de son cèrcle (1). Par ce calcul *Co-cheou-king* pouvoit faire ces Catalogues, puisqu'il savoit les principes de la Trigonométrie sphérique. Dans les Astronomies on suppôse ces Catalogues.

## REMARQUES.

(1) Je trouve qu'on dit que la plus grande déclinaison de la Lune n'est jamais au-dessus de 30°. ni au-dessous de 18°. *P. G.*

*Du mouvement de la Lune.*

Dans les Astronomies des *Song* postérieurs & des *Tang*, on voit des préceptes sur la réduction des lieux de la Lune aux lieux de l'Ecliptique ; ces préceptes sont très-obscurs, & suppôsent ou des Catalogues ou des Tables que je n'ai pû encore trouver. Mais on apprend très-bien les temps des accroissements & décroissements des ascensions droites, & des réductions à l'Ecliptique.

Dans les Astronomies des *Song* antérieurs & de *Cobilay*, on trouve les préceptes suivants sur l'accroissement, ou décroissement de la déclinaison de la Lune.

1. Quand la Lune est au nœud & au point de l'Equinoxe du Printemps. Si sa latitude est Méridionale elle le sera de 6°. au milieu de sa course vêrs le nœud oppôsé, & sa déclinaison sera Boreale de 18°.

2. Quand la Lune est au nœud & au point de l'Equinoxe d'Automne. Si sa latitude de 6°. est Méridionale au milieu de sa course vêrs le nœud opposé, sa déclinaison sera Australe de 30°.

3. Quand la Lune est au nœud & au point de l'Equinoxe du Printemps. Si sa latitude de 6°. est Boreal au milieu de sa course vèrs le nœud opposé, sa déclinaison Boreale sera de 30°.

4. Quand la Lune est au nœud & à l'Equinoxe d'Automne ; si sa latitude de 6°. est Boreale au milieu de sa course vêrs le nœud oppôsé, sa latitude sera Australe de 6°.

Jusqu'à la venuë des Jésuites les Chinois ont adopté la plus grande latitude de 6°. constante dans les ☌ ☍ & les quadratures. Je n'ai pû encore m'asseurer si dans leur méthodes de calculer les approximations & les occultations des Etoiles par la Lune, ils avoient des régles fixes des parallaxes pour ces sortes de Phénoménes.

XXXIII.

# XXXIII. TABLE.

*Des degrés de l'Ecliptique réduits à ceux de l'Equateur.*

| | Degrés de l'Ecliptique après le Solstice. | Degrés de l'Equateur. | | | Degrés de l'Ecliptique après le Solstice. | Degrés de l'Equateur. | |
|---|---|---|---|---|---|---|---|
| | °. | °. '. ". | | | °. | °. '. ". | |
| | 1. | 1. 8. 65. | | | 31. | 33. 7. 73. | |
| | 2. | 2. 17. 28. | | | 32. | 34. 11. 5. | |
| | 3. | 3. 25. 88. | | | 33. | 35. 14. 11. | |
| Après | 4. | 4. 34. 45. | | Après | 34. | 36. 16. 91. | |
| l'Equino- | 5. | 5. 42. 94. | | l'Equino- | 35. | 37. 19. 45. | |
| xe, degrés | 6. | 6. 55. 37. | | xe, degrés | 36. | 38. 21. 74. | |
| de l'Equa- | 7. | 7. 59. 70. | Après l'Equinoxe, degrés de l'Ecliptique. | de l'Equa- | 37. | 39. 23. 77. | Après l'Equinoxe, degrés de l'Ecliptique. |
| teur. | 8. | 8. 67. 93. | | teur. | 38. | 40. 25. 54. | |
| | 9. | 9. 76. 5. | | | 39. | 41. 27. 6. | |
| | 10. | 10. 84. 6. | | | 40. | 42. 28. 32. | |
| | 11. | 11. 91. 92. | | | 41. | 43. 29. 34. | |
| | 12. | 12. 99. 64. | | | 42. | 44. 30. 9. | |
| | 13. | 14. 7. 19. | | | 43. | 45. 30. 58. | |
| | 14. | 15. 14. 59. | | | 44. | 46. 30. 85. | |
| | 15. | 16. 21. 79. | | | 45. | 47. 30. 85. | |
| | 16. | 17. 28. 83. | | | 46. | 48. 30. 59. | |
| | 17. | 18. 35. 67. | | | 47. | 49. 30. 10. | |
| | 18. | 19. 42. 30. | | | 48. | 50. 29. 35. | |
| | 19. | 20. 48. 72. | | | 49. | 51. 28. 36. | |
| | 20. | 21. 54. 94. | | | 50. | 52. 27. 12. | |
| | 21. | 22. 60. 93. | | | 51. | 53. 25. 63. | |
| | 22. | 23. 66. 68. | | | 52. | 54. 23. 90. | |
| | 23. | 24. 72. 22. | | | 53. | 55. 21. 93. | |
| | 24. | 25. 77. 52. | | | 54. | 56. 19. 73. | |
| | 25. | 26. 82. 58. | | | 55. | 57. 17. 28. | |
| | 26. | 27. 87. 40. | | | 56. | 58. 14. 59. | |
| | 27. | 28. 91. 96. | | | 57. | 59. 11. 67. | |
| | 28. | 29. 96. 28. | | | 58. | 60. 8. 52. | |
| | 29. | 31. 0. 36. | | | 59. | 61. 5. 13. | |
| | 30. | 32. 4. 18. | | | 60. | 62. 1. 52. | |

*Continuation de la XXXIII. Table.*

| | Degrés de l'Ecliptique après le Solstice. | Degrés de l'Equateur. | | | Degrés de l'Ecliptique après le Solstice. | Degrés de l'Equateur. | |
|---|---|---|---|---|---|---|---|
| | °. | °. ′. ″. | | | °. | °. ′. ″. | |
| | 61. | 62. 97. 68. | Après l'Equinoxe, degrés de l'Ecliptique. | | 77. | 78. 8. 86. | Après l'Equinoxe, degrés de l'Ecliptique. |
| | 62. | 63. 93. 62. | | | 78. | 79. 1. 90. | |
| | 63. | 64. 89. 34. | | | 79. | 79. 94. 76. | |
| Après l'Equinoxe, degrés de l'Equateur. | 64. | 65. 84. 85. | | Après l'Equinoxe, degrés de l'Equateur. | 80. | 80. 87. 51. | |
| | 65. | 66. 80. 14. | | | 81. | 81. 8. 16. | |
| | 66. | 67. 75. 23. | | | 82. | 82. 72. 71. | |
| | 67. | 68. 70. 10. | | | 83. | 83. 65. 15. | |
| | 68. | 69. 64. 80. | | | 84. | 84. 57. 53. | |
| | 69. | 70. 59. 30. | | | 85. | 85. 49. 81. | |
| | 70. | 71. 53. 57. | | | 86. | 86. 42. 3. | |
| | 71. | 72. 47. 69. | | | 87. | 87. 34. 18. | |
| | 72. | 73. 41. 61. | | | 88. | 88. 26. 30. | |
| | 73. | 74. 35. 46. | | | 89. | 99. 18. 40. | |
| | 74. | 75. 28. 99. | | | 90. | 90. 10. 44. | |
| | 75. | 76. 22. 42. | | | 91°. 31′. 25″. | 91. 2. 48. | |
| | 76. | 77. 15. 71. | | | 91°. 31′. 25″. | 91. 31. 25. | |

Je traduis cette Table telle que je la trouve, & je n'ai pas examiné jusqu'à quel point elle est juste.

On peut se servir de cette Table pour savoir la différence des degrés de l'Ecliptique, des degrés de l'Equateur.

Cette Table est prise de l'Astronomie de *Cobilay*. Avant lui les Chinois savoient en général la différence des degrés de l'Ecliptique d'avec ceux de l'Equateur ; mais ils n'étoient pas en état d'en faire des Tables fort exactes, ne pouvant les faire par le calcul ; mais seulement par la vûë & l'examen des cercles de l'instrument où étoient entr'autres l'Ecliptique & l'Equateur.

*Du mouvement propre des Etoiles fixes.*

Il eſt cèrtain qu'on ne voit dans l'Aſtronomie des *Han* antérieurs aucune régle ſur le mouvement propre des Fixes qu'on rapportoit à l'Equateur. Dans l'Aſtronomie des *Han* poſtérieurs, ou pour mieux dire Orientaux, on commence à rapporter le mouvement de la Lune, des Fixes, & non ſeulement à l'Equateur, mais encore à l'Ecliptique. Et un Aſtronome de ce temps-là nommé *Kia-Quey* dit, qu'il faut faire un renouvellement de Calendrier de 76. en 76. ans. Comme il ne parle qu'en général, on ne ſaurois dire s'il a en vûë le mouvement propre des Fixes.

Durant le temps des *Tſin*, l'Aſtronome *Yu-hi* (1) dit, que les Fixes avançoient d'un degré vêrs l'Eſt dans 50. ans.

*Co-ching-tien* (2) dit, que les Fixes avançoient d'un degré dans 100. ans.

*Tſoa-tchong* (3), dans 45. ans.

*Yu-ko* (4), dans 180. ans.

*Lieou-tcho* (5), & autres, dans 75. ans.

*Tſou-gin-kun* (6), dans 55. ans.

*Y-hang* (7), dans 82. ou 83. ans.

Sur la fin des *Tang* (8), dans 75. ans.

Pour les Aſtronomes des *Song*, les uns 83. ans, les autres 78. ans, les autres 66. ans, & d'autres 72. ou 73. ans.

## REMARQUES.

(1) Il écrivoit ſur la fin du troiſiême ſiécle. *P. G.*

(2) Il vivoit l'an 440. *P. G.*

(3) Il fleuriſſoit l'an 400. *P. G.*

(4) Il étoit du temps des premiers *Leang*. *P. G.*

(5) Il étoit du temps des *Souy*. *P. G.*

(6) Il étoit Aſtronome du Fondateur des *Tang*. *P. G.*

(7) Il fleuriſſoit en 724. *P. G.*

(8) Sur la fin du neuviême ſiécle. *P. G.*

*Co-cheou-king* (1), dans 66. ou 67. ans.

Sur la fin des *Yuen* (2), dans 72. ans.

Sur la fin du quatorziême siécle, un Astronome de *Hong-vou*, dans 70. ans.

La plûpart des Astronomes du temps de *Van-li* (3), dans 72. ans.

Quand les Jésuites furent mis dans le Tribunal des Mathématiques, ils s'en tinrent au mouvement propre des Fixes assigné par *Tyco*.

Il paroît que les Chinois savent depuis long-temps que les Etoiles ont une route parallele à l'Ecliptique.

### *Des Etoiles fixes.*

De tout temps les Chinois ont été attentifs à spéculer les Etoiles fixes; mais ce n'est que bien tard qu'ils ont pensé à faire des Catalogues de leurs déclinaisons & latitudes. D'abord, ils se contentèrent d'en décrire le nombre, & de marquer fort grossièrement par des cèrcles concentriques leur situation par rapport au Pôle du Monde. Dans l'Astronomie Chinoise publiée nouvellement, & mise en ordre par des Astronomes nommés par *Cam-hi*, on fait mention d'un Astronome du temps des trois Royaumes, qui reçût ordre de son Prince de faire une description de toutes les Etoiles qu'on avoit connuës & marquées même avant l'incendie des Livres. J'ai fait chèrcher cette description, & on me l'a apportée. Je l'ai trouvée depuis dans la grande Histoire Chinoise; elle est un peu longue & un peu difficile à tradui-

## REMARQUES.

(1) Il étoit Astronome de *Cobilay*. *P. G.*

(2) Vêrs le milieu du quatorziême siécle. *P. G.*

(3) Sur la fin du seiziême siécle. *P. G.*

re. Je ne laisserai pas de le faire (1), c'est, si je ne me trompe, une des piéces les plus curieuses qu'on puisse envoyer d'ici en fait d'Astronomie ancienne. Ce n'est pas un Ouvrage d'un particulier, qui travaille sans authorité & sans secours, c'est un Ouvrage fait par l'authorité d'un Prince qui a soin de fournir tous les secours possibles. Si on avoit eu soin de marquer les longitudes, les latitudes, & les déclinaisons, cet Ouvrage seroit sans prix.

Durant les Dynasties des *Tang*, des *Song*, des *Yuen*, & des *Ming*, on avoit des Cartes célestes, on y voyoit les déclinaisons, latitudes & longitudes; je n'ai pû encore en trouver, mais j'espère que j'en trouverai, actuellement je les fais chèrcher.

## REMARQUE.

(1) Je ne saurois l'envoyer cette année. *P. G.*

## SECTION II.

# METHODES CHINOISES.

### I.

*Méthode Chinoise, pour calculer les Eclipses du Soleil & de la Lune, depuis l'an 2155. avant Jésus-Christ jusqu'à l'an 206. avant Jésus-Christ.*

DANS la prémière Partie de l'Astronomie Chinoise, on a vû que l'an 2155. (1) avant Jésus-Christ, il y avoit à la Chine des Mathématiciens qui par Office devoient calculer les Eclipses : on ne sait pas leur méthode.

Depuis l'an 2155. avant J. C. jusqu'à l'an 720. avant J. C. les Livres Chinois qui subsistent, ne parlent que d'une Eclipse qui fut l'an 776. avant J. C. On sait certainement qu'on calcula souvent des Eclipses du ☉, & qu'on les calcula plusieurs fois fort mal. On ne sait pas en détail quels étoient les principes, & quelle étoit la forme du calcul (2).

### II.

*Méthode Chinoise pour les Eclipses depuis l'an 206. avant J. C. jusqu'à l'an 206. après J. C.*

Depuis l'an 206. avant Jésus-Christ (3) jusqu'à l'an 206. après J. C. les Chinois ont suppôsé le mois Dra-

REMARQUES.

(1) Dissèrtation sur l'Eclipse du Soleil de l'an 2155. avant J. C. *P. G.*

(2) Voyez les Remarques sur les Eclipses du *Tchun-tsieou*, & les suivantes. *P. G.*

(3) Astronomie des *Han* antérieurs, ou Occidentaux, & des Orientaux. *P. G.*

conitique de 27. jours, 7. heures, & 39. à 40′ (1). Ils suppôsoient que lorsque la Lune étoit dans la ☌, ou dans la ☍ sans latitude Australe ou Boreale; il y avoit Eclipse totale, & que cette Eclipse totale revenoit précisément la même après 135 ☌ & ☍; ensorte que dans cet intèrvalle il y avoit 23. Eclipses de ☉ & de ☾.

*NOTES.*

On ne parle pas trop clairement sur cette révolution prétenduë d'Eclipses, & on ne voit pas de régles bien précises pour connoître ni la quantité de la latitude, ni sa qualité.

On enseigne en général, que la grandeur, ou petitesse de l'Eclipse dépend de l'éloignement de la Lune à l'intèrsection de la route selon l'Ecliptique, & de la route selon l'Equateur dans le temps de la ☌, ou ☍. Mais on n'assigne pas en particulier des tèrmes Ecliptiques. On dit que la connoissance des Eclipses dépend de la connoissance des 9. *différentes routes de la Lune*. Mais on ne s'exprime que d'une manière vague sur ces 9. routes, & ce qu'on en dit ici est sans doute un vestige d'une ançienne méthode pèrduë; on rapporte plusieurs fois & en tèrmes très-clairs l'angle de 24°. Chinois que fait l'Ecliptique avec l'Equateur, & on dit formellement comme une chôse de tout temps connuë, que 24°. Chinois font la plus grande déclinaison du ☉, soit Australe, soit Boreale; mais on n'assigne aucun angle pour la route de la Lune, soit avec l'Ecliptique, soit avec l'Equateur.

Dès le temps des *Han*, on désignoit les 9. routes de la Lune par 9. couleurs. Dans beaucoup d'éditions du

REMARQUE.

(1) Le temps est ici réduit en temps Européan. *P. G.*

Livre *Chou-king*, on voit la figure où sont représentées ces 9. routes. Cette figure n'apprend rien de particulier, & elle n'a aucune preuve d'antiquité. Ces 9. routes ne sont autre chôse que les mouvements différents de la Lune par rapport à l'Ecliptique, l'Equateur, aux nœuds, &c.

On représente assez bien le temps d'une ☌ moyenne. On ajoûte, que dans ce temps-là la Lune est allée jusqu'à ses tèrmes du Sud & du Nord par rapport à l'Ecliptique & l'Equateur, mais on ne détèrmine rien sur la latitude, & sur la déclinaison de la Lune.

On connoissoit le mouvement moyen du ☉ & de la ☾, mais on ne voit aucune connoissance des Equations pour réduire au vrai ce mouvement moyen. Ainsi on ne savoit calculer que les ☌☌ & les ☍☍ moyennes. On voit quelques préceptes confus qui paroissent suppôser qu'il n'y a pas d'Eclipses du ☉ visible, quand la Lune est au Sud de l'Ecliptique. On savoit en général que la différence en latitude causoit la différence dans les Eclipses du ☉. Cependant il n'y a là-dessus aucune régle écrite.

On voit assez qu'avec ces seuls principes sur les Eclipses, on n'étoit pas en état de faire un calcul éxact d'une Eclipse, soit pour le temps, soit pour la quantité. On étoit hors d'état de calculer les anciennes Eclipses. On voit donc pourquoi dans l'Histoire des Eclipses de ce temps-là, on en trouve de mal calculées en tout, ou en parties, on en trouve qu'on n'avoit pas prédites, ou qui étant prédites, se trouvoient être vûës non dans la Cour du Prince; mais dans d'autres lieux à l'Est, à l'Ouest, au Nord, ou au Sud de la Cour. On connoissoit le Cycle de 19. ans solaires compôsé de 235 ☌☌, & on avoit éxaminé non seulement ce qui en résultoit pour le temps du retour des ☌☌ & des ☍☍, mais encore pour le retour des Eclipses. On avoit d'ailleurs

des

des Catalogues d'Eclipſes du ☉ qui remontoient juſqu'à l'an 206. avant Jéſus-Chriſt pour le moins; peut-être en avoit-on encore de plus anciennes. On voit qu'on éxaminoit les intèrvalles des Eclipſes, & on voit aſſez le fruit qu'on pouvoit retirer de ces ſortes d'éxamens, ſur tout, ſi on rapportoit les calculs. On voit donc pourquoi (1) on trouve des calculs paſſablement bienfaits pour le fonds. On voit même dans quelques endroits qu'on prédiſoit bien une Eclipſe, quoique ſelon les régles dont j'ai parlé, il ne dût pas y avoir d'Eclipſe; & cela démontre qu'on corrigeoit ces regles par les réfléxions qu'on pouvoit aiſément faire ſur le retour des Eclipſes, & ſur leurs intèrvalles, & ſur tout par la comparaiſon de pluſieurs calculs avec quelques obsèrvations. Il ſeroit à ſouhaiter que l'Aſtronomie Chinoiſe de ce temps-là ne paſſât pas ſi légerement ſur la méthode, ſur la forme des calculs, ſur les fautes qui ſe faiſoient & ſur les précautions qu'on prenoit pour les éviter dans la ſuite. Ce que j'ai dit ſur les ☌☌ & ☍☍ moyennes fait voir pourquoi on trouve tant d'Eclipſes du ☉ calculées, ou obsèrvées au dèrnier jour de la Lune & quelques-unes au ſecond jour de la Lune.

## *REMARQUES.*

On ſait que les obsèrvations Aſtronomiques bien vérifiées ſont le moyen le plus ſeur pour fixer les Epoques de la Chronologie. Les Auteurs de l'Aſtronomie des *Han* dont je viens d'expôſer les principes du calcul des Eclipſes, rapportent les Eclipſes du *Tchun-tſieou* dans leur Aſtronomie, telles que je les ai rapportées. D'au-

### REMARQUE.

(1) Voyez l'Hiſtoire des Eclipſes. *P. G.*

tres Auteurs de ce temps-là rapportent celles du *Chi-king*, & du *Chou-king*, avec les mêmes caractères que j'ai rapportées.

Après qu'on aura éxaminé le fonds de la méthode qu'on avoit alors, on vèrra d'une manière bien sensible qu'on n'a pû alors supputer juste ces Eclipses. De-là il s'ensuit que l'éxamen qu'on en a fait établit solidement les Epoques qu'on a fixées, & qu'on ne peut dire que les Eclipses ne sont que des calculs faits par les Auteurs des *Han*.

Le P. le Comte dans ses Mémoires avoit déja insinué cette preuve pour la seureté de l'antiquité de l'Histoire Chinoise. Cette preuve est en effet sensible. J'ai crû devoir la rapporter ici, afin de contenter ceux qui auroient pû demander des preuves de l'insuffisance & de l'incapacité de ceux (1) qui ont rapporté ces Eclipses, sans être en état de calculer.

## III.

*Methode Chinoise depuis l'an 206. après Jésus-Christ jusqu'au commencement du sixiême siécle pour le calcul des Eclipses de Soleil & de Lune.*

Dans l'Astronomie de *Lieou-hong* (2) faite l'an 206. de Jésus-Christ, on voit pour la prémière fois des Catalogues pour savoir le temps où la latitude de la Lune est Australe ou Boreale. Et voici ce qu'on trouve dans les Astronomies conservées dans l'Histoire des Dynasties (3).

## REMARQUES.

(1) Les Auteurs du temps des *Han*. *P. G.*

(2) Astronomie de *Lieou-hong*, des *Ouey* Chinois, des *Tsin*, des prémiers *Song*, & des *Ouey* Tartâres, dans la grande Histoire Chinoise.

(3) Voyez l'Histoire de l'Astronomie Chinoise. *P. G.*

1°. Si l'Eclipse n'est pas au moins de la cinquième partie du diamétre du ☉ & de la ☾; on ordonne de ne s'embarrasser du calcul de ces sortes d'Eclipses.

2°. On voit qu'on s'appèrcevoit très-bien de la différence des Eclipses du ☉ causées par la différence de latitude des lieux, & par les différents lieux du ☉ dans le Zodiaque. On suppôse que l'Eclipse du ☉ n'est guères visible, lorsque la Lune est au Sud de l'Ecliptique; mais on ne voit pas de régle précises sur la différence des Eclipses du ☉ qu'on obsèrve en même temps en différents lieux, & on ne sauroit reconnoître le tèrme de latitude Australe, où l'Eclipse est invisible.

3°. On ne voit pas non plus de régles bien nettes pour la durée des Eclipses du ☉ & de ☾. On se contente de donner des régles pour la quantité de l'Eclipse. On suppôse que le moment de la ☌, ou de la ☍, est celui du milieu de l'Eclipse. Dans les Eclipses du ☉, on ne voit aucune régle pour la différence des temps de la ☌ vraye & de la ☌ vûë.

4°. On donne pour régle fondamentale que l'Eclipse est totale, lorsque la Lune est sans latitude. Si l'éloignement de la Lune au nœud, est au-dessus de 15°. Chinois, on déclare qu'il ne sauroit y avoir d'Eclipse. Si cet éloignement est de 10°. environ, l'Eclipse sera d'un tiers. Si cet éloignement est au-dessous de 10°. l'Eclipse sera considérable pour la Lune, & même pour le Soleil, si cet éloignement se trouve au Nord de l'Ecliptique. En général on ordonne de retrancher l'argument de latitude du nombre 15°. La différence est la quantité de l'Eclipse; ainsi on suppôse le diamétre divisé en 15. parties.

5°. Je n'ai pas vû l'Epoque précise des adages suivants pour les Eclipses; mais ils sont pour le moins de l'antiquité des préceptes que je viens de rapporter.

Prémier adage. La différence d'Est à Ouest donne la

différence pour le temps. La différence du Nord au Sud donne la différence pour le nombre des parties du Soleil éclipsées.

Second adage. Quoique le tèrme (1) Ecliptique de l'Eclipse soit au Nord dans le Ciel, si ce tèrme est au Sud de l'œil de l'homme, c'est comme s'il n'y avoit pas d'Eclipse, elle ne sera pas vûë.

Troisiême adage. Si à la Chine il y a Eclipse du Soleil totale, il y aura des lieux où l'Eclipse ne sera pas de la moitié, d'autres n'auront point d'Eclipse.

Quatriême adage. Si la Lune va au Nord, & si en même temps le tèrme Ecliptique est du côté du Nord, il y a grande Eclipse du ☉; mais si la Lune va au Sud, & si le tèrme Ecliptique est du côté du Sud, l'Eclipse du Soleil sera rarement visible. Il seroit très-important de savoir l'époque & la vraye origine de ces adages, ou principes.

*NOTES.*

1. Si on éxamine ce que j'ai dit sur *Kiang-ki* Astronome des *Tsin* (2), & sur le mouvement de latitude assigné par *Tsou-tchong* Astronome en 463. de Jésus-Christ (3). Si on éxamine de près ces quatre adages ou principes d'Eclipses que j'ai rapportés, on vèrra aisément qu'à la Chine il y avoit dans ce temps-là une méthode assez bonne pour les Eclipses. C'est autre chôse de savoir 1°. si bien des gens savoient s'en sèrvir, & 2°. si elle étoit venuë des Etrangers. On peut si l'on veut éxaminer (4) les

## REMARQUES.

(1) Il s'agit de l'Eclipse du Soleil. *P. G.*

(2) Voyez l'Histoire de l'Astronomie, & le Catalogue des Eclipses. *P. G.*

(3) Voyez l'Astronomie Chinoise. *P. G.*

(4) Voyez l'Histoire des Eclipses. *P. G.*

calculs dont il nous reste quelque chôse, & que j'ai fidélement traduits. Les méthodes Chinoises manquent d'un exemple de calcul, & bien des Livres d'Astronomie se sont pèrdus. Bien de mauvais calculs qui se faisoient, ne sauroient être une preuve suffisante qu'il n'y avoit pas de bonne méthode; pour cela il faudroit savoir seurement si en suivant les régles de la méthode, on faisoit de faux calculs. Or c'est ce qu'on ne sauroit bien savoir; car outre les régles que j'ai rapportées, il y en avoit cèrtainement d'autres qu'on ne trouve pas: avec les seuls principes qui restent dans les Astronomies de ce temps-là, on n'auroit sû faire tant de calculs passables qu'il conste avoir été faits.

2. Il faut remarquer que les préceptes Chinois suppôsent une latitude de 35. à 36°. Chinois ou environ; on s'appèrçût du changement quand on fut à *Nanking* dont la latitude est de 32°. 5′ (1). Mais cette remarque ne fit que changer les régles générales pour l'ombre méridienne du Gnomon de 8. pieds, & pour la grandeur des jours. Jusques au temps des *Tsin* Orientaux, les Empereurs Chinois avoient tenu leur Cour dans des lieux plus Septentrionnaux que *Nanking* de plusieurs degrés.

3. Les connoissances que *Lieou-hong* (2) acquit sur l'Anomalie de la Lune, sur la latitude de la Lune qu'il établit de 6°. Chinois & sur la déclinaison de la Lune, donnèrent de nouvelles lumières sur le calcul des Eclipses. Vêrs l'an 463. l'Astronome *Tsou-tchong* corrigea assez bien le mouvement de latitude, & ajoûta 11. ans solaires à des périodes de 19. ans solaires; ainsi on fut en état de mieux assigner le moment des ☌☌ & ☍☍, & les tèrmes Ecliptiques.

REMARQUES.

(1) Degrez Européans. *P. G.*

(2) L'an J. C. 206. il fit son Astronomie. *P. G.*

4. Tous les Astronomes Chinois conviennent que c'est vêrs l'an 206. de Jésus-Christ qu'on commença à avoir une méthode seure & fixe pour le calcul des Eclipses ; c'est-à-dire, comme ils le disent eux-mêmes, qu'on recommença alors à avoir une méthode ; car on asseure que du temps des Dynasties *Hia* (1), *Tchang* (2), *Tcheou* (3), on savoit très-bien calculer les Eclipses ; mais on ajoûte, qu'on avoit laissé pèrdre cette méthode.

## I V.

*Méthode Chinoises pour le calcul des Eclipses de Soleil & de Lune, depuis la fin du cinquiême siécle après Jésus-Christ jusqu'à l'arrivée des Jésuites à la Chine.*

*Tchang-tse-tsin* (4) vivoit dans le milieu du cinquiême siécle. On a vû que c'est lui qui le prémier apprit aux Chinois les Equations pour réduire au vrai le moyen mouvement du Soleil. C'est lui qu'on peut dire avoir le prémier appris aux Chinois une méthode assez seure & génerale pour les Eclipses ; du moins avant son temps on ne trouve pas clairement cette méthode dans les Livres. L'Astronomie de la Dynastie des *Tang* asseure, que ce qu'on sait de mieux sur les Eclipses est de *Tchang-tse-tsin*. Voici ce que l'Astronomie des *Tang* dit de cette méthode.

» Sèrvés-vous (5) d'un instrument gradué & circu-
» laire pour avoir les diamétres du Soleil & de la Lune,
» de la somme de ces deux diamétres, ôtez la moitié de

## REMARQUES.

(1) *Yu* en fut le prémier Empereur. *P. G.*

(2) *Tching-tang* en fut le prémier Empereur. *P. G.*

(3) *Vouvang* en fut le prémier Empereur. *P. G.*

(4) Voyez l'Histoire de l'Astronomie Chinoise. *P. G.*

(5) Méthode de *Tchang-tse-sin* pour les Eclipses. *P. G.*

» celui de la ☾, reste le diamétre du ☉ & la moitié de » celui de la ☾. Comparez cette quantité avec un de- » gré & demi du prémer *Kiao*, la différence donnera la » moitié du *vuide obscur* (1).

» Prenez la différence de châque degré de latitude, » & comparez les deux diamétres, cette comparaison » donnera les parties Eclipsées. Consultez la Table du » mouvement propre de la Lune selon les différents » temps de l'Anomalie; comparez-le avec les parties » éclipsées, & chèrchez la demi durée de l'Eclipse de » Lune. Si l'éloignement de la Lune au nœud ne va pas » à 3°. l'Eclipse entre dans les tèrmes du *Ki*.

*Notes & Explications.*

1. Ces paroles que je viens de rapporter ne sont pas dans un Ouvrage fait par *Tchang-tse-tsin* même, elles sont citées dans l'Astronomie publiée plusieurs années après la mort du Bonze *Y-hang* (2).

2. Dans les Astronomies des *Souy* & des *Tang*, on ne trouve pas la description de l'instrument gradué & circulaire dont on parle, on ne trouve pas aussi la grandeur des diamétres du Soleil & de la Lune.

3. *Tchang-tse-tsin* divisoit l'Equateur, le Zodiaque & la route de la Lune en 72. parties égales. On ne trouve pas le Catalogue des déclinaisons, latitudes, ascensions droites, réductions à l'Ecliptique qui convenoient à châcune de ces 72. parties. Les tèrmes du *Kiao* étoient peut-être l'argument de latitude, peut-être aussi la latitude, ou autre chôse qui y a rapport. *Kiao* vouloit alors dire, & latitude, & nœud, & mouvement de latitude,»

## REMARQUES.

(1) *Gan* Obscurum, *Hiu* Vacuum, ombre. *P. G.*

(2) Voyez l'Histoire de l'Astronomie Chinoise. *P. G.*

intèrſection, & les circonſtances, & l'état de la queſtion fixent le vrai ſens de ces caractères Chinois. Je laiſſe à d'autres à voir le vrai ſens de ces paroles *au prémier tèrme du Kiao.*

4. On ne trouve pas le Catalogue qu'on avoit de la quantité de l'Eclipſe de Lune ſelon les différentes latitudes de la Lune : on avoit auſſi des Tables du mouvement propre de la Lune pour châque jour d'Anomalie. Sur les Tables qu'on a vûës d'Anomalie, il ſeroit facile de faire de ces Catalogues; mais je ne ſai s'ils ſeroient tels que les concevoit *Tchang-tſe-ſin.*

5. Le caractère *Ki* exprime aujourd'hui la totalité de l'Eclipſe. Du temps de la Dynaſtie des *Tang*, dans les Eclipſes de Lune, *Ki* exprimoit la totalité *cum morâ.*

6. La plûpart des Aſtronomes des *Souy* ſuivoient les méthodes de *Tchang-tſe-ſin*, & quelques-uns d'entr'eux avoient été ſes Diſciples.

*Suite de la méthode de* Tchang-tſe-ſin *pour les Eclipſes.*

» Prenez les demi-diamétres de la Lune & du Soleil : » Voyez la diſtance du prémier tèrme du *Kiao* au *Tchun-fen* (1). De cette diſtance ôtez les demi-diamétres du » Soleil & de la Lune, le reſte eſt la difference du *Sie-che* (2). Examinez la Table de ces différences pour » voir le tèrme de la totalité de l'Eclipſe, & avançant, ou » reculant juſqu'à 2°. comme on voudra, on comparera » les deux demi-diamétres, & on aura les parties écli- » pſées du ☉. Si la ☾ eſt au Sud du tèrmes de l'Eclipſe

REMARQUES.

(1) *Tchun* Veris, *Fen* Diviſio; Equinoxe du Printemps. *P. G.*

(2) *Sie*, Oblique, *Che* Collimare; direction oblique. *P. G.*

» totale

» totale, quand même la latitude feroit Boreale, cette » Eclipfe fera du genre des partiales, & des Eclipfes qui » font au Sud de l'Ecliptique.

Ces préceptes font dans l'Aftronomie des *Tang*. On fuppôfe des différences des Méridiens, connuës par des Catalogues; on parle du changement des tèrmes Ecliptiques felon les différentes hauteurs du Pôle, & on fuppôfe connu le Catalogue de ces différences. Or aujourd'hui on ne trouve pas de ces anciens Catalogues des différences des Méridiens & des tèrmes Ecliptiques.

*Notes & Explications.*

1. On ne voit aucune intèrprétation du texte où font les préceptes de *Tchang-tfe-fin*, & j'avouë qu'il y a plufieurs points que je n'entends pas bien. Au lieu des conjectures, j'ai crû devoir rapporter le texte tel qu'il eft, & j'ajoûte ici quelques éclairciffements tirés de la langue Chinoife, & des méthodes de ce temps-là.

2. Les deux caractères *Tchun-fen* fignifient le point de l'Equinoxe du Printemps ♈ 0°. 0'. 0''. Les deux caractères *Sie-che* fignifient littéralement, ou du moins peuvent fignifier *oblique*, *collimation*. *Tchang-tfe-fin* lui donnoit-il une autre fignification? c'eft ce que je ne fai pas. Je n'ai pas trouvé ce tèrme ailleurs.

3. Je ne fai fi *Tchang-tfe-fin* avoit en vûë une Equation pour les tèrmes Ecliptiques (1) felon les différents *Tfiéki* de l'année.

4. On avoit alors un Catalogue pour la quantité de l'Eclipfe, & pour les tèrmes Ecliptiques qui répondoient. Je ne fai ce qu'on veut dire par la libèrté qu'on

REMARQUE.

(1) Voyez plus bas cette Equation & fon ufage dans une Table. *P. G.*

donne d'avancer, ou de reculer jusqu'à 2°. On vouloit sans doute apprendre la méthode des Eclipses du Soleil telles qu'elles sont en elles-mêmes par rapport à la Tèrre en général, & l'appliquer ensuite aux lieux particuliers. Peut-être le précepte que j'ai rapporté de *Tchang-tse-sin* n'est qu'un fragment en mauvais état, il n'y a nulle explication, & un exemple du calcul manque.

4. Après *Tchang-tse-sin* on employa sa méthode. Or le Bonze *Y-hang* a expliqué au long une méthode pour les Eclipses, s'il a suivi en tout *Tchang-tse-sin*, ce que dit le Bonze nous fera assez connoître cette méthode.

*Suite de la Méthode pour les Eclipses.*

Le Bonze *Y-hang* (1) ayant éxaminé les préceptes de *Tchang-tse-sin*, avec ce qu'avoient fait & écrit les Astronomes des Princes de *Leang*, *Souy*, & des prémiers Empereurs de la Dynastie des *Tang*, éxamina & calcula toutes les Eclipses du *Tchun-tsieou*, celle du *Chi-king* & du *Chou-king*, & quelques autres. Outre cela, il obsèrva & fit obsèrver plusieurs Eclipses, & écrivit une méthode qu'il avouë être de *Tchang-tse-sin* pour le fonds. Cette méthode est sans modéle, & sans exemple de calcul. La voici pour l'essentielle telle que je la trouve.

## V.

### *Méthode de* Y-hang *publiée l'an 729.*

Cette méthode fut publiée (2) après la mort du Bonze, par ceux qui éxaminèrent & corrigèrent ses Ecrits de la part de l'Empereur. Je réduits cette méthode à quelques préceptes, & j'ajoûterai quelques Notes.

## REMARQUES.

(1) Voyez l'Histoire de l'Astronomie Chinoise. *P. G.*

(2) Astronomie Chinoise de la Dynastie des *Tang*. *P. G.*

## PREMIER PRECEPTE.

Il faut trouver le moment de la vraye ☌, ou ☍. A ce moment il faut avoir les vrais lieux du ☉ & de la ☾, & le vrai mouvement de la Lune en latitude. Ce mouvement est exprimé en jours, *ke*, minutes & secondes. Si ce temps est au-dessous de la moitié de la révolution en latitude, la latitude est au Sud de l'Ecliptique. Si ce temps est au-dessus, ôtez-en la moitié de la révolution, le reste est le mouvement en latitude du côté du Nord.

### *AVERTISSEMENT.*

Il faut voir plus bas une petite Table où j'explique plusieurs tèrmes que la méthode de *Y-hang* suppôse connus. Je les explique.

## II. PRECEPTE.

Si le mouvement vrai en latitude est au-dessus du tèrme *Kiao*, & au-dessous de la différence du *Ouang*, on est dans les tèrmes Ecliptiques, & il y aura Eclipse de ☾, si on est dans la ☍; Eclipse du ☉, si on est dans la ☌, & si outre cela le mouvement de latitude est au Nord de l'Ecliptique.

On voit ici une Note en petits caractères. Elle dit que l'Eclipse de Lune est très-petite, lorsque l'éloignement de la Lune au nœud est au-dessus de 13°. La Note fut faite du temps des *Tang*. Mais je ne sai si elle est de *Y-hang*.

## III. PRECEPTE.

Dans la ☍, si le mouvement de latitude est au-dessous de 779'. on a le *Ki*. Si ce mouvement est au-dessus de 779'. ôtez ce nombre de la différence de la ☍, le reste doit être divisé par 183'. & le quotient fera voir le nombre des doigts éclipsés. 15. est le tèrme ; c'est-à-dire qu'il faut ôter le quotient du nombre 15. le reste sont les doigts éclipsés.

Pour être au fait sur ce précepte, il faut savoir 1°. que *Y-hang* dans ses calculs divisoit le jour en 3040'. & châque minute en 10000''. 2°. Que 15. doigts faisoient alors l'Eclipse totale. 3°. Que *Ki* étoit alors l'Eclipse de Lune totale *cum morâ*. 4°. Que le mouvement de latitude étoit exprimé en minutes, ou parties du jour.

## IV. PRÉCEPTE.

Quand la Lune est au Nord de l'Ecliptique, le commencement de l'Eclipse de Lune est au Sud-Est, milieu au Sud, fin au Sud-Ouest. Quand la Lune est au Sud de l'Ecliptique, commencement au Nord-Est, milieu au Nord, fin au Nord-Ouest. Si l'Eclipse est de plus de 12. doigts, commencement à Est, fin à Ouest.

## V. PRÉCEPTE.

Quand la Lune est au Nord de l'Ecliptique, le tèrme Ecliptique est 3524'. Tèrme possible 3659'. Quand la Lune est au Sud de l'Ecliptique, tèrme Ecliptique 135'. tèrme possible 974'. La différence de l'Eclipse qui est au Nord de l'Ecliptique est 1275'.

Toutes ces minutes sont des parties du temps du mouvement de latitude, & sont relatives à la division du jour en 3040'.

### *NOTES.*

Le tèrme dit simplement *tèrme Ecliptique* (1) est sans doute le tèrme nécessaire. L'autre tèrme que je traduis

## REMARQUE.

(1) *Che* Ecliptique *Hien* Terminus. *P. G.*

par possible a ces deux caractères (1) *Hoe-hien*. Or le caractère *Hoe* ne me paroit pas dans ce lieu susceptible d'une autre explication, savoir, de doute, de peut-être, &c. Les Astronomes Chinois ont prèsque toûjours exprimé en temps leurs tèrmes Ecliptiques, & il ne faut pas être surpris, si dans des calculs séparés, plusieurs Missionnaires qui savoient les Mathématiques n'ont rien compris à l'expression de ces sortes de tèrmes Ecliptiques; ils n'ont pas fait attention aux parties du jour où ils avoient rapport, ni au mouvement de latitude en temps que suppôsoient ces sortes de calculs, ni peut-être au mois appellé draconitique, qu'admettoit l'Auteur des calculs.

## VI. PRE'CEPTE.

Examinez la Table des Equations marquée pour les *Tsiéki*. Si la latitude est Australe, ajoûtez l'Equation. Si la latitude est Boréale, retranchez l'Equation, & vous aurez le véritable tèrme, & la véritable différence de l'Eclipse qui est au Nord. Si la distance de la Lune au nœud est plus grande que la différence, & si la Lune est au Nord de l'Ecliptique, l'Eclipse sera au Nord de l'Ecliptique; mais si cette distance n'est pas aussi grande que la différence, quand même la ☊ seroit au Nord de l'Ecliptique, l'Eclipse sera dans le genre de celles qui sont au Sud de l'Ecliptique.

### *NOTES.*

1. La Table des Equations pour les *Tsiéki* est après ces préceptes. L'Auteur de cette Table a eu peut-être en vûë une autre sorte d'addition & soustraction qui n'est pas ici marquée.

### REMARQUE.

(1) *Hoe* Dubius, forsan, & *Hien* Terminus. *P. G.*

2. Ces préceptes sont pour le Méridien de *Teng-fong* ville du troisiéme ordre du *Honan*; or on ne sauroit assеurer si l'Equation prescrite regarde cette ville seulement, ou bien si outre cela, il faut ajoûter l'Equation qui vient de la différence en latitude. J'ai déja dit qu'on ne trouve pas le Catalogue d'alors pour les différences des tèrmes Ecliptiques selon les différentes latitudes.

3. On ne marque pas s'il faut ajoûter, ou retrancher l'Equation des *Tsiéki* à l'argument de latitude, ou bien aux tèrmes d'Eclipse, pour en faire de vrais tèrmes. Je crois en particulier que cette Equation est pour augmenter ou diminuer la différence de l'Eclipse qui est au Nord; mais je n'oserois le donner pour seur. Un exemple de calcul manque, & ce qui est obscur aujourd'hui pour nous étoit sans doute fort clair du temps de *Y-hang*.

## VII. PRÉCEPTE.

Dans les Eclipses au Nord de l'Ecliptique, pôsez le véritable argument de latitude, ôtez de ce véritable argument de latitude la différence corrigée, si le reste est au-dessous de 104'. l'Eclipse est totale; si le reste est au-dessus de 104', ôtez 104'. divisez le surplus par 143'. & par 152'. dans les tèrmes possibles; ôtez le quotient de 15. on a les doigts éclipsés du ☉. Pour ce qui regarde les Eclipses qui sont de l'espéce de celles qui sont au Sud de l'Eclipse; si le véritable argument de latitude est au-dessous de la différence (1), & que ce soit d'un nombre au-dessus de 61'. alors l'Eclipse est totale; mais si ce véritable argument de latitude est au-dessous de la différence, & que ce soit d'un nombre au-dessus de 61'. alors prenez le tèrme Ecliptique corrigé

## REMARQUE.

(1) On parle de la différence de l'Eclipse. Voyez le second précepte. *P. G.*

de l'argument de latitude du côté du Sud, & ajoûtant l'argument vrai de latitude, divisez par 90.

VIII. PRE'CEPTE.

Pour les Eclipses au Sud de l'Ecliptique, pôsez le véritable argument de latitude, & divisez par le nombre 90. ou par le nombre 143. si on est dans les termes possibles, le quotient ôté du nombre 15. donnera le nombre des doigts éclipsées du ☉.

*NOTE.*

Ces septiême & huitiême préceptes sont exprimés dans le texte Chinois d'une maniere un peu embarrassée, & après avoir pris toutes les précautions pour en bien attraper le sens, je n'oserois asseurer que j'y aye entièrement réüssi.

IX. PRE'CEPTE.

Si la Lune est au Nord de l'Ecliptique, commencement de l'Eclipse au Nord-Ouest, milieu au Nord, fin au Nord-Est. Si la Lune est au Sud de l'Ecliptique, commencement de l'Eclipse au Sud-Ouest, milieu au Sud, fin au Sud-Est. Si l'Eclipse est au-dessus de 12. doigts, commencement à Ouest, fin à Est.

X. PRE'CEPTE.

Prenez le véritable argument de latitude, multipliez par le *Chouay* du *Kiao*. Multipliez encore par 20. divisez cette somme par le nombre du *Kiao*. Si la latitude de la Lune & la déclinaison sont toutes deux de même nom; c'est-à-dire, si toutes les deux sont du côté du Midi, ou du côté du Nord; ajoûtez le quotient au temps de la ☌, ou ☍ vraye, & vous aurez le temps du milieu de l'Eclipse. Mais si la latitude de la Lune & la déclinaison sont de different nom; c'est-à-dire, si l'une est Boréale, & l'autre Australe, le quotient doit être retranché du moment de la vraye ☌, ou ☍, & on aura le milieu de l'Eclipſe.

## *NOTES.*

1. On ajoûtoit la demi-durée de l'Eclipſe au temps du milieu, pour avoir la fin, & on ôtoit du temps du milieu de l'Eclipſe la demi-durée pour avoir le temps du commencement. Pour avoir la demi-durée, on avoit égard à la quantité de l'Eclipſe, à la latitude & au mouvement propre de la Lune; mais on ne voit pas diſtinctement la méthode pour calculer cette demi-durée. Il y a apparence qu'on n'avoit d'autre régle que celle qu'on avoit tirée de l'obsèrvation de la durée de beaucoup d'Eclipſes.

2. Après le Bonze *Y-hang*, les Aſtronomes Chinois de la Dynaſtie des *Tang*, ne firent guères autre chôſe que commenter & éclaircir *Y-hang*. Un d'eux (1) explique clairement la parallaxe de longitude, & avèrtit qu'elle ne ſauroit regarder les Eclipſes de ☉.

3. Les Aſtronomes de la Dynaſtie des *Song* eurent bien de la peine à consèrver les lumières de ceux des *Tang*. *Co-cheou-king* expliqua ſa méthode, & c'eſt celle dont je parlerai dans la ſuite.

4. Dans les Eclipſes anciennes que *Y-hang* calcula, on voit qu'il éxaminoit les tèrmes Ecliptiques par l'éloignement de la Lune au nœud, & on peut voir ſi les tèrmes d'Eclipſes qu'il détèrmine dans ſa méthode ſont ſeurs. Dans l'Eclipſe ſeule du *Chi-king*, il a rapporté une partie de ſon calcul. La voici cette partie (2).

Ce Bonze dit, que la ☌ fut de jour, & qu'au moment

## REMARQUES.

(1) Voyez l'Hiſtoire de l'Aſtronomie Chinoiſe. *P. G.*

(2) Voyez la Diſsèrtation ſur l'Eclipſe du *Chi-king*. *P. G.*

de

de la ☊, le vrai mouvement de latitude fut de 43429′. De là il conclud, qu'à *Siganfou* capitale de l'Empire, il y eut Eclipse de ☉. Examinons le calcul de *Y-hang* selon ses préceptes.

Si on divise 43429′. par 3040′. qui sont les parties du jour, on trouve pour quotient 14. jours + 869′. Ces 869′. réduites aux nôtres sont 411′. + 45″. ou 50″. Selon ce second précepte le mouvement en latitude est du côté du Nord de l'Ecliptique. Otez la moitié de la révolution en latitude, reste 2467′. 4339″. pour le vrai argument de latitude. En suppôsant que *Y-hang* calcula bien le lieu du ☉ entre le 4°. & 5°. de ♍; c'est-à-dire, près d'un *Tsiéki* & $\frac{2}{5}$. avant l'Equinoxe d'Automne, on trouve une Equation de près de 221′. soustractive; ainsi la différence de l'Eclipse (1) est 1054′.

Selon le cinquiême précepte l'Eclipse est *in terminis necessariis*. Selon le septiême précepte, ôtez 1054′. de 2467′. + 4339″. reste 1013′. + 4339″. Otez 104′. reste 909′. + 4339″. Divisez par 143′. le quotient est 6. & plus de $\frac{2}{5}$. ôtez de 15. reste 8. + $\frac{3}{5}$. c'est-à-dire, que de 15. doigts le ☉ en a d'éclipsez 8. + $\frac{2}{5}$.

Cet éxamen que je viens de faire est relatif aux préceptes, & on ne peut y compter qu'hypotétiquement à ces préceptes. Or les préceptes étant énoncés souvent d'une manière obscure, je n'oserois asseurer que je les ai compris dans le Chinois parfaitement; ainsi je n'oserois asseurer que mon éxamen soit entièrement juste.

## REMARQUE.

(1) Différence de l'Eclipse 1275′. — 221″. reste 1054′. *P. G.*

# XXXIV. TABLE.

| Vrais *Tſiéki.* | Equation A. addit. S. ſouſtr. |
|---|---|
| 1. | 0. |
| 2. | 10′. A. |
| 3. | 25′. A. |
| 4. | 45′. A. |
| 5. | 70′. A. |
| 6. | 100′. A. |
| 7. | 135′. A. |
| 8. | 175′. A. |
| 9. | 220′. A. |
| 10. | 270′. A |
| 11. | 325′. A. |
| 12. | 385′. A. |
| 13. | 450′. S. |
| 14. | 385′. S. |
| 15. | 325′. S. |
| 16. | 270′. S. |
| 17. | 220′. S. |
| 18. | 175′. S. |
| 19. | 135′. S. |
| 20. | 100′. S. |
| 21. | 70′. S. |
| 22. | 45′. S. |
| 25. | 25′. S. |
| 10. | 24′. S. |

Le prémier *Tſiéki* eſt le Solſtice d'Hyvèr. Enſuite, on va à l'Equinoxe du Printemps, &c.

L'Equation eſt pour la différence de l'Eclipſe dont on a parlé. C'eſt ce que je crois ; mais comme j'ai dit, je n'oſerois l'aſſeurer.

**Nombres ſuppôſés connus dans la Méthode de *Y-hang.***

*Tong-fa* 3040′. Ce ſont les parties du jour.

L'art des ſecondes eſt 10000. Il veut dire que dans une partie du jour il y a 10000. ſecondes qu'il appelle *Miao.*

Mouvement en latitude 27. jours 645′. 1322″.

C'eſt le mois draconitique.

La moitié eſt 13. jours 1842′. 5661″.

Différence du *Cho,* 2. jours 967′. 8678″.

C'eſt la différence du mois ſynodique d'avec le draconitique.

Différence du *Ouang* ☍, 1. jour 483′. 9339″.

C'eſt la différence de la moitié du mois draconitique, d'avec le nombre du ☍ *Ouang.*

Nombre du ☍ *Ouang* 14. jours 2326′. 50″.

C'eſt la moitié du mois ſynodique.

Tèrme du mouvement de latitude 12. jours 1358′. 6322″.

C'eſt un tèrme particulier d'Eclipſe dont *Y-hang* ſe ſèrvoit ſans doute dans beaucoup de calculs dont il s'étoit fait les principes.

*Chouay*, ou principes du *Kiao* 343′.

Nombre du *Kiao* 4369′.

Ce ſont des nombres dont on n'explique pas le rapport, on le ſuppôſe connu, & même familier.

# XXXV. TABLE.

| Jours du mouvement en latitude. | Réduction. |
|---|---|
| 1. | 27'. |
| 2. | 46'. |
| 3. | 59'. |
| 4. | 67'. |
| 5. | 1°. 4'. |
| 6. | 1°. 23'. |
| 7. | 1°. 36'. |
| 8. | 1°. 17'. |
| 9. | 1°. 4'. |
| 10. | 72'. |
| 11. | 59'. |
| 12. | 40'. |
| 13. | 13'. |

Cette petite Table est de l'Astronomie de *Y-hang*. Elle est pour réduire le lieu de la Lune à l'Ecliptique selon les jours de sa période en latitude, ou du mois draconitique.

Cet Auteur dit en tèrmes exprès, que tantôt il faut ajoûter, & tantôt retrancher la réduction pour avoir le lieu dans l'Ecliptique.

» Quand la latitude & la déclinaison sont toutes deux, ou Boreales, ou Australes, la réduction » est additive.

» Quand la latitude est Boreale, » & la déclinaison Australe, ou la » déclinaison Boreale, & la lati» tude Australe, alors la réduc» tion est soustractive.

Ces deux préceptes sont de *Y-hang*.

*Y-hang* suppôse ici que 76'. font un degré; & on voit aisément ce qu'il faut faire, lorsque le temps de latitude n'est pas d'un jour, ou lorsqu'il est au-dessus de 13.

Il seroit à souhaiter que la méthode de *Y-hang* fut plus détaillée, & exprimée plus clairement dans le Chinois. Je n'ai eu garde de donner des intèrprétations; j'ai seulement tâché de bien traduire la lettre du texte. Des gens qui ont plus de loisir, d'habileté, & d'expérience que je n'en ai, feront le reste.

## VI.

### *Méthode de* Co-cheou-king *pour les Eclipses du Soleil & de Lune.*

*Co-cheou-hing* (1) examina les anciennes Eclipses du *Chou-hing*, *Chi-king*, *Tchun-tsieou*, & beaucoup de celles qui sont rapportées dans les Astronomies des *Tsin*, *Souy*, *Tang*, *Song*. Il en observa lui-même un grand nombre, & il mit en ordre sa méthode de calcul d'une manière assez claire. J'entreprens d'expliquer ici sa méthode, & comme celle de *Y-hang*, je la réduits en préceptes, que j'éclaircirai de quelques Notes.

*Pour les Eclipses du Soleil.*

#### PRÉMIER PRÉCEPTE.

Il faut être instruit éxactement des nombres qui désignent l'année solaire, les différends mois de la Lune, les ☌☌ & ☍☍, les arcs ; il faut savoir ce que c'est qu'un *Ki*, un *Heou*, le *Hiu*, *Yng*, *Jun*, *Yu*, & autres (2).

#### II. PRÉCEPTE.

Pour la forme du calcul : voici ce qu'il faut faire. Ayez un moment déterminé appellé *Yuen* (2). Sachez bien pour ce moment les lieux du Soleil & de la Lune,

## REMARQUES.

(1) Voyez l'Histoire de l'Astronomie Chinoise. *Co-cheou-king* fut Astronome de l'Empereur *Cobilay*. *Co-cheou-king* plaçoit le prémier Méridien à la ville appellée aujourd'hui *Péking*. *P. G.*

(2) En lisant cette Méthode il faut avoir devant les yeux la Table où est l'explication des térmes qu'elle suppôse connus. *P. G.* Voyez ci-dessus, p. 69. & suiv.

les caractères du Cycle de 60. années ; & soyez-bien au fait sur le nombre des années, des Lunes, des jours (1), *ke* (2), *fen* (3), *miao* qui sont entre le moment du *Yuen* & le moment pour lequel vous calculez. Le moment du *Yuen* est celui d'un Solstice d'Hyvèr, & vous devez aussi commencer par trouver le moment du Solstice d'Hyvèr qui commence l'année solaire pour laquelle vous calculez.

## III. PRE'CEPTE.

Le temps qui s'est passé entre les moments des deux Solstices s'appelle *Tchong-tsi*. A cet espâce ajoûtez le nombre qui exprime la place du jour du Cycle de 60. qui est immédiatement devant le jour du Cycle du *Yuen* ; le total de ce nombre est appellé *Tong-tsi*. Le nombre du *Tong-tsi* exprimé en jours doit être divisé par 60. on a un reste en jours. Ce reste s'appelle *grand reste*, *Ta-yu* (4) ; & le nombre de ce reste marque dans le Cycle la place du jour qui est immédiatement avant le Solstice d'Hyvèr qui commence l'année solaire pour laquelle vous calculez. Dans le *Tong-tsi* divisé par 60. il y a un reste en *ke*, *fen*, *miao*. Ce reste s'appelle *petit reste*, *Siao-yu* (5). La régle de compter & calculer les Cycles de 60. s'appelle *Sun-fa*, *Ki-fa*. *Fa* exprime la méthode, la régle. Le caractère *Ki* exprime en général les années, la Chronique ; & le caractère *Sun* exprime le nombre de dix en général.

## REMARQUES.

(1) C'est l'Epoque. Voyez la Table dont je viens de parler. *P. G.*

(2) *Ke*, le jour a 100. *ke*. *P. G.*

(3) *Fen*, le *ke* a 100. *fen*. *P. G.*

(4) *Miao*, le *fen* a 100. *miao*. *P. G.*

(4) *Ta* Grand, *Yu* Reste. *P. G.*

(5) *Siao* Petit, *Yu* Reste. *P. G.*

## IV. PRÉCEPTE.

Au nombre du *Tchon-tsi*, ajoûtez l'Epacte du *Yuen*, ou de l'Epoque. De ce nombre retranchez toutes les ☌ ☌ qui peuvent se retrancher, & vous avez un reste. Ce reste exprime l'Epacte qui convient au moment du Solstice qui commence l'année solaire pour laquelle vous calculez. Cette Epacte est appellée *Jun-yu*. On a déja vû que *Jun* exprime l'intèrcalation, & *Yu* reste. Si le *Jun-yu* est au-dessus de 18. jours, 65. *ke*, 52'. 9''. l'année lunaire qui suit sera de 13. Lunes; c'est-à-dire, qu'il y aura une Lune intèrcalaire *Jun-yue* (1). La connoissance des *Tchong-ki* (2) détèrminera quelle est la Lune qu'il faut intèrcaler. Du *Tong-tsi*, ôtez le *Jun-yu*, vous aurez un reste, ce reste divisé par 60. donnera un reste. Celui-ci apprendra quelle est dans le Cycle de 60. jours la place du jour du *King-cho*. *King-cho* exprime la ☌ moyenne. Ainsi on aura la nouvelle Lune moyenne qui précede le Solstice d'Hyvèr. A cette nouvelle Lune moyenne, ajoûtez les nombres de la ☌, vous aurez les nouvelles Lunes moyennes suivantes.

### *NOTES.*

1. De tout temps le moment du Solstice d'Hyvèr a commencé l'année solaire à la Chine, & ce moment est de temps immémorial l'Epoque des calculs des Astronomies Chinoises. Leur Epacte appellée *Jun-yu* a été sur tout éxaminée depuis le moment du Solstice d'Hyvèr jusqu'au moment de la ☌ moyenne qui précéde le Sol-d'Hyvèr. Du temps de la Dynastie des *Tcheou* cette ☌

### REMARQUES.

(1) *Jun* Intercalaire, *Yue* Lune. *P. G.*

(2) Voyez dans les Tables ce que j'ai dit des *Tchong-ki*. *P. G.*

étoit le commencement de l'année civile, aujourd'hui c'est la onziême Lune, & l'année civile commence plus d'une lunaison entière après le moment du Solstice.

2. Avant la venuë de Jésuites, on calculoit le moment du Solstice d'Hyvèr, la connoissance de l'Epacte donnoit le moment de la ☌ moyenne qui précede le Solstice, on savoit ainsi l'intèrvalle entre cette ☌ moyenne & le moment du Solstice, ou le *Tchong-ki* de la onziême Lune. Ensuite on comptoit tous les jours, *ke*, *fen*, *miao* des ☌ ☌ moyennes, on comptoit aussi tous les jours, *ke*, *fen*, *miao* des *Tsiéki*, non vrais, mais moyens; on intèrcaloit la Lune, ou mois lunaire, où il n'y avoit pas place pour le moment du *Tchong-ki* moyen. Ainsi quand on disoit, par exemple, *huitiême Lune intèrcalaire*, on vouloit dire, que dans la huitiême Lune intèrcalaire il n'y avoit pas le *Tchong-ki* moyen propre de la ☌ moyenne neuviême de l'année, & que le *Tchong-ki* propre de la huitiême Lune moyenne, ou l'Equinoxe moyen d'Automne avoit déja passé.

3. J'ai expliqué l'usage d'aujourd'hui pour l'intèrcalation. Les PP. Gèrbillon & de Fontenay, avoient résolu de travailler sur l'ancienne Astronomie Chinoise. Le P. de Fontenay commença par faire beaucoup d'obsèrvations célestes, & par se mettre au fait sur l'usage présent du Tribunal des Mathématiques. Les voyages qu'il fut ensuite obligé de faire l'empêchèrent d'exécuter son projet. Le P. Gèrbillon fit un Traité en Latin sur l'usage présent du Tribunal des Mathématiques. Son Traité fut envoyé en France : je ne sai à qui il fut adressé. J'en ai ici des fragments. Ce Père dit que l'Epacte Chinoise d'aujourd'hui est l'espâce entre la minuit qui précéde le Solstice d'Hyvèr, & entre la ☌ moyenne suivante. Ensuite il dit, qu'au Solstice d'Hyvèr de la fin de l'an 1685. l'Epacte fut de 4. jours, 2. $^{h}$. 52$'$. 33$''$. Si on calcule l'Epacte à l'ancienne méthode Chinoise; c'est-à-

dire, si on calcule l'intèrvalle entre le Solstice & la ♂ moyenne précédente, on trouvera que selon le quatriême précepte il dût y avoir une Lune intèrcalaire dans les Lunes suivantes jusqu'au Solstice de l'an suivant. Effectivement le Calendrier Chinois de l'an civil 1686. marque une Lune intèrcalaire, & ce fut la quatriême.

## V. PRE'CEPTE.

Prenez le nombre de l'Anomalie marqué pour l'Epoque. A ce nombre ajoûtez le *Tchong-tsi*. De ces deux nombres, soustrayez l'Epacte trouvée, & vous aurez un reste. De ce reste on doit ôter toutes les révolutions d'Anomalie qu'on peut ôter. Après ces soustractions, si le nombre restant n'est pas égal à la moitié d'une révolution d'Anomalie, on est dans le *Tsi-li*. Le caractère *Tsi* exprime la vîtesse; le caractère *Li* exprime ici en général la méthode qu'on garde, ou que l'on présrcrit dans les calculs Astronomiques. Si le nombre surpasse la moitié d'une révolution d'Anomalie, ôtez-en la moitié, & le nouveau reste est dans le *Tchi-li* Le caractère *Tchi* exprime le retardement. A ce reste, ajoûtez une par une les révolutions d'Anomalie, ou les moitiez de la révolution, & vous aurez châque nouvelle Lune moyenne le *Tchi*, ou le *Tsi-li* de l'Anomalie de la Lune.

## VI. PRE'CEPTE.

Du Solstice d'Hyvèr à l'Equinoxe du Printemps vrai, il y a 88. jours, 90. *ke*, 92'. on est dans le *Yng-tsou* (1). Du vrai Equinoxe du Printemps au Solstice vrai d'Eté, il y a 93. jours 71. *ke*, 20'. C'est le *Yng-mo*. Du vrai Solstice d'Eté au vrai Equinoxe d'Automne il y a 93. jours, 71. *ke*, 20'. C'est le *Sou-tsou*. Du vrai Equinoxe

## REMARQUE.

(1) Voyez la Table où est l'explication de ces tèrmes. *P. G.*

d'Automne

d'Automne au vrai Solſtice d'Hyvèr, il a 88. jours, 90. *ke*, 92'. Cet eſpâce eſt le *Sou-mo*. Ces 4. intèrvalles ſont les 4. *Hien*, ou les 4. tèrmes. Quoique ces 4. eſpâces de temps ſoient réellement inégaux, dans châcun de ces 4. eſpâces le Soleil parcourt le même nombre de degrez, ſavoir 91°. 31'. 42. ou 43''. (1). Il ſuit de là que dans le même intèrvalle de temps, le Soleil va réellement plus vîte dans une ſaiſon que dans l'autre, & c'eſt ce qui doit être le principe des Equations pour réduire au vrai le moyen mouvement du Soleil. Ce moyen mouvement eſt par jour d'un degré; la plus grande différence de $\frac{1}{4}$. d'année moyen, & d'un vrai $\frac{1}{4}$. d'année eſt de 2. jours, 40. *ke*, 14'. & la plus grande Equation du Soleil eſt par là de 2°. 40'. 14''. (2).

## VII. PRE'CEPTE.

Au *Tchong-tſi*, ajoûtez le mouvement de latitude marqué pour l'Epoque. De cette ſomme ôtez l'Epacte, ou *Jun-yu*, vous aurez un reſte. De ce reſte ôtez toutes les révolutions de latitude qu'on peut ôter; le nouveau reſte eſt appellé *Kiao-fan*, c'eſt une eſpéce de mouvement moyen en latitude. On l'exprime en joûrs, *ke*, *fen*, *miao*. Ajoûtez une à une les révolutions des ☌ ☌, & retranchez les révolutions en latitude, vous aurez à châque nouvelle Lune moyenne le *Kiao-fan*. Retranchez la révolution de latitude de la révolution de la ☌, la moitié du reſte eſt ce qu'on appelle le tèrme poſtérieur du *Kiao*. Otez ce tèrme de la révolution de latitude, le reſte eſt ce qu'on appelle tèrme antérieur du *Kiao*. La révolution de latitude eſt ce qu'on appelle

## REMARQUES.

(1) Ce ſont des degrés Chinois. *P. G.*

(2) A la Chinoiſe. *P. G.*

*Kiao-tckong*, c'eſt le tèrme moyen. Otez le tèrme poſtérieur du tèrme moyen, le reſte eſt le moyen antérieur tèrme. Au tèrme moyen ajoûtez le tèrme poſtérieur, on a le moyen antérieur tèrme. Après avoir trouvé le moment de la moyenne ☌, il faut chèrcher celui de la ☌ vraye. Pour cela, il faut ſavoir à ce moment le vrai lieu du ☉ & de la ☾, le mouvement propre du ☉ & de la ☾. Le mouvement propre du ☉ eſt conſtamment de 8′. 20″. dans un *Chi* (1); ou dans 8. *ke*, & 20′. Mais le mouvement propre de la Lune varie ſelon les différentes parties de l'Anomalie.

*NOTES.*

1. Il eſt cèrtain que du temps de *Co-cheou-king*, le jour étoit diviſé en 12. *Chi*, qui tous enſemble faiſoient 100. *ke*, & châque *ke* avoit 100. *fen*; ou minutes. *Co-cheou-king* parle de cette diviſion en pluſieurs endroits. Cependant, il met ici 8 *ke* & 20′. pour un *Chi*; ainſi 12. *Chi* auront 98. *ke* & 40′. On vèrra plus bas que dans un autre endroit, ſa méthode parle de 96. *ke* qui faiſoient un jour. Le P. Adam Schall reléve ce défaut, & il faut remarquer que ce n'eſt que dans le calcul des Eclipſes où on trouve cette variation.

2. Juſqu'à la venuë des Jéſuites, on ne trouve aucun veſtige du mouvement de l'Apogée du Soleil connu des Chinois. On le ſuppôſe fixe au Solſtice d'Eté.

## VIII. PRE'CEPTE.

Prenez le *Kiao-ſan* trouvé; multipliez-le par le moyen mouvement journalier de la Lune, la ſomme eſt ce qu'on appelle les degrés du *Tchong-kiao*; c'eſt-à-dire, les de-

## REMARQUES.

(1) *Chi*, Temps en général. Il veut dire auſſi heure Chinoiſe. *P. G.*

grés du mouvement moyen de latitude : Ajoûtez ou soustrayez l'Equation trouvée pour le ☉, vous aurez le *Tou-ting-kiao*; c'est-à-dire, le vrai mouvement de latitude. (1) Si ce mouvement est au-dessous de 7°. & au-dessus de 342°. le mouvement est au *Tching-kiao*. Si ce mouvement est au-dessus de 75°. & au-dessous de 202°. le mouvement est au *Tchong-kiao*.

## IX. PRE'CEPTE.

Le mouvement de la vrai conjonction est marqué en *ke*, *fen* & *miao*, après minuit qui commence le jour; ôtez ces *ke*, *fen* & *miao* du temps de la moitié du jour, ou de 50. *ke*, ou de 5000'. vous avez un reste. Ce reste a le nom des *parties avant midi*. Si le moment de la vraye ☌ est après midi; c'est-à-dire, si le temps qui exprime cette vraye ☌ est plus grand que 50. *ke*, ou 5000'. retranchez 50. *ke*. Le reste a le nom des *parties après midi*. Ces parties avant ou après midi doivent être retranchées de la moitié du jour, ou de 50. *ke*, & on a un reste. Multipliez ce reste par les parties avant ou après midi; divisés le produit par 96. (2). Le quotient donne en *fen* & *miao* l'Equation du temps. Cette Equation est soustractive avant midi, & additive après midi; étant ajoûtée ou retranchée au temps de la vraye ☌, on a le temps du milieu de l'Eclipse. Aux parties avant ou après midi, ajoûtez les parties de l'Equation du temps, on a les parties distantes du midi.

## X. PRE'CEPTE.

Prenez le nombre qui marque le nombre des jours du

## REMARQUES.

(1) Voyez les nombres & tèrmes suppôsés connus. *P. G.*

(2) Il s'agit de 96. *ke*. *P. G.*

Soleil dans le *Hien* (1); ajoûtez le nombre du jour de la vraye ☌. Dans le Cycle de 60. jours, ajoûtez encore le temps qui exprime le milieu de l'Eclipse; retranchez le grand & le petit reste de la ☌ moyenne, le reste est le nombre des jours & des *ke* du ☉ dans le *Yng* ou le *Sou* (2). Selon les régles on aura le mouvement du Soleil. Si le mouvement est au-dessus du quart de la révolution; retranchez de la moitié de l'année, on a le *Mo-hien*. Si ce mouvement est au-dessous, on l'appelle *Tsou-hien*.

On a vû que *Hien* veut dire tèrme. *Tsou* exprime le commencement, *Mo* exprime la fin, l'extrémité, &c.

## XI. PRE'CEPTE.

Soit que le Soleil soit dans le *Tsou*, soit qu'il soit dans le *Mo*; prenez le nombre des degrez. Multipliez ce nombre par lui-même, divisez le produit par 1870. ôtez le quotient de 4°. 46'. & vous avez le *Nan-pe-fan-tcha* (3); c'est-à-dire, moyenne Equation du Nord au Sud. Multipliez le *Fan-tcha* par les *parties distantes du midi*; divisez ce produit par les *parties de la moitié du jour*, le reste doit être retranché du *Fan-tcha*, & on a le *Nan-pe-ting* (4) *tcha*, ou l'Equation détèrminée du Nord au Sud. Le caractère *Ting* exprime une chôse stable, & détèrminée. Si le *Fan-tcha* est trop petit, tirez le *Fan-tcha* du plus grand nombre; alors l'Equation qui sans cela auroit dû être additive, sera soustractive, & si elle eut dû être soustractive, elle sera additive. Dans le *Yng-*

## REMARQUES.

(1) On a vû que l'année solaire a 4. *Hien* ou tèrmes. *P. G.*

(2) Ces 2. tèrmes sont dans le Catalogue des nombres suppôsés connus. *P. G.*

(3) *Nan* Sud, *Pe* Nord, *Tcha* Différence, *Fan* est un tèrme qui exprime ici, moyen, non corrigé, &c. *P. G.*

(4) Voyez la Table des nombres supposés connus. *P. G.*

*tsou* & le *Sou-mo*, l'Equation est soustractive dans le *Tching-kiao*, & additive dans le *Tchong-kiao*. Dans le *Sou-tsou* & le *Yng-mo*, c'est tout le contraire.

## XII. PRE'CEPTE.

Prenez les degrés du vrai mouvement du Soleil, soustrayez-les de la moitié de la révolution annuelle (1), le reste doit être multiplié par le tèrme *Tsou* ou *Mo*. Divisez le produit par 1870. le quotient est le *Tong-si-fan-tcha*; c'est-à-dire, Equation non corrigée de l'Est à l'Ouest (2). Multipliez le *Fan-tcha* par les *parties distantes du midi*. Divisez ce produit par la quatriême partie du jour, ou 2500. le quotient sera l'Equation véritable, si la quatriême partie du jour est au-dessous du *Fan-tcha*; mais si la quatriême partie du jour est au-dessus du *Fan-tcha*, le *Fan-tcha* est l'Equation véritable. Quand le ☉ est dans le *Yng* & avant midi, ou dans le *Sou* & après midi, l'Equation doit se retrancher du *Tching-kiao*, & s'ajoûter au *Tchong-kiao*. Si le ○ est dans le *Sou* & avant midi, & dans le *Yng* & après midi, l'Equation s'ajoûte au *Tching-kiao*, & se soustrait au *Tchong-kiao*.

Il n'est pas nécessaire de repéter ici l'explication des tèrmes suppôsez ici connus, il faut voir la Table que j'ai faite pour cela, ci-dessus Table VIII. pag. 69. & suiv.

## XIII. PRE'CEPTE.

Prenez 357°. 64'. pour le *Tching-kiao*, & 188°. 5'. pour le *Tchong-kiao*; ajoûtez ou retranchez les Equations du Nord au Sud, & de l'Est à Ouest, on a alors

## REMARQUES.

(1) Degrés que le Soleil parcourt dans un an solaire par son mouvement propre. *P. G.*

(2) *Tong* Oriens, *Sy* Occidens. *P. G.*

le tèrme. Si le véritable mouvement en latitude eſt au-deſſous du *Tching-kiao*, faites la ſouſtraction, le reſte ſont les parties antérieures du *Kiao* du *Yn-li* (1). Si le véritable tèrme eſt au-deſſus du *Tching-kiao*, la ſouſtraction donnera les parties poſtérieures du *Kiao* de *Yang-li* (2). Si le véritable tèrme eſt au-deſſous du *Tchong-kiao*, la ſouſtraction donne les parties antérieures du *Kiao* de *Yang-li*, ou la latitude Auſtrale. Si le véritable tèrme eſt au-deſſus du *Tchong-kiao*, la ſouſtraction donnera les parties poſtérieurs du *Kiao* du *Yn-li*, ou la latitude Boréale.

## XIV. PRÉCEPTE.

Pôſez pour le *Yn-li* 8°. & 6°. pour le *Yang-li*. Otez la latitude Auſtrale, ou Boréale, le reſte doit être diviſé par 80. dans le *Yn-li*, & par 60. dans le *Yang-li*, le quotient donnera les parties du ☉ éclipſées, 10. de ces parties font l'Eclipſe totale, & il y en a 20. depuis le commencement de l'Eclipſe juſqu'à la fin.

## XV. PRÉCEPTE.

De 20. parties, ôtez les parties éclipſées, le reſte doit être multiplié par les parties éclipſées. Tirez la racine quârrée du produit; multipliez cette racine quârrée par 57. *ke*, 70'. Diviſez le mouvement de la Lune au ☉ (3), & on a la moitié du temps de la durée de l'Eclipſe. Otez ou ajoûtez cette demi-durée au temps du milieu de l'Eclipſe, vous avez le commencement & la fin de l'Eclipſe.

## REMARQUES.

(1) *Yn-Li*, il s'agit de la latitude Boreale. *P. G.*

(2) *Yang-Li*, il s'agit de la latitude Auſtrale. *P. G.*

(3) Ce mouvement eſt pour une heure Chinoiſe. Voyez la Table de ce mouvement. *P. G.*

## XVI. PRE'CEPTE.

Si la latitude eſt Auſtrale, commencement de l'Eclipſe au Sud-Oueſt, milieu au Sud, fin au Sud-Eſt. Si la latitude eſt Boréale, commencement Nord-Oueſt, milieu Nord, fin Nord-Eſt. Si l'Eclipſe eſt au-deſſus de 8. parties, commencement Oueſt, fin Eſt. Si on ſait bien le moment du lever & du coucher du Soleil, on vèrra aiſément ſi l'Eclipſe ſera horizontale, ou non. On ſait le lieu du Soleil, au milieu de l'Eclipſe par rapport au Solſtice d'Hyvèr, on ſaura donc ce lieu par rapport aux Conſtellations.

## V I I.

### *Méthode de* Co-cheou-king *pour les Eclipſes de Lune.*

## PRE'MIER PRE'CEPTE.

Pour trouver le Solſtice d'Hyvèr, l'Epacte, la ☌ moyenne qui précéde le Solſtice, &c. faites les mêmes opérations qu'on a preſcrites dans la méthode des Eclipſes du ☉; enſuite ajoûtant une à une les révolutions de la ☌, vous aurez le *King-cho*, ou la ☌ moyenne dont vous avez beſoin.

## II. PRE'CEPTE.

Au *Kiao-fan*, du *King-cho*, ou de la ☌ moyenne, ajoûtez le nombre du *Ouang* ☍, & on a ainſi le *Kiao-fan* de la pleine Lune. Au *King-cho* ajoûtez le nombre du *Ouang*; c'eſt-à-dire la ☍ moyenne.

## III. PRE'CEPTE.

Au *Yng*, *Sou*, *Tchi*, *Tſi*, du *King-tho*, ajoûtez le nombre de la ☍, & examinez le nombre des jours qui eſt dans cette ſomme. Dans le *Yng-ſou*, ſi le nombre des jours remplit les deux *Hien*, ou la moitié de l'année; ôtez cette moitié d'année. Si dans le *Tchi*, *Tsi*, le nombre des jours remplit la révolution d'Anomalie; soustrayez cette révolution; vous aurez par-là le nombre des jours, ou *ke* dans le *Yng-sou*, *Tchi*, *Tsi*, & par-là vous saurez le vrai lieu du ☉ & de la ☾, & sachant l'Equation à ajoûter ou retrancher au temps de la ☍ moyenne, vous saurez le temps du *Ting-ouang*, ou de la ☍ véritable. On fera les mêmes opérations préscrites dans les Eclipses de ☉ pour le mouvement propre de la Lune dans une heure Chinoise. Tirez de ce mouvement le mouvement propre du Soleil dans une heure Chinoise, & vous aurez le mouvement propre de la Lune au Soleil, pour ce qui regarde le moyen mouvement, & le vrai mouvement de latitude réduit en degrés, servez-vous de la méthode préscrite dans les Eclipses du Soleil, & examinez bien le nombre des degrez du mouvement de latitude.

## IV. PRÉCEPTE.

Examinez-bien le moment du lever & du coucher du Soleil; comparez ce temps avec celui de la vraye ☍, si les heures, *ke*, *fen*, &c. sont au-dessous de 25. *ke*, c'est avant l'heure *Mao* (1); si ces parties du temps sont au-dessus de 25. *ke*, ou le quart d'un jour; ôtez 50. *ke*, ou la moitié du jour; si ce reste est au-dessous de 15. *ke*, c'est avant l'heure *Yeou* (2). Si ce reste est au-dessus de 75. *ke*; ôtez-le de 100 *ke*, & vous aurez le temps après l'heure *Yeou*. Les parties avant ou après *Mao*, ou *Yeou* retranchées de 100. *ke*, donnent un reste; ce reste divisé par 100. *ke*; c'est-à-dire ici par 100'. de degré, & qui font un degré, donnera l'Equation pour le temps. Cette

## REMARQUES.

(1) *Mao*, heure de 5. à 7. heures du matin. *P. G.*

(2) *Yeou*, heure de 5. à 7. heures du soir. *P. G.*

Equation

Equation ajoûtée au temps de la vraye ☍, donne le temps du milieu de l'Eclipſe.

## V. PRE'CEPTE.

Si le vrai mouvement de latitude eſt au-deſſous de la moitié de la révolution de latitude, la Lune eſt au Sud de l'Ecliptique. Si ce vrai mouvement de latitude eſt au-deſſus de la moitié de la révolution de latitude, la Lune eſt au Nord de l'Ecliptique, & ſi vous ôtez le *Tching-kiao*, le reſte ſera le nombre des degrez de mouvement de latitude vêrs le Sud dont on a ici beſoin. Si les degrés de mouvement de latitude ou vêrs le Nord, ou vêrs le Sud, ſont au-deſſous de 15°. 50'. on les appelle degrés poſtérieurs du *Kiao*. S'ils ſont au-deſſus de 166°. 39'. 57". on les appelle degrés antérieurs du *Kiao*.

## *NOTES.*

L'Equation de temps pour le milieu de l'Eclipſe de Lune eſt marquée additive, & on n'ajoûte pas ſi elle peut être ſouſtractive. J'ai vû dans un Exemplaire de l'Aſtronomie de *Co-cheou-king* que cette Equation doit être ſouſtractive entre le coucher du ☉ & minuit, & additive entre minuit & le lever du ☉. La plûpart des Aſtronomes Chinois avant la venuë des Jéſuites rejettent ces ſortes d'Equations pour le temps dans les Eclipſes de ☾, & ne diſtinguent pas le milieu de l'Eclipſe de Lune, d'avec le moment de la ☍ vraye.

## VI. PRE'CEPTE.

Pôſez 13°. 6'. têrmes des Eclipſes de ☾, ôtez les degrez antérieurs ou poſtérieurs du *Kiao*, le reſte diviſé par 87. donnera les parties de l'Eclipſe. Si les degrés antérieurs, ou poſtérieurs du *Kiao* ne peuvent ſe retrancher, alors on doit conclure qu'il n'y a point d'Eclipſe.

## VII. PRÉCEPTE.

Depuis le commencement de l'Eclipse totale de ☾ jusqu'à la fin, on peut concevoir 30. parties ou minutes. De ces 30. parties, retranchez les parties éclipsées, vous aurez un reste : multipliez ce reste par les parties éclipsées ; tirez la racine quârrée du produit ; multipliez ce produit par 49. *ke*, 20′. divisez par le mouvement horaire de la ☾ au ☉, vous aurez le temps de la demi-durée de l'Eclipse. Ce temps ajoûté ou ôté à celui du milieu donnera le temps du commencement, & celui de la fin.

## VIII. PRÉCEPTE.

La moitié des 30. parties est ce qu'on appelle les parties de l'Eclipse *Ki* (1). Si les parties éclipsées sont au-dessus de 10 ; ôtez 10. le reste sont des parties du *Ki*. Otez ces parties du nombre 15. le reste doit être multiplié par les parties du *Ki*, & on doit tirer la racine quârrée de ce produit. Multipliez cette racine quarrée par 49. *ke* 20′. Divisez ce produit par le mouvement horaire de la ☾ au ☉, & vous aurez les parties intérieures du *Ki*. Otez ces parties de la demi-durée de l'Eclipse, vous aurez les parties extérieures du *Ki*. Du temps du milieu de l'Eclipse, ôtez les parties intérieures du *Ki*, vous avez les parties de l'Eclipse *Ki*. Ajoûtez les parties intérieures, & vous aurez les parties du recouvrement de lumières.

## *NOTES.*

On voit qu'il y a des Eclipses totales *cum morâ*. Je traduis le mieux que je puis. Le huitiême précepte est

## REMARQUE.

(1) On voit aisément qu'on suppôse que l'Eclipse de Lune peut être de cinq doigts plus grande que celle du Soleil. *P. G.*

exprimé d'une manière embarrassante dans le Chinois.

## IX. PRE'CEPTE.

Lorsqu'au milieu de l'Eclipse la Lune est au Sud de l'Ecliptique, le commencement de l'Eclipse est au Nord-Est, milieu au Nord, fin au Nord-Ouest. Lorsque la Lune est au Nord de l'Ecliptique, commencement au Sud-Est, milieu au Sud, fin au Sud-Ouest. Quand l'Eclipse est au-dessus de 8. parties, commencement à l'Est, fin à l'Ouest. Au moment de la vraye ☍ la Lune & le Soleil sont diamétralement opposés; donc si on sait le lieu du ☉, on saura aisément le lieu de la ☾.

### *REMARQUES.*

I. Quelques années avant la venuë des Jésuites, on fit deux Ecrits où l'on expliquoit nettement la méthode de *Co-cheou-king*; un de ces deux Ecrits fut offert à l'Empereur *Van-li.* Ces deux Ecrits m'ont servi à comprendre clairement le sens de quelques préceptes énoncés par *Co-cheou-king.*

II. *Co-cheou-king* n'admettoit point des Eclipses de ☉ totales *cum morâ*, il divisoit les diamétres du ☉ & de la ☾ en 10. parties, ou 10. doigts. Avant la venuë des Jésuites, on ne voit pas que les Chinois ayent été bien au fait sur les diamétres apparents du ☉ & de la ☾.

III. Beaucoup d'Astronomes Chinois ont crû qu'à la rigueur il n'y avoit jamais d'Eclipse totale du ☉. Ce systême ne venoit pas d'un éxamen qu'on eut fait des diamétres, des parallaxes, des latitudes, &c. Ce systême avoit sa source dans un faux principe d'Astrologie; sçavoir, que les Empereurs avoient toûjours à craindre les Eclipses du ☉. En suivant ce principe, plusieurs Astronomes du Tribunal asseuroient que sous la Dynastie régnante on ne pouvoit pas voir une Eclipse du ☉ totale; ils vouloient faire entendre que le Ciel en faveur de la Dynaſtie avoit établi cette régle, & que la Dynaſtie ne ſeroit jamais détruite. Ceux qui tenoient ce langage, ne manquoient pas de remarquer que pluſieurs Eclipſes du ☉ totales avoient été ſuivies de la ruine des Dynaſties.

IV. Je ne trouve pas marquée la raiſon de pluſieurs diviſions, additions & multiplications préſcrites.

V. Le Prince de la famille Impériale qui offrit à l'Empereur *Van-li* de la Dynaſtie des *Ming* un cours qu'il avoit fait d'Aſtronomie (1), ſoûtient que les Equations du Nord au Sud, de l'Eſt à l'Oueſt, & du temps pour le milieu du Soleil, ont leur ſource dans les différentes ſituations du ☉ avant & après les Solſtices, avant & après les Equinoxes, devant & après midi, & dans les différentes hauteurs du ☉ à ſon lever, au Méridien & à ſon coucher. Ce Prince Aſtronome ajoûte que ces Equations ne regardent pas les Eclipſes de ☾, qu'elles ſont propres aux Eclipſes du ☉.

VI. Je n'ai pas vû l'uſage des obsèrvations des Eclipſes pour établir la différence des Méridiens. J'ai avèrti ailleurs que depuis le temps de *Tchaug-tſe-ſin*, les méthodes Chinoiſes pour les Eclipſes, ſuppôſoient connu un Catalogue des différences des Méridiens, & des différences des tèrmes Ecliptiques ſelon la différence des hauteurs du Pôle. J'ai enfin trouvé un de ces Catalogues; je l'ai traduit, & on le vèrra plus bas.

VII. Depuis le temps de *Co-cheou-king* juſqu'à l'arrivée des Jéſuites, les Chinois ne purent dans le fonds faire rien de mieux que de consèrver l'eſſentiel de la

REMARQUE.

(1) Voyez l'Hiſtoire de l'Aſtronomie Chinoiſe. L'Empereur *Van-li* fit imprimer cette Aſtronomie en très-beaux caractères. J'ai déja dit qu'elle eſt ici dans notre Bibliothéque depuis quelque temps. *P. G.*

méthode de cet Astronome, encore eurent-ils bien de la peine à en venir à bout.

Quelque soin que j'aye pris pour rendre intelligible la méthode de *Co-cheou-king* pour les Eclipses, j'ai crû qu'il falloit encore l'appliquer à un exemple de calcul.

J'ai pris un calcul fait par un Chinois avant la venuë des Jésuites. Ce Chinois est *Hing-yun-lou* dont j'ai souvent parlé.

### *Calcul d'une Eclipse du Soleil selon la Méthode de l'Astronome* Co-cheou-king.

Année *Ping-chin* (1), vingt-quatriême année de l'Empire de *Van-li*. Au prémier jour de la huitiême Lune intèrcalaire, il y eut Eclipse du Soleil. Il s'agit de calculer cette Eclipse pour la ville de *Péking*.

I. L'Epoque est le moment du Solstice d'Hyvèr de la fin de l'an 1280. Ce Solstice commença l'an Astronomique & solaire 1281. après Jésus-Christ (2). Le commencement de l'an solaire *Ping-chin* du régne de *Van-li* fut le moment du Solstice d'Hyvèr de la fin de l'an 1595. & ce moment fut le commencement de l'an solaire 1596.

II. Entre le Solstice de l'Epoque & celui qui commença l'an 1596. l'intèrvalle est de 315. ans solaires. Or 315. ans solaires donnent 11. *y* (3), 1051. *van*, 3875. *fen*; c'est le *Tchong-tsi*. Au *Tchong-tsi*, ajoûtez l'Epoque du

## REMARQUES.

(1) *Ping-chin*, ce sont les deux caractères de la trente-troisiême année du Cycle de 60. ans. *P. G.*

(2) Dans le Cycle *Sin-se*. *P. G.*

(3) Un jour a 100. *ke*, chaque *ke* a 100′. Ainsi un jour a 10000′. ou un *van* de minutes. Car un *van* vaut 10000. 10000. *van* font un *y*. *P. G.*

En lisant cet exemple de calcul, il faut avoir devant les yeux la Méthode & le Catalogue des tèrmes & nombres qu'elle suppôse connus. *P. G.*

*Ki*, ſçavoir 55. *van*, 600. *fen*, & vous avez le *Tong-tſi*, 11. *y*, 5106. *van*, 4475. ou minutes.

III. Diviſez le *Tong-tſi* par le nombre 60. (1) Du quotient; ôtez autant de fois 60. que vous pourrez, vous avez pour reſte 26. *van*, 4475'. c'eſt-à-dire 26. jours, & 4475. parties d'un jour. Ce reſte m'avèrtit que le jour du Solſtice qui commença l'an ſolaire *Ping-chin* fût le vingt-ſeptième jour du Cycle de 60. jours, & qu'après minuit de ce jour-là, il s'étoit paſſé 4475. parties, ou *fen*. De là il faut conclure, que le Solſtice fut au jour *Keng-yn* a l'heure appellée *Ki-tching* (2) 3. *ke*.

IV. Au *Tchong-tſi*, ajoûtez l'Epoque de l'Epacte de 20. *van*, 2050'. De cette ſomme ôtez tous les nombres de la ♂. Le reſte eſt 20. jours, 40. *ke*, 21'. 72''. C'eſt l'Epacte du Solſtice qui commença l'an ſolaire 1596. Le Solſtice fut donc après la ♂ moyenne 20. jours, 40. *ke*, 21'. 72''. Cette Epacte eſt au-deſſus de 18. jours, 65. *ke*, 52'. 9''. Cette année ſolaire dût donc avoir une Lune intèrcalaire.

V. Du moment du Solſtice trouvé, ôtez l'Epacte, le reſte eſt *King-cho*, ou le moment de la ♂ moyenne. Ici c'eſt le ſeptième jour d'un Cycle, 4. *ke*, 53' 28''. après minuit. Ainſi le *King-cho* fut au jour *Keng-ou*, 4. *ke*, 53'. 28''. après minuit. Du nombre de la moitié de l'année ſolaire ôtez l'Epacte, reſte 162. jours, 2190'. 78''. donc le *King-cho* eſt dans le *Sou-mo*.

VI. Au *Tchong-tſi*, ajoûtez l'Epoque de l'Anomalie, 13. jours, 2. *ke*, 5'. De cette ſomme, retranchez l'Epacte, reſte 11. *y*, 5044. *van*, 54'. 28''. Otez de ce reſte

## REMARQUES.

(1) Il ne faut pas diviſer le nombre des *fen* au-deſſous de 10000'. *P. G.*

(2) *Ki*, heure de 9. à 11. heures du matin. *Ki-tching*, 10 heures du matin. *P. G.*

toutes les révolutions d'Anomalie, il reste 3. jours 55. *ke*, 8'. 28". On est donc dans le *Tsi* de l'Anomalie, & on en a 3. jours 55. *ke*, 8'. 28". c'est-à-dire entre le Périgée & l'Apogée.

VII. Au *Tchong-tsi*, ajoûtez l'Epoque du mouvement de latitude; de cette somme ôtez l'Epacte, le reste doit être divisé par le nombre de la révolution de latitude, & ôtant tous les nombres de la révolution de latitude, il reste 3. jours, 74. *ke*, 10'. 56". C'est le *Kia-fan*, ou le mouvement moyen de latitude au moment de la ☌ moyenne qui précéde le Solstice.

VIII. La onziême Lune de la vingt-troisiême année de *Van-li* fut la Lune qui précéde le Solstice du prémier de cette Lune; au prémier de la huitiême Lune intèrcalaire de la vingt-quatriême année il y a 10. lunaisons. Ainsi au moment du *King-cho* qui précéda le Solstice; ajoûtez le nombre de 10. lunaisons, & vous aurez pour le moment du *King-cho* de la huitiême Lune intèrcalaire, le jour du Cycle *Y-tcheou* (1) 35. *ke*, 12'. 58". après minuit. C'est le nouveau *King-cho* qu'il faut bien éxaminer.

IX. Du nombre de 10. lunaisons ôtez l'Epacte, reste 274. jours, 37'. 58". Otez ce reste du nombre de la moitié de l'année solaire, reste 92. jours, 28. *ke*, 25'. 8". On est donc dans le *Sou-tsou*; c'est-à-dire, entre le Solstice d'Eté & l'Equinoxe d'Automne.

X. Du nombre 92. ôtez 1. reste 91. Divisez 91. en 2. on a 45. $\frac{1}{2}$. Multipliez par 92. on a 4186. Multipliez par 162. on a 67. *van* (2) 8132'. Outre cela, pôsez 4. *van* 4362'. Multipliez par 92. on a 408'. 13". 4'''. Pôsez outre cela ensemble les 67'. 8132". vous aurez 475' 94". 36'''.

## REMARQUES.

(1) *Y-tcheou*, c'est le second jour du Cycle de 60. jours. *P. G.*

(2) Un *van* est 10000'. *P. G.*

Pôsez les 484. *van* (1) 8473'. marqués au prémier jour du *Sou-tsou* (2), ôtez 475'. 94''. 36'''. le reste 8'. 90''. 37'''. est ce qu'il faut ajoûter.

XI. Pôsez 27, multipliés par 92. on a 2484'. Ajoûtez 2. *van* 2100'. on a 24584'. Multipliez par 92. on a 226'. 17''. 28'''. Pôsez 487. *van*, 600'. Faites la soustraction, reste 260. *van*, 88'. 72''. Multipliez par 92. on a 2. *van*, 4001'. 62''. 24'''. c'est pour les degrés du *Tsi* (3) du *Sou*.

XII. Pôsez 92. jours, 28. *ke*, 25'. 8''. Retranchez 92. jours, reste 2825'. 8''. Multipliez par les parties trouvées additives 8'. 90''. 37'''. on a 2. *van*, 5153'. 66''. c'est-à-dire 2°. 51'. 53''. 66'''. Ajoûtez cela à ce qu'on a trouvé pour le *Tsi*, on a 2°. 4004'. 13''. (4) c'est l'Equation du *Sou* 2°. 40'. 4''. 13'''.

XIII. Pôsez la différence de l'Anomalie entière avec le nombre de la ♂, cette différence est un jour, 97. *ke*, 59'. 93''. Multipliez par le nombre de 10. ♂, on a 19. jours, 75. *ke*, 93'. Ajoûtez les jours trouvés du *Tsi* (5), on a en tout 23. jours, 31. *ke*, 7'. 58''. Otez la moitié de la révolution d'Anomalie, reste 9. jours, 53. *ke*, 34'. 58''. pour le temps de l'Anomalie dans le *Tchi*.

XIV. Pôsez le temps du *Tchi*, 9. jours 53. *ke*, 34'. 58''. Multipliez par le tèrme extréme 12. *hien* 20. on a 116. *hien*; c'est au-dessus de 83. C'est donc dans le *Tchi-mo*, qu'est le mouvement d'Anomalie.

XV. Pôsez le tèrme de 116. multipliés par 820'. 8''.

## REMARQUES.

(1) Les *van* qui résultent dans les multiplications sont des minutes. *P. G.*

(2) On fait allusion à une Table qu'il n'est pas nécessaire d'expliquer ici. *P. G.*

(3) *Tsi*, Coacervare & acervus, collectio. *P. G.*

(4) Le degré est suppôsé ici divisé en 10000'. ou parties; il est divisé en 100'. une minute a 100''. *P. G.*

(5) N. 6°. *P. G.*

on

on a 9. jours, 51. *ke*, 29'. c'eſt le *Ge-choay*, ou régle pour le jour.

XVI. Pôſez le tèrme 167. ôtez 116. reſte 51. ôtez 1. reſte 50. diviſés en deux, on a 25. Multipliez par 51. on a 1275. Multipliez par 19. *Ouey* (1) on a 2'. 42''. 25'''. (on marque 2'. 48625.) Pôſez encore 5''. 81'''. 50''''. Multipliez par 51. on a 2'. 96565. Ajoûtez ce qu'on a trouvé 2'. 48625. on a 5'. 4519''. Voilà des parties à retrancher. Pôſez 11'. 8''. 15'''. 75''''. Otez les parties à retrancher, reſte 5'. 62''. 96'''. 75''''. pour parties véritables à retrancher.

XVII. Pôſez 1°. 20'. 71''. Otez les parties véritables à retrancher, reſte 1°. 1526'. pour le mouvement propre horaire de la Lune.

XVIII. Pôſez 3''. 25'''. outre cela pôſez 168. tèrmes; retranchez 116. tèrmes ci-deſſus trouvés, le reſte doit être multiplié par 3''. 25'''. vous avez 1'. 69''. Ajoûtez 2'. 81''. en tout on a 4'. 50''. Multipliez par 52. tèrmes, on a 234'. C'eſt le véritable *Tſi*. Pôſez la différence détèrminée 1111'. retranchez le véritable *Tſi*, reſte 877'. Multipliez par 52. on a 4°. 56'. 4''. Ce ſont les degrés du *Tchi-tſi*.

XIX. Pôſez le temps de l'Anomalie dans le *Tchi* (2), ôtez les régles du jour, 9. jours 5129. reſte 205' 58''. Multipliez par les parties véritables à retrancher, on a 1157'. 3485865. Diviſez par 820'. reſte 1'. 4114007. ôtez de 4°. 56'. 4''. reſte 4°. 54'. 62''. 85'''. Voilà la différence ou Equation pu *Tchi* (3).

XX. Pôſez 4°. 54'. 62''. 85'''. ôtez l'Equation du *Sou*

## REMARQUES.

(1) Ce ſont des troiſièmes. *P. G.*

(2) N. XIII°. *P. G.*

(3) Equation de la Lune dans la partie de ſon Anomalie. *P. G.*

(1) 2°. 4004'. 13''. le reste 2°. 14'. 58''. 72'''. doit être multiplié par 820'. (2) on a 1759'. 61504. Divisez par 1°. 1526'. on a 1526'. 64''. C'est ce qu'il faut ajoûter.

XXI. Pôsez le nombre du jour du Cycle pour la ☌ moyenne (3) 1. jour, 35. *ke*, 12'. 58''. Ajoûtez la différence à ajoûter 1526'. 64''. on a un jour, 50. *ke*, 39'. 22''. Voilà le *Ting-cho*, ou le moment de la vraye ☌.

XXII. Pôsez le *Ting-cho*, changez les *ke*, minutes, &c. en heures, & vous avez le moment de la vraye ☌ à l'heure de *Ou-tching* (4) dans le prémier *ke*. Le moment ainsi exprimé en heures Chinoises est appellé *Ho-cho*.

XXIII. Pôsez la différence de la révolution en latitude, avec le nombre de la ☌, c'est 2. jours, 31. *ke*, 83'. 69''. Multipliez par le nombre de 100'. on a 23. jours, 18. *ke*, 36'. 9''. Ajoûtez le *Kiao-fan* de la ☌ moyenne avant le Solstice (5), on a 26. jours, 92. *ke*, 47'. 46''. C'est le mouvement de latitude exprimé en jours.

XXIV. Prenez le temps dans le *Tchi*, 9. jours, 53. *ke*, 34'. 58''. ajoûtez l'Equation à ajoûter 1526'. 64''. en tout on a 9. jours, 68. *ke*, 61'. 22''. vous avez ainsi la véritable pôsition de l'Anomalie dans le *Tchi*. Si on multiplie la véritable pôsition de l'Anomalie par le tèrme extréme 12. *hien* 20. on a 118. *hien* (6), & on a ainsi le véritable tèrme du *Tchi*.

## *NOTE.*

Au num. 20°. on ordonne une multiplication par 820'.

## REMARQUES.

(1) Ici c'est l'Equation du Soleil. *P. G.*

(2) Dans ce N. xx°. on ordonne de changer en temps la différence des mouvements du Soleil & de la Lune. *P. G.*

(3) N. VIII°. *P. G.*

(4) *Ou-tching*, Midi juste ; c'est-à-dire, dans le prémier *ke* après midi. *P. G.*

(5) N. VII°.

(6) On néglige le reste. *P. G.*

dans les calculs c'est le temps d'une heure Chinoise, & cependant les 12. heures doivent avoir 10000'. Je ne sai pourquoi on a négligé le surplus de 820'.

XXV. Pôsez le tèrme 167. ôtez 118. le reste est 49. ôtez 1. on a 48. divisés en deux, on a 24. Multipliez par 49. on a 1176. tèrmes. Multipliez par 19'''. ½. on a 2'. 2931. Pôsez 5'. 81''. ½. multipliez par 49. on a 2'. 84933. Ajoûtez les 2'. 2931''. on a en tout 5'. 14245. Prenez le degré (1) du *Tchi-tsou* 1°. 20'. 11''. ôtez 5'. 14247. le reste est 1°. 15'. 57''. Voilà le mouvement propre de la Lune dans le temps trouvé de l'Anomalie. Otez le mouvement propre du Soleil 8'. 20''. reste 1°. 7'. 37''. pour le mouvement propre de la ☾ au ☉.

*NOTES.*

1. Il s'agit ici d'un mouvement propre dans un *Chi*, ou heure Chinoise, & comme on dit dans le calcul 820'. ou 8. *ke*, 20'. il paroît qu'on a omis au N. XVII°. le précepte pour le mouvement propre de la ☾ au ☉. Et de là vient sans doute, que dans le N. XX°. on a ordonné la division par le mouvement propre de la ☾; au lieu de l'ordonner par le mouvement propre de la ☾ au ☉.

2. Remarquez que l'Equation du ☉ 2°. 4004'. 13''. est soustractive (2). L'Equation de la ☾ 4°. 54'. 62''. 85'''. est aussi soustractive. Otez un nombre de l'autre, on a 2°. 14'. 58''. 72'''. La Lune a encore à avoir ce mouvement pour attrapper le ☉. Ce mouvement est ainsi convèrti en temps. Si 1°. 1526'. font 820'. ou 1. heure, combien de temps feront 2°. 14'. 58''. 72'''. Le quatriême tèr-

REMARQUES.

(1) N. XVII°. Mouvement propre de la Lune dans le commencement du temps de l'Anomalie dans le *Tchi*. *P. G.*

(2) Pour l'intelligence du N. XX°. *P. G.*

me donnera le temps à ajoûter. Celui qui a ainsi exprimé ce précepte s'est trompé ; car il ne s'agit que du mouvement propre de la Lune, & non de celui de la Lune au Soleil. La faute pourroit venir aussi de l'anticipation de quelque précepte ; car dans les préceptes généraux des Eclipses on suppôse qu'on sait le moment propre de la vraye ☌, après s'être asseûré du mouvement propre de la ☾ au ☉.

XXVI. Chèrchez la Table du lever & du coucher du ☉, & on doit trouver 2489'. 13''. après minuit pour le moment du lever du ☉ au jour de l'Eclipse.

*NOTE.*

Le calcul qu'on prêscrit pour trouver le moment du lever du ☉ est trop embarrassant pour être rapporté ici.

XXVII. Si de 10000'. vous ôtez le temps du lever du ☉, le reste détèrmine le moment du coucher du ☉. Et si de la moitié du jour, ou 5000'. on ôte le temps du lever du ☉, le reste détermine le temps où le ☉ est sur l'Horizon avant & après midi.

XVIII. Prenez le degré de l'Equateur (1) & de l'Ecliptique (2) où étoit le ☉ au Solstice de l'Epoque. Ajoûtez le mouvement propre des Fixes depuis le moment de l'Epoque, & on trouve le Solstice d'Hyvèr au 5°. 27'. 50''. de la Constellation *Ki* selon l'Equateur, & dans le 4°. 85'. 76''. selon l'Ecliptique.

XXIX. Prenez le *Kiao-fan*, ou mouvement moyen en latitude, en jours, *ke*, &c. 26. jours, 72. *ke*, 47'. 46''. multipliez par le moyen mouvement de la Lune diurne,

## REMARQUES.

(1) Constellation *Ki* 10°. *P. G.*

(2) Constellation *Ki* 9°. *P. G.*

on a $359^{\circ}.95'.1''.98'''$. C'est le mouvement moyen de latitude en degrés.

XXX. Prenez le *Kiao-fan* réduit en degré, ôtez-en l'Equation du ☉, reste $357^{\circ}.54'.97''.85'''$. C'est le vrai mouvement, & puisqu'il est au-dessus de 342°. il est dans le *Tching-kiao*; c'est-à-dire, que la Lune est au Nord de l'Ecliptique, & sa latitude est Boréale.

XXXI. Prenez le temps après minuit de la vraye ☌ $5039'.22''$. de ce temps ôtez $5000'$. le reste $39'.22''$. sont les *parties après midi*.

XXXII. Pôsez $5000'$. ou la moitié du jour, retranchez les parties après midi, le reste est $4960'.78''$. Multipliez par les parties après midi, on a 19. *van* 45617916. Divisez par 9600. (1) vous avez $20'.2668$. C'est l'Equation pour le temps.

XXXIII. Prenez le temps après minuit de la vraye ☌, ajoûtez l'Equation pour le temps, vous avez le temps du milieu de l'Eclipse $5059'.48''.68'''$. après minuit.

XXXIV. Prenez les parties après midi, ajoûtez l'Equation du temps, & vous avez en temps la distance du midi. C'est $59'.48''.68'''$.

XXXV. Prenez le *Sou-tsou* (2) 92. jours, 282508. ajoûtez le jour, & le temps du milieu de l'Eclipse après minuit, en tout on a 93. jours, 78. *ke*, $84'.56'.68'''$. Retranchez le jour & le temps de la ☌ moyenne après minuit, le reste est 92. jours, 43. *ke*, $71'.98''.68'''$. Voilà le temps du Soleil dans le *Sou-tsou*, milieu de l'Eclipse.

XXXVI. Prenez le tèrme 92. ôtez 1. reste 91. divisés en deux, on a $45.\frac{1}{2}$. Multipliez par 92. on a 4186.

## REMARQUES.

(1) 9600. est $9600'$. ou 96. *ke*. On parle de cette division du jour, & on néglige les quatre *ke* de plus. *P. G.*

(2) N. 120. *P. G.*

jours. Multipliez par 162'. on a 67'. 8132. Pôsez encore 4. *van*, 4362'. Multipliez par 92. on a 408'. 1304. Ajoûtez les 67'. 8132". on a en tout 475'. 9336. C'est l'addition des collections. Prenez 484. *van*, 8473. ôtez l'addition des collections, le reste est 8'. 9037. Voilà des parties pour le *Sou-tsou.*

XXXVII. Pôsez l'érection de l'Equation (1) 27'. Multipliez par 92. on a 2484. Ajoûtez 22100'. on a 2. *van* 4584. Multipliez par 92. on a 226'. 1728. Pôsez encore 487. *van*, 6'. retranchez 226'. 1728. reste 260. *van*, 8872. Multipllez par 92. on a 2. *van* (2) 40016224. pour les *degrés rassemblés dans le Sou.*

XXXVIII. Prenez le temps dans le *Sou* 92. jours, 43. *ke*, 71'. 98". Otez 92. jours. Servez-vous du petit reste 43007198. Multipliez par les parties pour le *Sou-tsou* (3), vous avez 3'. 892629". Ajoûtez les degrés rassemblés, vous avez 2°. 400551. C'est l'Equation du *Sou.*

XXXIX. Pôsez le temps du *Sou* 92. jours, 43. *ke*, 71'. 98". Otez l'Equation de ce *Sou*, reste 90°. 036647'. Voilà le mouvement du *Sou.* C'est 90°. 3'. 66". 47'''. Voilà le vrai lieu du ☉ après le Solstice d'Eté, avant l'Equinoxe d'Automne.

*REMARQUES.*

1. Nous avons vû que l'Equinoxe d'Automne est 91°. 31'. 42. ou 43". après le Solstice d'Eté, & il y a 93. jours, 71. *ke*, 20'. Le Soleil n'étoit donc pas encore à l'Equinoxe d'Automne.

2. Nous avons vû aussi que la huitiême Lune est celle durant les jours de laquelle le Soleil entre dans le Signe

REMARQUES.

(1) *Li* Erigere, *Tcha* Differentia. *P. G.*

(2) 2°. 40'. 1". 62'''. 27''''.

(3) N. XXXVI°. *P. G.*

*Libra*; c'est-à-dire, dans les jours de laquelle est le moment de l'Equinoxe d'Automne. La huitiême Lune n'étoit pas encore finie, & on marque l'Eclipse au prémier de la ☾ intèrcalaire.

3. Ce calcul nous apprend qu'avant la venuë des Jésuites sur la fin du quinziême siécle, les Chinois n'avoient égard qu'aux *Tsiéki* moyens dans la détèrmination de la Lune intèrcalaire. Selon la régle d'aujourd'hui, c'est le moment du vrai Equinoxe qui doit être dans la huitiême Lune, & alors c'étoit le moment du moyen Equinoxe. Aujourd'hui on a égard au moment de la vraye ☌; alors on se contentoit de la moyenne. On employoit cependant les Equations pour avoir les vrais *Tsiéki* & la vraye ☌.

4. Si on avoit de pareils exemples de calcul du temps des Dynasties précédentes, on sauroit de même, si on avoit égard aux vrais *Tsiéki*, ou aux moyens dans la détèrmination de la Lune intèrcalaire, depuis qu'on connoît les Equations. Les Astronomes Chinois de la Dynastie passée, suppôsent dans les calculs qu'ils ont faits des anciennes Eclipses, qu'on a toûjours eu égard aux *Tsiéki* moyens pour fixer la Lune intèrcalaire. C'est peut-être pour cela qu'en suivant la méthode d'aujourd'hui, on trouve des Lunes qui ne sont pas intèrcalaires, quoique les anciens Calendriers les marquent telles; aujourd'hui on suppôse les vrais *Tsiéki*, & alors les moyens.

XL. Prenez le mouvement du ☉ 90°. 036647. Multipliez par lui-même, on a 8106°. 597803002609. Divisez par 1870. le quotient est 4°. 335079. Pôsez 4°. 6'. Faites la soustraction, le reste est 12'. 49''. 21'''. C'est l'Equation moyenne du Nord au Sud.

XLI. Prenez la moyenne Equation du Nord au Sud. Multipliez par les parties distantes de midi, on a 743'. 11505628. Divisez par les parties de la moitié du jour (1), on a 29'. 5959''. C'est la vraye collection. Pôsez l'Equation moyenne du Nord au Sud ; ôtez la vraye collection, reste 12'. 19''. 62'''. C'est la vraye Equation du Nord au Sud.

XLII. Prenez le mouvement de la moitié de l'année ; ôtez-en le mouvement du *Sou* ; reste 92°. 58'. 46'. 3'''. Multipliez par le vrai mouvement du ☉, on a 4336°. 72'. 1794614. Divisez par 1870. le reste est 4°. 457757. C'est l'Equation moyenne d'Est à Ouest.

XLIII. Prenez l'Equation moyenne d'Est à Ouest. Multipliez par les parties distantes de midi, on a 265°. 76'. 19''. 62'''. Divisez par la quatriême partie du jour 2500'. on a 10'. 60''. 71'''. C'est l'Equation véritable d'Est à Ouest.

XLIV. Prenez 357°. 64'. Ajoûtez l'Equation véritable du Nord au Sud, on a 357°. 76'. 19''. 62'''. Otez l'Equation véritable d'Est à Ouest, on a 357°. 65'. 58''. 91'''. C'est le véritable tèrme du *Tching-kiao*.

XLV. Pôsez le véritable tèrme du *Tching-kiao* (2) ; ôtez 357°. 54'. 97''. 85'''. le reste sont les parties antérieures du *Kiao* pour la latitude Boréale.

XLVI. Prenez 8°. au Nord de l'Ecliptique ; ôtez les parties antérieurs du *Kiao* pour la latitude Boréale, le reste est 7°. 89'. 38''. 94'''. Divisez ce reste par 8000. (3) on a 9. doigts, ou minutues, 86''. ou *Miao* 73'''. ou *Ouey*. C'est la quantité de l'Eclipse.

XLVII. Pôsez 20. Otez les parties éclipsées, reste 10'. 13''. 27'''. Multipliez par les parties éclipsées, on a 99'. 98239081. Tirez la racine quârrée, on a 9'.

## REMARQUES.

(1) Il s'agit de la moitié du temps que le Soleil est sur l'Horison au jour de l'Eclipse. *P. G.*

(2) N. 111°. *P. G.*

(3) Parties décimales de 8°. *P. G.*

9991'.

9991. Multipliez par (1) 57. *van*, 40′. on a 554′. 55″. 18‴. pour le temps de la demi-durée de l'Eclipse.

XLVIII. Le temps de la demi-durée de l'Eclipse, ajoûté & retranché au temps du milieu de l'Eclipse, donne le commencement *Se-tching*, fin *Ouy-tsou* 1. *ke*.

*NOTE.*

On avèrtit que les 57. *van*, 40′. dont le N. XLVII°. parle sont les parties du jour entre les deux crépuscules; on les exprime aussi par 57°. 40′. Si on ne parloit en tèrmes formels de cela, il seroit difficile de savoir qu'il s'agit de ce temps entre les crépuscules.

XLIX. Pôsez le vrai mouvement du Soleil au milieu de l'Eclipse 90°. 3′. 66″. 47‴. Ajoûtez les degrés de la moitié de l'année, vous avez 272°. 657897. Ajoûtez le degré & minutes, &c. de la Constellation où est le Solstice d'Hyvèr selon l'Ecliptique 4°. 8576. de la Constellation *Ki* (2). Donc le lieu Soleil est à 277°. 51′. 54″. 97‴. du commencement de la Constellation *Ki*. Ainsi si on chèrche dans les Constellations un lieu qui soit à cette distance Orientale de *Ki*, on trouvera que ce lieu est la Constellation *Y* 19°. 62′. 79″. Vous devez conclure que le lieu du Soleil est tel par rapport aux Contellations selon l'Ecliptique.

L. Puisque l'Eclipse est au-dessus de 8. doigts, commencement de l'Eclipse juste à Ouest, fin à Est, milieu au Nord.

*NOTES.*

1. Le commencement de l'Eclipse a ces deux cara-

REMARQUES.

(1) Ce N. XLVII°. est dans le texte Chinois obscur. *P. G.*

(2) Voyez les Constellations & leur distance selon *Co-cheon-king*. *P. G.*

ctères *Tsou-Kouey*. Le caractère *Kouey* exprime le manquement, *defectus*, *deficere*. Le caractère *Tsou* dénote le commencement. Le milieu de l'Eclipse a les deux caractères de *Che-Chin*. *Che* marque l'Eclipse. *Chin* marque l'excès, le plus haut point, le moment où l'Eclipse est la plus grande. La fin de l'Eclipse est exprimée par les deux caractères *Fou-Yuen*. *Fou* exprime la réitération *iterùm*, & *Yuen* exprime la rondeur.

II. Les préceptes & les calculs pour les Equations du Soleil & de la Lune sont fort embarassants. Ils supposent des Tables connuës qui n'existent pas aujourd'hui, des pratiques d'Arithmétiques qui ne sont pas en usage, & des divisions arbitraires. Il faut avoir une extrême attention à voir quand est-ce que les *van* (1) expriment des jours, ou des degrés, ou des minutes ; quand est-ce qu'on employe les divisions décimales, ou autres, &c. C'est pour cela que j'aimerois bien mieux chercher ces Equations par le moyen des Tables que j'ai traduites (2). Je laisse à d'autres le soin d'examiner sur quelles théories sont fondées les pratiques qu'on donne pour trouver la durée de l'Eclipse, les Equations dites du *Nord* au *Sud*, & de *l'Est* à *l'Ouest*, &c.

III. Le P. Adam Schall rapporte (3) qu'à la Tour des Mathématiques de *Péking* on observa cette Eclipse de Soleil. Commencement *Se-tching* 2. *ke* (4), milieu *Ou-tsou* 4. *ke* (5), fin *Ou-tching* 4. *ke* (6). L'Eclipse fut de 8. doigts dont 10. font l'Eclipse totale. Le Père ajoûte,

## REMARQUES.

(1) 10000 minutes. *P. G.*

(2) Voyez ces Tables. *P. G.*

(3) Examen des anciennes & nouvelles Eclipses. *P. G.*

(4) Matin 10 heures, 28 minutes, 48 secondes. *P. G.*

(5) 11 heures, 57 minutes, 36 secondes. *P. G.*

(6) 57 minutes, 36″ après midi. Le temps est ici réduit à l'Européan. *P. G.*

que selon le *Ta-tong* (1) le commencement devoit être à *Se-tching* 3. *ke*, fin à *Ouy-tsou* 1. *ke*. Quantité de l'Eclipse 9. doigts, 86'.

IV. Le calcul attribué par le P. Adam au *Ta-tong*, se voit dans l'Astronomie de *Hing-yun-lou*. C'est lui qui rapporte tous les calculs qui aboutissent à ce résultat. J'ai déja dit que l'Astronomie de *Ta-tong* suit les principes de *Co-cheou-king*. Du temps de *Hing-yun-lou*, au Tribunal on suivoit les pratiques du *Ta-tong*; c'est pour cela qu'il a voulu donner un exemple de calcul selon cette méthode.

V. Le P. Adam Schall (2) prit aussi cette Eclipse pour donner un exemple du calcul Européan. Selon les Tables de Longomontan, il fit voir que l'Eclipse seroit de 9. doigts, 46'. Moment de la vraye ☌, 4'. 33''. après midi. Lieu du Soleil dans ♍ 29°. 9'. 33''. Parallaxe de hauteur 38'. 26''. Parallaxe de longitude 18'. 18''. Parallaxe de latitude 33'. 12''. L'Eclipse fut en Septembre l'an 1596.

VI. *Co-cheou-king* se trompa 1°. dans la détermination du Solstice au 9°. de la Constellation *Ki* selon l'Ecliptique. 2°. Dans l'étenduë des Constellations. Ainsi il ne faut pas être supris si la suppôsition de la justesse de ces obsèrvations a mal fait déterminer à *Hing-yun-lou* le lieu du Soleil au degré de la Constellation ♈, & le Solstice au degré assigné de *Ki*; quoique d'ailleurs il ait assez bien représenté le lieu du ☉ par rapport aux *Tsiéki*. Cette remarque doit s'appliquer aux autres Eclipses que *Hing-yun-lou* a calculées sur les principes & les

## REMARQUES.

(1) C'est le nom de l'Astronomie que fit faire l'Empereur *Hong-vou* Fondateur de la Dynastie des *Ming*. *P. G.*

(2) Examen des anciennes & nouvelles Eclipses. *P. G.*

Tables de *Co-cheou-king*. Si j'avois crû qu'on souhaitât quelque autre exemple de calcul Chinois, je l'aurois rapporté, *Hing-yun-lou* en a fait pour des Eclipses anciennes, & j'ai enfin trouvé un Livre fait par lui-même, où sont des calculs d'Eclipses du Soleil.

*Calcul d'une Eclipse de Lune.*

L'an *Y-se* (1) trente-troisiéme de l'Empire de *Van-li* dans la ☍ de la seconde Lune, il y eut Eclipse de Lune. Il faut calculer cette Eclipse pour *Péking*.

I. L'an *Y-se* trente-troisiéme de *Van-li* concourt avec l'année 1605. Il faut chèrcher le Solstice d'Hyvèr de la fin de l'an 1604. à *Péking*.

II. Entre ce Solstice & celui de l'Epoque il y a 324. ans solaires. Et selon le calcul le Solstice fut en 1604. au jour *Ting-tcheou* (2) 63. *ke* après minuit.

III. La ☌ moyenne ne précéda le Solstice que de 15. *ke* 82'. 56". c'est l'Epacte. Ainsi le moment de la ☌ moyenne fut au jour *Ting-tcheou* 47. *ke*, 17'. 44". après minuit.

IV. Dans cette ☌ moyenne l'Anomalie fut dans le *Tsi* 4. jours, 42. *ke*, 52'. 44".

V. Le mouvement moyen de latitude, 18. jours, 48. *ke*, 83". 68".

VI. Lieu du ☉ au Solstice d'Hyvèr, Constellation *Ki* 5°. 14'. selon l'Equateur. 4°. 73'. 078693. ou 4°. 73'. 7". 86'''. 93''''. selon l'Ecliptique.

VII. Ajoûtez 3. ☌ au moment de la ☌ moyenne avant le Solstice d'Hyvèr. Otez tous les Cycles de 60.

## REMARQUES.

(1) *Y-se*, c'est le 42ᵉ. du Cycle. *P. G.*

(2) 14ᵉ. du Cycle de 60. jours. *P. G.*

jours, le reste est 42. jours, *6. ke*, 35′. 23″. Cette ☌ est donc au jour *Ping-ou* (1) *6. ke*, 35′. 23″. après minuit.

VIII. Au moment de l'Anomalie dans le *Tsi*, ajoûtez la différence de 3. ☌, entre l'Anomalie & la ☌, vous avez 10. jours, 35. *ke*, 32′. 23″. Voilà le mouvement d'Anomalie au moment de la seconde Lune, ou seconde ☌. A ce moment le moyen mouvement de latitude 25. jours, 44. *ke*, 3475.

IX. Ainsi dans la ☍ de la seconde ☌ est de 12. jours, 99. *ke*, 55′. 47″. 5‴.

X. Ayez la ☍ moyenne 56. jours, 82. *ke*, 88195. c'est-à-dire, que la ☍ fut 82. *ke*, 88195. après minuit du jour *Keng-chin* (2). A ce moment le ☉ fut dans le *Yng-mo*, & l'Equation du ☉ 2°. 33′. 90″. 30‴. 6⁗. L'examen de ces termes de l'Anomalie de la ☾ dans le *Tchi* donne une Equation pour la ☾ de 2°. 96′. 39048. à cette Equation ajoûtez celle du ☉, on a 5°. 30′. 74″. 21‴. 8⁗. Multipliez par 820. (3) on a 43. *ke*, 52′. 85″. 28‴. 56⁗. & selon ces régles le moment de la ☍ vraye est au jour *Sin-yeou* (4) 19. *ke*, 69′. 22″. 7‴. après minuit.

*NOTE.*

Pour la vraye ☍ on fait ici la même faute qu'on a fait pour avoir la vraye ☌ par rapport au mouvement propre de la ☾, & celui de la ☾ au ☉.

XI. Au jour de la ☍ le ☉ se leve 24. *ke*, 8′. 28″. après minuit, & le crépuscule du matin commence 21. *ke*, 58′. 20″. après minuit.

## REMARQUES.

(1) 43e. du Cycle. *P. G.*

(2) 57e. du Cycle. *P. G.*

(3) 820′. supposées pour une heure Chinoise. *P. G.*

(4) 58e. du Cycle. *P. G.*

XII. Le mouvement horaire de la ☾ au ☉ est 1°. 10'. 47''. Les véritables tèrmes de l'Anomalie dans la vraye ☍ étant 142. Le vrai mouvement en latitude est 176°. 2'. 66''. 24'''. 99''''. & la vraye ☍ étant 19. *ke*, 69'. 22''. 7'''. après minuit, ce sont les parties avant l'heure *Mao* (1) de 100. *ke*. Otez les parties avant *Mao*; divisez le reste par 100'. le quotient est 80'. 30''. 77'''. 3''''. C'est l'Equation pour le temps. Ajoûtée au temps de la vraye ☍, elle donne le milieu de l'Eclipse 20. *ke*, 49'. 53''. 47'''. 3''''. après minuit.

*NOTE.*

J'ai déja avèrti que c'est un faux précepte qui se trouve dans l'exemplaire du Livre de l'Astronome que j'ai. On voit assez que l'Eclipse est au Sud de l'Ecliptique.

XIII. De la moitié de la révolution en latitude, ôtez le mouvement vrai en latitude, le reste est 5°. 81'. 75''. 1'''. Voilà les degrés antérieurs au *Kiao* du Sud. Otez les degrés du tèrme de l'Eclipse de ☾ 13°. 5'. le reste est 7°. 23'. 99''. 24'''. 99''''. Divisez par 87. on a 8'. 32''. 17'''. c'est-à-dire, que l'Eclipse est de 8. doigts, 32''. 17'''.

XIV. Prenez 30'. ôtez les parties de la ☾ éclipsées, reste 21'. 67''. 83'''. Multipliez par les parties éclipsées, on a 180'. 40''. 3'''. 9''''. 11'''''. Tirez la racine quârrrée, on a 13'. 43''. 13'''. Multipliez par 4920. on a 6. *van*, 6081996. Divisez par le mouvement horaire de la ☾ au ☉, on a 5. *ke* 98'. 19''. pour la demi-durée de l'Eclipse. On a donc le commencement à l'heure *Yn-tsou* 2.

REMARQUE.

(1) *Mao*, heure de 5 à 7 heures du matin. *P. G.*

*ke* (1), milieu *Yn-tching* 3. *ke* (2), fin *Mao-tching* 1. *ke* (3). La fin ne fut pas visible. Au milieu de l'Eclipse, lieu de la Lune 293°. 29′ 2″. 86‴. éloignée du prémier dégré de la Constellation *Ki*.

## *NOTES.*

1. *Hing-yun-lou* a fait en détail le calcul de cette Eclipse de Lune; je l'ai abregé, & il faut corriger le temps du milieu de l'Eclipsé, en n'ayant aucun égard à l'Equation pour le temps.

2. Cette Eclipse de Lune fut obsèrvée par Lansberge à *Goez*, par Vindelin à *Forcalquieri*. (4). Selon ces obsèrvations on voit que le calcul de cette Eclipse pour *Péking* représente les phâses trop tard.

## De la Table des Tèrmes du *Tching-kiao*, & du *Tchong-kiao* pour différentes latitudes.

### *Usage de la Table suivante.*

Dans le trente-troisiême précepte de la méthode de *Co-cheou-king* pour les Eclipses du ⊙, on a vû l'usage des Equations dites du Nord au Sud & d'Est à Ouest, pour corriger le tèrmes 357°. 64′. pour le *Tching-kiao*, & 188°. 5′. pour le *Tchong-kiao*. Le nombre des degrés pour le *Tching-kiao* & pour le *Tchong-kiao* est employé par *Co-cheou-king* pour la latitude de la ville appellée ajourd'hui *Péking*.

S'il avoit eu a calculer pour une latitude différente de celle de *Péking*, il auroit employé d'autres tèrmes

## REMARQUES.

(1) Matin, 3 heures, 28 minutes, 48 secondes. *P. G.*

(2) 4 heures, 42 minutes, 72 secondes. *P. G.*

(3) 6 heures, 14 minutes, 24 secondes. *P. G.*

(4) Voyez Ricciol. Almag. & Astron. *P. G.*

pour le *Tching-kiao* & le *Tchong-kiao*, il avoit pour cela des Catalogues.

La Table ſuivante fut faite pour rendre générale à tous les lieux la méthode des Eclipſes du Soleil, & on mit des tèrmes du *Tching-kiao* & du *Tchong-kiao* pour les différentes latitudes. Le tèrme de 357°. 64'. & 188°. 5'. que *Co-cheou-king* met pour *Peking* eſt dans la Table pour la latitude de 37°. Peut-être qu'on s'appèrçût de quelque correction après *Co-cheou-king* (1). Je ne ſai pas l'antiquité de la Table; il y a apparence que du temps de *Hong-vou* (2) les Auteurs de l'Aſtronomie *Ta-tong* la dreſsèrent à l'imitation de celle de *Co-cheou-king Y-hang*, & autres.

A la quatriême colomne on voit des parties à ajoûter ou à retrancher au *Tching-kiao*. On ne dit pas à quelle ſomme ont rapport ces parties; on ne dit pas auſſi le temps où elles ſont additives, & celui où elles ſont ſouſtractives. D'ailleurs dans les calculs qui me ſont tombés entre les mains, il n'y a rien qui sèrve à expliquer l'uſage de cette quatriême colomne.

## REMARQUES.

(1) Peut-être auſſi c'eſt une faute, je mets fidellement ce que je trouve. *P. G.*

(2) Fondateur de la Dynaſtie des *Ming*. *P. G.*

XXXVI.

# XXXVI. TABLE.

*Des Tèrmes du* Tching-kiao *&* *du* Tchong-kiao, *pour différentes latitudes.*

| Hauteur du Pôle. | Tèrmes du *Tching-Kiao.* | Tèrmes du *Tchong-Kiao.* | Parties à ajoûter ou à ôter au *Tching-Kiao.* |
|---|---|---|---|
| 15°. | 361°. 80'. | 183°. 89'. | 1500. |
| 16°. | 361°. 65'. | 184°. 4'. | 1500. |
| 17°. | 361°. 50'. | 184°. 19'. | 1500. |
| 18°. | 361°. 35'. | 184°. 34'. | 1600. |
| 19°. | 361°. 19'. | 184°. 50'. | 1600. |
| 20°. | 361°. 2'. | 184°. 67'. | 1600. |
| 21°. | 360°. 86'. | 184°. 83'. | 1700. |
| 22°. | 360°. 70'. | 184°. 99'. | 1700. |
| 23°. | 360°. 53'. | 185°. 16'. | 1700. |
| 24°. | 360°. 36'. | 185°. 33'. | 1800. |
| 25°. | 360°. 18'. | 185°. 51'. | 1800. |
| 27°. | 359°. 81'. | 185°. 88'. | 1900. |
| 28°. | 359°. 62'. | 186°. 7'. | 2000. |
| 29°. | 359°. 42'. | 186°. 27'. | 2000. |
| 30°. | 359°. 22'. | 186°. 47'. | 2100. |
| 31°. | 359°. 1'. | 186°. 68'. | 2100. |
| 32°. 41'. | 358°. 80'. | 186°. 89'. | 2200. C'eſt ici la latitude de *Nanking*. |

*Continuation de la XXXVI. Table.*

| Hauteur du Pôle. | Tèrmes du *Tching-Kiao.* | Tèrmes du *Tchong-Kiao.* | Parties à ajoûter ou à ôter au *Tching-Kiao.* |
|---|---|---|---|
| 33°. | 358°. 58'. | 187°. 11'. | 2200. |
| 34°. | 358°. 36'. | 187°. 33'. | 2300. |
| 35°. | 358°. 13'. | 187°. 56'. | 2400. |
| 36°. | 357°. 89'. | 187°. 80'. | 2500. |
| 37°. | 357. 64'. | 188. 5'. | 2500. |
| 38°. | 357. 39'. | 188°. 30'. | 2500. |
| 39°. | 357°. 14' | 188°. 55'. | 2600. |
| 40°. | 356. 88' | 188°. 81'. | 2600. |
| 41°. | 356 62'. | 189°. 7'. | 2600. |
| 42°. | 356°. 36'. | 189°. 33'. | 2700. |
| 43°. | 356°. 9'. | 189°. 60'. | 2700. |
| 44°. | 355. 82'. | 189°. 87' | 2800. |
| 45°. | 355°. 54'. | 190°. 15'. | |

# DU CALCUL DES ECLIPSES pour différents endroits de l'Empire de la Chine.

## *Usage de la Table suivante.*

LA Table suivante est à la suite de la précédente, & fut faite pour le calcul des Eclipses pour les principaux lieux de l'Empire. Dans cette Table on a souvent dans les latitudes négligé les minutes. C'est un défaut de beaucoup de Tables Chinoises.

*Co-cheou-king* plaçoit le prémier Méridien à *Péking*. Du temps des *Tang* le prémier Méridien fut à *Teng-fong* du *Honan*; je ne sai où le placèrent les Astronomes des *Song* postérieurs. Les Astronomes qui firent l'Astronomie *Ta-tong* du temps de *Hong-vou*, placèrent le prémier Méridien à *Nanking*. Dans la Table suivante le prémier Méridien est à *Nanking*, & c'est ce qui me fait penser que ces Tables sont del'Astronomie de *Ta-tong*. Il est cèrtain que du temps des *Tang*, des *Song*, & des *Yuen*, on avoit des Tables pareilles aux deux qu'on voit ici, & si celles-ci ne sont pas fort utiles pour le fonds, elles sèrvent du moins à faire connoître les méthodes.

On ne dit pas sur quels principes on a établi la différence des Méridiens. Pour les latitudes elles sont présque toutes par obsèrvations, dont je n'ai garde de garantir l'exactitude.

En joignant à ces deux Tables celles du lever & du coucher du Soleil pour les différentes latitudes, on peut se sèrvir de la méthode Chinose pour le calcul des Eclipses.

J'ai pris ces deux Tables d'un Recüeil d'assez bon goût, de quantité de chôses qui regardent l'Histoire, l'Astronomie, & la Chronologie Chinoise. Comme ce Livre cite, & cite fidellement les Auteurs dont il a tiré ses piéces; il est très-bon pour avoir une idée assez juste de quantité de Livres Chinois. L'Auteur de ce ramas vivoit du temps du P. Adam Schall, il s'appelloit *Su*, il étoit natif de *Kia-hing-fou* dans le *Tchekiang*. Je l'ai cité ailleurs. Au reste, les degrez & les temps sont à la Chinoise.

# XXXVII. TABLE.

*Pour le calcul des Eclipses pour différens endroits de la Chine.*

| Latitude Boréale. | Noms des lieux. | Différence des Méridiens en temps. | |
|---|---|---|---|
| 17°. 40′. | *Lin-y* capitale de la *Cochinchine.* | S. On ne marque rien. | S. Souftrayez. A. Ajoûtez. |
| 19°. | *Kun-tcheou.* | S. 2. *ke.* | C'eft la capitale de l'Isle de *Haynan.* |
| 20°. 40′. | Capitale du *Tonquin.* | S. 3. *ke.* | |
| 20°. | *Ley-tcheou.* | S. 2. *ke.* | Dans la Province de *Kouang-tong.* |
| 23°. 33′. | La capitale de la Province de *Kouang-tong.* | S. 1. *ke.* 17′. | C'eft la ville que les Européans appellent *Canton.* |
| 24°. 50′. | La capitale du *Yun-nan.* | S. 5. *ke.* | |
| 25°. 44′. | Capitale du *Kouey-tcheou.* | S. 2. *ke.* 92′. | |
| 25°. | *Heng-yo.* | S. 2. *ke.* | C'eft une montagne fameufe du *Hou-kouang.* |

*Continuation de la XXXVII. Table.*

| Latitude Boréale. | Noms des lieux. | Différence des Méridiens en temps. | |
|---|---|---|---|
| 26°. 50'. | *Ki-tcheou.* | S. 1. *ke.* | C'eſt *Ki-gan-fou* du *Kiong-ſi.* |
| 27°. 28'. | La capitale du *Fokien.* | A. 28'. | |
| 27°. 28'. | La capitale du *Kouang-ſy.* | S. 2. *ke.* 64'. | |
| 29°. 48'. | La capitale du *Kiang-ſy.* | S. 97'. | |
| 30°. 65'. | La capitale du *Tche-kiang.* | A. 28'. | |
| 31°. | La capitale du *Se-tchouen.* | S. 3. *ke.* 89'. | |
| 31°. 50'. | La capitale du *Hou-kouang.* | S. 1, *ke.* 32'. | |
| 32°. 41'. | La capitale du *Kiang-nan.* | o. o. o. | Prémier Méridien. |
| 33°. | *Fong-yang.* | S. 29'. | Dans la Province de *Kiang-nan* |
| 33°. | *Yang-tcheou.* | A. 20'. | Dans la Province de *Kiang-nan.* |

*Continuation de la XXXVII. Table.*

| Latitude Boréale. | Noms des lieux. | Différence des Méridiens en temps. | |
|---|---|---|---|
| 34°. | La capitale du *Chensi.* | S. 2. *ke.* 64′. | |
| 35°. | *Tong-tchang-fou.* | S. 23′. | Dans la Province de *Chan-tong.* |
| 35°. | Capitale du *Honan.* | S. On ne marque rien, les nombres sont sans doute effacez. | |
| 36°. 5′. | La capitale de *Corée.* | A. 2. *ke.* 22′. | La latitude est seurement fautive. |
| 36°. 65′. | La capitale du *Chan-tong.* | S. 21′. | |
| 37°. | *Tsing-tcheou.* | o. | Dans le *Chan-tong.* |
| 38°. | *Teng-tcheou.* | A. 50′. | Dans le *Chan-tong.* |
| 38°. 3′. | La capitale du *Chansi.* | S. 1. *ke.* 67′. | |
| 40°. & plus. | *Péking.* | S. 28′. | C'est aujourd'hui la capit. de l'Empire. |

*Continuation de la XXXVII. Table.*

| Latitude Boréale. | Noms des lieux. | Différence des Méridiens en temps. | |
|---|---|---|---|
| 40°. | *Tai-tong.* | S. 1. *ke.* 50'. | Dans le *Chan-tong.* |
| 40°. un peu moins. | *Sou-tcheou* & *Kan-tcheou.* | S. 5. *ke.* 44'. | A l'extrémité Occidentale du *Chensi.* |
| 42°. | *Leao-yang.* | A. 1. *ke.* 53'. | Dans la Province du *Leao-tong.* |
| 43°. | *Caiping*, ou *Chang-tou* Palais de l'Empereur *Coublay.* | S. 1. *ke.* | C'est *Chang-tou* en Tartârie. M. Paul parle fort de *Chang-tou.* |
| 45°. | *Ho-lin.* | S. Les nombres sont effacez. | Ancienne ville de Tartârie. |
| 55°. | *Tié-lé.* | S. Les nombres sont effacez. | Horde ancienne des Tartâres Occidentaux. |
| 65°. | Mèr du Nord. | S. Les nombres sont effacez. | |

XXXVIII.

# XXXVIII. TABLE.

| *Tèrmes Ecliptiques pour les Eclipses de* Yang. |
|---|
| Prémier Tèrme, 57. *ke.* 99'. 92". au-dessous Eclipse de ⊙ & de ☾, au-dessus Eclipse de, ☾ & non de ⊙. |
| Second Tèrme, 26. jours, 5. *ke.* 30'. 4". au-dessus Eclipse de ⊙ & de ☾. |
| Troisiême Tèrme, 13. jours, 2. *ke.* 65'. au-dessus Eclipse de ⊙ & de ☾. |
| Quatriême Tèrme, 14. jours, 76. *ke.* 53'. au-dessous Eclipse de ⊙ & de ☾. |
| Cinquiême Tèrme, 12. jours, 44. *ke.* 69'. 28". au-dessous ni Eclipse de ⊙, ni Eclipse de ☾; au-dessus il y a Eclipse de ☾. |
| *Tèrmes Ecliptiques pour les Eclipse de* Yn. |
| Prémier Tèrme, 1. jour, 15. *ke.* 91'. 84". au-dessus ni Eclipse de ⊙, ni Eclipse de ☾, au-dessous Eclipse de de ☾, mais non de ⊙. |
| Second Tèrme, 26. jours 5. *ke.* 30'. 4". au-dessous Eclipse de ⊙ & de ☾. |
| Troisiême Tèrme, 14. jours, 76. *ke.* 53'. au-dessous Eclipse de ⊙ & de ☾. |
| Quatriême Tèrme, 12. jours, 44. *ke.* au-dessus Eclipse de ☾. |

*Explications.*

1. Les Eclipses de *Yang* sont ici celles qui arrivent, lorsque le mouvement de latitude est au Sud de l'Ecliptique. Celles de *Yn* sont celles qui arrivent lorsque le mouvement de latitude est au Nord de l'Ecliptique.

2. Le mouvement de latitude est exprimé en jours, *ke*, &c. Les tèrmes Ecliptiques étoient ainsi exprimés avant la venuë des Jésuites.

## XXXIX. TABLE.

| *Tèrmes Ecliptiques de la tête du Ciel.* |
|---|
| Premier Tèrme, 26. jours, *ke.* 30'. 39''. 5'''. au-dessus Eclipse de ☉ & de ☾; au-dessous ni Eclipse de ☉, Eclipse de ☾. |
| Second Tèrme, 26. jours, 63. *ke,* 26'. 31''. 75'''. Eclipse de ☉ & de ☾. |
| Troisiême Tèrme, 27. jours, 27. *ke.* 22'. 24. Eclipse de ☉ & de ☾. |
| Quatriême Tèrme, 57 *ke.* 95'. 92''. 25'''. au-dessous Eclipse de ☉ & de ☾; au-dessus Eclipse de ☾, mais non de ☉. |
| Cinquiême Tèrme, 1. jour, 15. *ke.* 91'. 84''. 5'''. au-dessous Eclipse de ☾, mais non Eclipse de ☉. au-dessus ni Eclipse de ☾, ni Eclipse de ☉. |
| *Tèrmes Ecliptiques de la queuë du Ciel.* |
| Premier Tèrme, 12. jours, 44. *ke.* 69'. 27''. 5'''. au-dessus Eclipse de ☾, mais non Eclipse de ☉; au-dessous ni Eclipse de ☾, ni Eclipse de ☉. |
| Second Tèrme, 13. jours, 2. *ke.* 65'. 19''. 75'''. au-dessus Eclipse de ☉ & de ☾; au-dessous Eclipse de ☾, mais non Eclipse de ☉. |
| Troisiême Tèrme, 13. jours, 60. *ke.* 61'. 12''. Eclipse de ☉ & de ☾. |
| Quatriême Tèrme, 14. jours, 15. *ke.* 70'. 42''. 5''' au-dessous Eclipse de ☉ & de ☾; au-dessus Eclipse de ☾, mais non Eclipse de ☉. |

*Continuation de la XXXIX. Table.*

| Cinquiême Tèrme, 14. jours, 76. *ke.* 52'. 96''. 5'''. au-dessous Eclipse de ☾, sans Eclipse de ☉; au-dessus ni Eclipse de ☾, ni Eclipse de ☉. |
|---|

*Explications.*

1. Ces Tèrmes sont en temps, parce que le mouvement de latitude étoit exprimé en temps. Ces deux Catalogues des tèrmes étoient dans l'Astronomie en usage ici quand les Jésuites arrivèrent. Or dans cette Astronomie le mouvement de latitude durant le mois draconitique étoit le même que celui de *Co-cheou-king.*

2. Il y a fort long-temps que les Chinois représentent le nœud ascendant par les deux caractère de *tête du Ciel* (1), & le nœud descendant par ceux de *queuë du Ciel* (2).

REMARQUES.

(1) *Tien* Cœli, *Cheou* Caput. P. G.

(2) *Tien* Cœli, *Ouy* Cauda. P. G.

## SECTION III.

### I.

### *MÉTHODE CHINOISE, pour supputer le mouvement des cinq Planétes.*

♄, ♃, ♂, ♀, ☿.

1°. DEPUIS le temps des prémiers *Han* jusqu'à la venuë des Jésuites, les Chinois ont réellement suivi la même méthode pour le calcul du mouvement des cinq Planétes.

2°. Ils ont toûjours sû que les orbites des Planétes coupoient celle de l'Ecliptique & de l'Equateur; mais ils n'ont jamais marqué sous quel angle, & il paroît qu'ils n'ont jamais été bien au fait sur la méthode de calculer les aproximations des Planétes aux Etoiles & de la ☾ aux Planétes.

3°. Pour sávoir la longitude des Planétes, on avoit une Epoque de leur ☌ avec le ☉, ensuite on calculoit le temps depuis cette ☌ jusqu'au temps assigné, on avoit des Catalogues où étoit le temps de leurs stations, directions, retrogressions, avec les degrés célestes qui leur répondoient.

4°. L'Astronomie particulière à chậque Dynastie a des Catalogues des aproximations des cinq Planétes aux Etoiles, & des occultations des Etoiles par les Planétes (1). Ces Catalogues tout grossiers qu'ils sont, ont pû apprendre aux Chinois une espéce de méthode pour cal-

REMARQUE.

(1) On avoit des Catalogues des déclinaisons & latitudes de ces Etoiles. *P. G.*

culer les latitudes & les déclinaisons des cinq Planétes. Ces mêmes Catalogues ont pû apprendre les révolutions des Planétes, & le temps de leur retour à la même Etoile.

5°. On sait en général qu'avant les *Han*, les Chinois calculoient le mouvement des cinq Planétes, on trouve même plusieurs lieux assignés pour Jupiter, & la révolution de cette Planéte dans 12. ans solaires. Mais on n'a rien de détaillé sur cette matière qui soit du temps qui a précédé la Dynastie des *Han*.

*Mouvement de Jupiter* ♃.

On le voit 365. jours, il est caché dans les rayons du ☉ 33. jours, & dans un an solaire son mouvement est de 33°. & quelques minutes.

La prémiere fois qu'on le voit, & qu'il cesse de paroître, il est éloigné du ☉ de la moitié d'un Signe.

Après qu'il a paru. Il est 121. jours direct. Par jour il parcourt deux parties d'un degré divisé en 11. parties.

Ensuite il est stationnaire 25. jours.

Rétrograde 84. jours, & châque jour il parcourt une partie d'un dégré divisé en 7.

Ensuite il est stationnaire 24. jours & $\frac{3}{4}$.

Il redevient direct 111. jours, parcourant par jour deux parties d'un degré divisé en 11. parties.

♀ *Vénus*.

1. On la voit le matin éloignée du ☉ de la moitié d'un Signe pendant 16. jours, rétrograde & parcourt par jour une partie d'un degré divisé en deux.

2. Sationnaire 8. jours.

3. Directe 46. jours, & parcourt par jour 33. parties d'un degré divisé en 76.

4. Elle parcourt par jour 1°. & 15. parties d'un degré divisé en 92. 184. jours, & elle est cachée. On la voit 244. jours, ayant parcouru 244°. Quand elle est cachée,

elle fait par jour 1°. & 33. parties d'un degré divisé en 92. Elle est cachée 83. jours ayant couru 113°. & quelques minutes. Après 327. jours, on la voit le soir éloignée du ☉ de la moitié d'un Signe.

5°. Directe 181. jour, & par jour elle parcourt 1°. & 15. parties d'un degré divisé en 92.

6. Dans 46. jours, elle court 33. parties d'un degré divisé en 46. Stationnaire 7. jours. Rétrograde 6. jours, & parcourt par jour une partie d'un degré divisé en deux, & elle est cachée. On la voit 24. jours, ayant parcouru 241°. Cachée elle est rétrograde ; & par jour elle court 7. parties d'un degré divisé en 8. 16. jours cachée ; elle parcourt 14°. En tout vûë & cachée 257. jours & quelques minutes, ayant parcouru 226°. & quelques minutes.

## *NOTE.*

Dans le texte Chinois qui regarde ♀ il y a de l'embarras dans plusieurs endroits il suffit de la méthode.

♄ *Saturne.*

| Il paroît le matin éloigné du ☉ de la moitié d'un Signe. | |
|---|---|
| Jours. | Mouvement par jour en parties de degré. |
| Direct. 87. | De 15. parties 1. partie. |
| Stationnaire. 34. | |
| Rétrograde. 101. | De 81. 5. |
| Stationnaire. 33. | |
| Direct. 85. | De 15. 1. |
| Vû. 340. | |
| Caché. 37. | Dans un an solaire il parcourt 12°. & plus. |

♂ *Mars.*

| On le voit le matin, éloigné du ☉ de la moitié d'un Signe. | |
|---|---|
| Direct. 276. jours. | Il parcourt de 93. parties de degré, 53. parties. |
| Station. 10. | |
| Retr. 62. | De 62. 17. |
| Station. 10. | |
| Direct. 276. | De 92. 53. |
| Vû 634. jours, caché 146. jours & quelques minutes, parcourant en tout 445°. | |

☿ *Mèrcure.*

| Vû le matin éloigné du ☉ ☿ de la moitié d'un Signe. | | |
|---|---|---|
| | Jours. | Mouvement par jour en parties de degrés. |
| Retrogr. | 1. | 2°. |
| Station. | 2. | |
| Direct. | 7. | de 7. parties 6. parties. |
| Direct. | 18. | 1°. & de 3. 1. |
| Caché. | 37. | 1°. & de 9. 7. |

| Vû le soir éloigné du Soleil de la moitié d'un Signe. | |
|---|---|
| Direct. 16. jours, 50. *ke.* | 1°. & de 3. parties 1. partie. |
| Direct. 7. | de 7. 6. |
| Station. 1. 50. *ke.* | |
| Retr. 1. | |

Vû 26. jours, retrogr. 24. jours; caché, parcourant 4. parties d'un degré divisé en 15.

Vû ou caché 50. jours & parcourt 19°.

*NOTE.*

Ce Catalogue pour les cinq Planétes est de l'an 66. avant Jésus-Christ, les réfléxions qu'on fit dans la suite sur les obsèrvations corrigèrent cette méthode.

Depuis

Depuis l'an 66. avant Jésus-Christ jusqu'à l'an 892. de Jésus-Christ, on fit plusieurs fois des Tables de la forme de celles qu'on vient de voir. Elles sont un peu plus correctes, sur tout celles que fit l'Astronome *Tsou-tchong* du temps des prémiers *Song* dans le cinquiême siécle après Jésus-Christ.

L'an 892. *Pien-kang* (1) fit la Table suivante. Outre cela, il se servit de quelques Equations qu'il est difficile de connoître dans ce qu'il rapporte des cinq Planétes. *Tchang-tse-sin* employoit aussi des Equations qu'on ne trouve pas.

*Pien-kang* avoit aussi une méthode de connoître & de calculer la déclinaison, & la latitude des cinq Planétes. On ne trouve pas ces Catalogues.

Depuis le temps de *Pien-kang* jusqu'à celui de *Co-cheou-king*, on ne fit rien de meilleur que ce que fit *Pien-kang*.

## REMARQUES.

(1) Voyez l'Histoire de l'Astronomie Chinoise. *P. G.*

# XLI. TABLE.

*Mouvement des cinq Planétes après la ☌ avec le ☉.*

| | Jours. | *Ke.* | Degrés. | Minutes. | |
|---|---|---|---|---|---|
| ♃. | 17. | 50. | 2. | 50. | On voit ♃. matin. Direct. |
| | 98. | | 18. | 50. | |
| | 131. | 50. | 22. | 50. | |
| | 158. | | | | Station. |
| | 199. | 75. | 10. | 75. | Rétrogr. |
| | 240. | 11. | Les nombres manquent. | | Rétrogr. |
| | 267. | 50. | | | Station. |
| | 301. | | 15. | | Direct. |
| | 331. | 38. | 30. | 12. | Direct. |
| | 398. | 87. | 33. | 62. | ☌ avec le ☉, soir. |
| ♂. | 72. | 0. | 55. | | On voit ♂ matin. Direct. |
| | 193. | | 135. | | |
| | 287. | | 192. | 50. | |
| | 347. | | 216. | 75. | |
| | 360. | | | | Station. |
| | 390. | | 207. | 25. | Rétrogr. |
| | 420. | | 197. | 75. | Rétrogr. |

*Continuation de la XLI. Table.*

| *Mouvement des cinq Planétes après la ☌ avec le ☉.* | | | | | |
|---|---|---|---|---|---|
| | Jours. | *Ke.* | Degrés. | Minutes. | |
| | 433. | | | | Station. |
| | 493. | | 222. | | Direct. |
| | 587. | | 179. | 50. | |
| | 707. | 92. | 359. | 62. | |
| | 779. | 92. | 414. | 62. | ☌ avec le ☉, soir. |
| ♄. | 19. | | 2. | | Vû le matin. Direct. |
| | 79. | | 8. | | |
| | 103. | | 9. | 60. | |
| | 140. | | | | Station. |
| | 189. | | 6. | 42. | Rétrogr. |
| | 238. | | 3. | 24. | Rétrogr. |
| | 275. | | | | Station. |
| | 299. | | 4. | 4. | Direct. |
| | 378. | 8. | 12. | 83. | ☌ avec le ☉, soir. |
| ♀. | 42. | | 53. | | On la voit le soir. |
| | 142. | | 180. | 50. | Direct. |
| | 219. | | 266. | | |
| | 268. | | 301. | 50. | |

*Continuation de la XLI. Table.*

| *Mouvement des cinq Planétes après la ☌ avec le ☉.* | | | | | |
|---|---|---|---|---|---|
| | Jours. | *Ke.* | Degrés. | Minutes. | |
| ♀. | 285. | | 296. | | Retrogr. Avant la retrogression un peu de temps stationnaire. |
| | 292. | | 292. | | En ☌ avec la ☉. |
| | 299. | | 288. | | On la voit le matin. |
| | 316. | | 282. | 50. | Retrogr. Ensuite un peu station. |
| | 365. | | 319. | 50. | Directe. |
| | 412. | | 403. | 50. | |
| | 541. | 90. | 530. | 90. | En ☌ avec le ☉. Direct. |
| ☿. | 17. | | 34. | | On le voit le soir. |
| | 47. | | 64. | | Direct. Ensuite un peu stationnaire. |
| | 58. | | 58. | | En ☌ avec le ☉. Retrogr. |
| | 69. | | 52. | | On le voit le matin. |
| | 98. | 88. | 81. | 88. | Un peu station. Ensuite direct. |
| | 115. | 88. | 115. | 88. | En ☌ avec le ☉. |

# XLII. TABLE.

*Mouvement des cinq Planétes après leur ☌ avec le ☉.*

| ♃. Jours. | *Ke.* | Mouvement moyen. | Mouvement propre. | Mouvement diurne. | |
|---|---|---|---|---|---|
| | | ° ′ | ° ′ | ° ′ | |
| 16. | 86. | 3. 86. | 2. 93. | 23. | Caché. |
| 28. | | 6. 21. | 4. 64. | 22. | Le matin on le voit. |
| 28. | | 5. + | 4. + | + | |
| 28. | | 4. 31. | 3. 28. | + | |
| 28. | | 1. 91. | 1. 45. | + | |
| 46. | 58. | 4. 88. | 32. | + | Retrogr. |
| 46. | 58. | 4. 88. | 2. | + | Rétr. On le voit le soir. |
| 24. | | | | | Station. |
| 28. | | 1. 91. | 1. 45. | + | Direct. |
| 28. | | 4. + | 3. + | + | |
| 28. | | 5. 51. | 4. 29. | 21. | |
| 28. | | 6. 11. | 4. + | 22. | |
| 16. | 86′. | 2. 86. | 2. 93. | + | |
| ♂. + | + | + | + | 72. | ♂ chaché, matin. |

*Continuation de la XLII. Table.*

*Mouvement des cinq Planétes après leur ☌ avec le ☉.*

| ♃. Jours. | *Ke.* | Mouvement moyen. | Mouvement propre. | Mouvement diurne. | |
|---|---|---|---|---|---|
| | | °. ′. | °. ′. | °. ′. | |
| 59. | | 41. 80. | 38. 87. | 72. | Direct. |
| 57. | | 34. | 36. 97. | 70. | |
| 53. | | 34. + | 31. 77. | 67. | |
| 47. | | 27. 6. | 25. 15. | 62. | |
| 39. | | 17. 72. | 16. 48. | 53. | |
| 29. | | 6. 20. | 5. 77. | 38. | |
| 8. | | | | | Station. |
| 28. | 96. | 8. 65. | 6. 46. | + | Rétrog. |
| 28. | 96. | 8. 65. | 6. 46. | 44. | Vû le soir. |
| 8. | | | | | Station. |
| 29. | | 6. 20. | 5. 77. | | Les endroits qu'on voit marqués d'une croix, marquent des endroits effacez. |
| 39. | | 17. 72. | 16. 48. | 38. | |
| 47. | | 27. 4. | 25. 15. | 53. | |
| 53. | | 34. 26. | 31. 17. | 62. | |
| 57. | | 39. 8. | 36. 34. | 67. | |
| 59. | | 41. 80. | 38. 87. | 70. | |
| 69. | | 50. | 46. 50. | 72. | |

*Continuation de la XLII. Table.*

| *Mouvement des cinq Planétes après leur ☌ avec le ⊙.* | | | | | |
|---|---|---|---|---|---|
| Jours. | *Ke.* | Mouvement moyen. | Mouvement propre. | Mouvement diurne. | |
| ♄. | | °. ′. | °. ′. | °. ′. | |
| 20. | 40. | 2. 40. | 1. 49. | 12. | Caché. |
| 31. | | 3. 40. | 2. 11. | 11. | Matin vû. |
| 29. | | 2. 75. | 1. 91. | 10. | |
| 26. | | 1. 50. | 0. 83. | 8. | |
| 36. | | | | | Station. |
| 52. | 64. | 3. 62. | 0. 28. | | Rétrogr. |
| 52. | 64. | 3. 62. | 28. | 10. | Rétr. Vû le ſoir. |
| 30. | | | | | Station. |
| 26. | | + | 83. | + | |
| 29. | | 2. 75. | 1. 71. | 8. | |
| 30. | | 3. 40. | 2. 11. | 10. | |
| 20. | 40. | 2. 40. | 1. 49. | 11. | |
| ♀. | | | | | |
| 39. | | 49. 50. | 47. 54. | 1. 17. ½. | Cachée. |
| 51. | | 65. 50. | 63. | 1. 26′. + | Vû le ſoir. |
| 49. | | 61. | 58. 70. | 1. 25. ½. | |
| 43. | | 50. 35. | 48. 26. | 1. 22. | |

*Continuation de la XLII. Table.*

| *Mouvement des cinq Planétes après leur ☌ avec le ☉.* | | | | | |
|---|---|---|---|---|---|
| ♀. Jours. | *Ke.* | Mouvement moyen. | Mouvement propre. | Mouvement diurne. | |
| | | °. '. | °. '. | °. '. ''. | |
| 33. | | 27. | 25. 99. | 1. 2. | |
| 16. | | 4. 25. | 4. 9. | 0. 62. | |
| 5. | | 3. 69. | | | Station. |
| 10. | 95. | | 10. 59. | | Rétrogr. |
| 6. | | 4. 35. | 1. 53. | 61. | Rétrogr. |
| 6. | | 4. 25. | 1. 63. | 82. | Cachée. ☌ cachée. |
| 10. | 95. | 3. 69. | 1. 59. | 61. | Rétrogr. Matin. |
| 5. | | | | | Matin. Station. |
| 16. | | 4. 25. | 7. 9. | | |
| 33. | | 27. | 25. 99. | 62. | |
| 39. | | 42. 50. | 40. 90. | 1. 2. | |
| 42. | | 50. 25. | 48. 36. | 1 16. | |
| 49. | | 61. | 58. 71. | 1. 22. | |
| ♀. 52. | | 65. | 63. 4. | 1. 25. 50. | |

Continuation

*Continuation de la XLII. Table.*

*Mouvement des cinq Planétes après leur ☌ avec le ☉.*

| Jours. | *Ke.* | Mouvement moyen. | Mouvement propre. | Mouvement diurne. | |
|---|---|---|---|---|---|
| ♀. | | °. ′. | °. ′. | °. ′. ″. | |
| 39. | | 49. 50. | 47. 64. | 1. 26. 50. | |
| ☿. 17. | 75. | 34. 25. | 29. 8. | 2. 25. | Caché & ☌. |
| 15. | | 21. 38. | 18. 16. | 1. 70. | Vû le soir. |
| 12. | | 11. 12. | 8. 59. | 1. 14. | |
| 2. | | | | | Station. |
| 11. | 18. | 7. 81. | 2. 11. | 1. 3. | ☌ rétrogr. caché. |
| 2. | | | | | Station. matin. |
| 12. | | 10. 12. | 8. 59. | | |
| 15. | | 21. 38. | 18. 18. | 1. 14. | |
| 17. | 70. | 34. 20. | 29. 8. | 1. 70. | Matin, caché. |

Ces deux Tables sont de l'Astronomie de *Co-cheou-king*. Je n'ai pas trouvé de quelle manière il calculoit la latitude des cinq Planétes.

*Co-cheou-king* mit les Epoques suivantes pour le moment des cinq Planétes à la fin de l'an 1280.

♃. Sa ☌ avec le ☉ fut 117. jours, 97. *ke*, 26′. avant

le Solstice d'Hyvèr. Il revient au ☉ dans 398. jours, 88′. Sa révolution est de 4331. jours, 29. *ke*, 64′.

♂. Sa ☌ avec le ☉ fut 56. jours, 75. *ke*. 45′. avant le Solstice d'Hyvèr. Il revient au ☉ dans 779. jours, 92′. 90″. Sa révolution est de 686. jours, 95. *ke*, 80′. 43′.

♄. Sa ☌ fut 17. jours, 56. *ke*, 43′. avant le Solstice d'Hyvèr. Il revient au ☉ dans 378. jours, 9′. 16″. Sa révolution est de 10747. jours, 88. *ke*, 45′. 16″.

♀. Sa ☌ fut de 571. jours, 63. *ke*, 30′. avant le Solstice d'Hyvèr. Revient au ☉ dans 583. jours, 90′. 26″. Sa révolution est de 366. jours, 25. *ke*, 75′.

☿. Sa ☌ fut 70. jours, 40. *ke*, 37′. avant le Solstice d'Hyvèr. Revient au ☉ dans 115. jours, 87′. 60″.

On met deux ☌ de ♀ & ☿ avec le ☉.

Je n'ai pû encore avoir les Tables de l'Astronomie dont les Mahométans se sèrvent.

## SECTION IV.

### *DU CATALOGUE DES ECLIPSES du Soleil.*

LE P. Couplet dans sa Chronologie a donné un Catalogue d'Eclipses tiré de l'Histoire. Ce Catalogue est très-défectueux, & il paroît que le P. Couplet n'a pas sû l'Astronomie Chinoise. Il n'a fait nulle distinction des Eclipses Chinoises obsèrvées d'avec les Eclipses seulement calculées, il paroît n'avoir pas sû pourquoi beaucoup d'Eclipses fausses sont marquées dans l'Histoire, & la fausse suppôsition que l'Histoire rapporte ces Eclipses comme obsèrvées, a donné à feu M. Cassini des fausses idées sur le Calendrier Chinois. Cet habile Astronome auroit aisément fait la distinction de ces Eclipses obsèrvées & calculées, il auroit aisément été au fait sur le Calendrier Chinois, si le P. Couplet avoit donné quelque idée du Cycle des jours Chinois, de leur manière d'intèrcaler, de leur année civile & Astronomique, & des points absolument nécessaires dans l'éxamen des Eclipses Chinoises.

Il paroît que M. Cassini n'a pas eu connoissance de l'excellent Livre du P. Adam Schall, où ce Missionnaire éxamine plusieurs Eclipses Chinoises. Il ne contient que l'éxamen critique de plusieurs Eclipses de Soleil & de Lune. Après m'être mis au fait sur les principes de l'ancienne Astronomie Chinoise; j'ai crû devoir donner un nouveau Catalogue d'Eclipses.

J'ai fait des Disèrtations particulières sur l'Eclipse du *Chou-king*, du *Chi-king*, la prémière du *Tchun-tsieou*, & celle de la trente-uniême année de Jésus-Christ, & on voit assez les raisons que j'ai euës. J'ai donné idée de l'année Chinoise, des Cycles, & autres articles préliminaires, & nécessaires pour l'intelligence de tout ce que j'ai à dire.

Le Catalogue commence par les Eclipses solaires du *Tchun-tsieou.*

Entre l'an 481. avant Jésus-Christ, & l'an 249. avant Jésus-Christ, les Astronomes Chinois furent très-négligent à calculer les Eclipses, & l'Histoire n'en rapporte que fort peu & mal détaillées.

L'an 882. avant Jésus-Christ, l'Histoire rapporte une Eclipse de Soleil totale. On ne marque ni le jour, ni l'année (1), il est évident que cette année là il ne pût y avoir d'autre Eclipse totale que celle que le calcul donne dans le *Honan* le 3. Juillet au matin. Le ☉ & la ☾ dans ♋ 4°. 10'. 30". le ☊ dans ♊ 7°. 244'. 59".

L'an 435. avant Jésus-Christ, sixiême de l'Empereur *Cao-vang*, le P. Couplet marque une Eclipse de ☉ à la sixiême Lune, & en Eté selon l'Histoire.

Cette Eclipse du ☉ ainsi exprimée est fausse. Une Histoire faite du temps des *Han* Occidentaux (2) dit, que l'an 436. avant Jésus-Christ étoit la sixiême année de *Cao-vang*, & nos Jésuites marquent cette année des caractères *Y-se*, qui sont ceux de l'an 436. avant Jésus-Christ. Or les caractères *Sse-ki* marquent une Eclipse de ☉ cette année 436. avant Jésus-Christ, sans marquer ni jour, ni mois. Nos Jésuites dans leur Astronomie parlent d'une Eclipse de ☉ à la troisiême Lune, mais qui ne fut pas visible. Ils en trouvent une visible à la huitiême Lune; c'est-à-dire à la sixiême Lune des *Tcheou*, & c'est celle que le P. Couplet rapporte à l'an 435.

L'an 443. avant Jésus-Christ, l'Histoire marque une Eclipse de Soleil totale, on ne marque ni mois, ni jour. L'année est mal marquée, & cette année à la Chine il

REMARQUES.

(1) La Cour étoit à *Loyang.* P. G.

(2) *Sse-ki.* P. G.

n'y eut aucune Eclipse totale du Soleil. Il y a plusieurs autres Eclipses du Soleil marquées, mais sans jour & sans mois; l'éxamen de ces Eclipses ne sauroit être d'aucun secours. J'ai parlé ailleurs de l'Eclipse de l'an 248. avant Jésus-Christ marquée à la quatriême Lune. J'ai fait voir que c'étoit celle de la fin d'Avril le Soleil & la Lune dans ♈ 28°. 51'. 17".

L'Histoire des *Tsin* avant Jésus-Christ ne marque aucune autre Eclipse de Soleil.

On a une Histoire suivie & authentique des Dynasties depuis la prémière année du Fondateur des *Han* jusqu'à la dèrnière année du dèrnier Empereur des *Yuen*. Dans cette Histoire on a marqué séparément ce qui s'est passé dans châque Dynastie par rapport à l'Astronomie, & c'est proprement ce qui venoit du Tribunal des Mathématiques du temps de la Dinastie. C'est de cette source que j'ai tiré les calculs des Eclipses faits par les Tribunaux, & enregistrés par le Tribunal de l'Histoire. L'Histoire particulière des Empereurs, les préceptes des Astronomes, les exemples qu'ils rapportent, parlent quelque fois de cèrtaines Eclipses obsèvées, ou mal calculées, ou non obsèrvées. Dans mes Remarques j'ai rendu compte de ces points. L'Histoire a omis plusieurs Eclipses, ou en a mal placé d'autres; cela a été remarqué ou par des Auteurs contemporains, ou par les Historiens suivants. J'en ai aussi rendu compte. J'ai dans un Ecrit particulier éxaminé à la rigueur les Epoques de l'Histoire Chinoise, & j'ai démontré la fixation de plusieurs.

Si quelqu'un veut éxaminer quelques-unes des Eclipses du Catalogue, il a dans cet Ecrit les principes nécessaires, & qu'il ne sauroit avoir par les seules connoissances de l'Astronomie Européanne; on vèrra démonstrativement le rapport de la Chronologie des Livres d'Europe à celle des Livres de la Chine, & il trouvera que les Eclipſes ſont marquées ſeurement aux années où je les ai marquées. *Hing-yun-lou* dont j'ai parlé a calculé toutes les Eclipſes du Catalogue des Dynaſties ſur les Tables des *Yuen.* Cet Auteur eſt ſans contredit l'Aſtronome qui ait & plus ſû, & mieux écrit ; il étoit dans le Tribunal des Mathématiques avant la venuë des Jéſuites, il étoit fort oppôſé à l'Aſtronomie des Mahométans. J'ai crû devoir rapporter le calcul de cet Aſtronome Chinois. L'Hiſtoire des *Ming* n'a pas été encore publiée, ainſi je n'ai pû rapporter que très-peu d'Eclipſes de cette Dynaſtie. Je les ai tirées des Ecrits du P. Adam Schall.

Par le moyen du P. Kœgler j'eſpérois avoir beaucoup de chôſes du Tribunal des Mathématiques, dont il eſt Préſident ; mais 1°. les Chinois qui compôſent ce Tribunal ne ſavent prèſque rien de l'Aſtronomie qui étoit en uſage avant la venuë des Jéſuites. 2°. Le Tribunal n'a pas même des Regiſtres de la Dynaſtie des *Ming.* Ce qui eſt de plus authentique ſe trouve dans l'Hiſtoire des Dynaſties qui consèrve ce que le Tribunal des Mathématiques lui remet. Du reſte on n'a rien, & ſans doute tout s'eſt pèrdu, ou brûlé, ou égaré dans la deſtruction des Dynaſtie. Je ſai qu'il y a des particuliers qui ont des Livres où il eſt parlé de l'Aſtronomie Chinoiſe ancienne, & on en a ramaſſé d'anciennes obsèrvations, calculs, méthodes. J'en ai déja trouvé quelques-uns ; & les temps fâcheux où nous ſommes ne pèrmettent pas ici de faire les rechèrches convenables. J'ai rendu compte de tout cela dans le Traité de l'Aſtronomie Chinoiſe.

Quand on aura le temps, on pourra donner des Catalogues des apparitions des Cométes, des Eclipſes d'Etoiles par la Lune, ou par les Planétes, & des conjonctions des Planétes.

Si l'Aſtronomie Chinoiſe avoit rapporté du moins à peu près le temps, c'eſt-à-dire l'heure & la minute des obsèrvations ; ces ſortes de Catalogues ſeroient ineſtimables,

## CATALOGUE DES ECLIPSES.

### 1°. *Eclipses du* Tchun - tsieou.

| Années avant J. C. | Texte du *Tchun-tsieou.* | Calcul de *Hing-yun-lou.* | REMARQUES. |
|---|---|---|---|
| 709. | 3<sup>e</sup>. année de *Houon-kong*. En Automne, 1<sup>ere</sup>. Lune, 1<sup>er</sup>. jour *Gin-chîn* Eclipse totale. | *Hing-yun-lou* étoit de *Gan-so* dans le *Petcheli*. Entre 3. & 5. h. soir, Eclipse de 6. doigts, 1<sup>er</sup>. jour *Gin-chîn* de la 8<sup>e</sup>. Lune des *Tcheou*. On ne sût pas intercaler. | *Gan-so*, ou *Gan-sou*. Latitude . . . 39°. 4'. Longitud. Ouest de *Peking*, 0°. 37'. de degré. Sur l'Eclipse de l'an 720. prémière du *Tchun-tsieou* : Voyez la Dissertation sur cette Eclipse. *Tom. II. p.* 156. Cette Eclipse fut observée. 709. 17. Juillet étoit *Gin-chîn*. Au soir il y eut Eclipse totale. Le ☉ & la ☾ dans ♋ 16°. 2. ou 3'. Le nœud dans ♑ 22°. 10'. 19". C'étoit l'Automne & la 8<sup>e</sup>. Lune des *Tcheou*. Le |

P. Riccioli parle dans son Almageste d'une Eclipse de Soleil 17. Juillet 709. avant J.C. Les Astronomes des *Han* marquent cette Eclipse au prémier de leur 6<sup>e</sup>. Lune. Ceux des *Tsing*, *Tang*, *Yuen*, l'ont calculée pour le jour *Gin-chîn*, 1<sup>er</sup>. de la 8<sup>e</sup>. Lune des *Tcheou*.

| | | | |
|---|---|---|---|
| 695. | 17<sup>e</sup>. année, en Hyvèr | 1<sup>er</sup>. jour de la 11<sup>e</sup>. Lune des | L'Eclipse fut observée. Le calcul donne une Eclipse de Soleil |

*Continuation des Eclipses du* Tchun-tsieou.

| Années avant J.C. | Texte du *Tchun-tsieou.* | Calcul de *Hing-yun-lou.* | REMARQUES. |
|---|---|---|---|
| 695. | prémier de la dixiême Lune. | *Tcheou*, Eclipse entre 1. & 3. h. du soir. De la 3e. année de *Hou-on-hong* à l'an *Sin-se* de *Cobilay* il y a 1989 ans. | visible à la Chine le 10. Octobre 695. C'étoit l'Hyvèr & la onziême Lune des *Tcheou*. Les Astronomes des *Tang* & des *Yuen* ont calculé cette Eclipse, & la mettent le 10. Octobre 695. en réduisant leur temps au nôtre. Ils disent que l'ignorance de l'intèrcalation fit mettre 10e. Lune, au lieu de 11e. Lune. |
| 676. | 18e. année de *Tchoang-kong*, au Printemps, à la troisiême Lune. | Cette année est éloignée de 1956. ans de l'an *Sin-se* de *Cobilay*. L'Eclipse fausse. | *Hing-yun-lou*, les Astronomes des *Tang* & des *Yuen* trouvent une Eclipse visible au 15. Avril 676. Ceux des *Han* disent Eclipse de nuit, & par ce mot, ils entendent toute Eclipse qui quoique réelle n'est pas visible. |

Il paroît que l'Histoire de *Tchun-tsieou* rapporte un faux calcul, nous vèrrons plus bas beaucoup de faux calculs rapportés dans l'Histoire.

*Continuation*

*Continuation des Eclipses du* Tchun-tsieou.

| Années avant J. C. | Texte du *Tchun-tsieou.* | Calcul de *Hing-yun-lou.* | REMARQUES. |
|---|---|---|---|
| 669. | 25$^{e}$. année. En Eté. Au prémier jour *Sin-ouy* de la sixiême Lune. | Entre une & 3. $^{h}$. après midi du jour *Sin-ouy* de la 7$^{e}$. Lune des *Tcheou*, fut l'Eclipse. | On immola une victime, on batit le tambour; l'Eclipse fut donc obsèrvée. Le 27. Mai 669. fut *Sin-ouy*. Ce fut le jour de la ☌, vêrs le 27°. de ♉. Le ☊ dans ♓ 1°. L'Eclipse fut visible. C'étoit l'Eté & la sixiême Lune des *Tcheou*. Les Astronomes des *Tang* & des *Yuen* trouvent l'Eclipse au même an & jour. Mais ils comptent la septiême Lune des *Tcheou*, parce que leurs Tables représentoient le lieu du ☉ plus à l'Orient de quelques degrés. |
| 668. | 26$^{e}$. année. En Hyvèr, au jour *Quey-hay* prémier de la douziême Lune. | Entre 9. & 11. $^{h}$. du matin du jour *Quey-hay* 1$^{er}$. de la douziême Lune des *Tcheou*, fut l'Eclipse. | Le 10. Novembre 668. s'appelloit *Quey-hay*. Et le calcul donne ce jour là une Eclipse visible à la Chine. C'étoit l'Hyvèr & la douziême Lune des *Tcheou*, puisque le ☉ étoit dans ♏ 10°. 50. ou 55'. Les Astronomes des *Yuen* ont fort bien calculé cette Eclipse. Et ceux des *Han* la mettent à leur dixiême Lune; c'est-à-dire à la douziême Lune des *Tcheou*. |

*Continuation des Eclipses du* Tchun-tsieou.

| Années avant J. C. | Texte du *Tchun-tsieou.* | Calcul de *Hing-yun-lou.* | REMARQUES. |
|---|---|---|---|
| 664. | 30e. année. En Automne, au jour *Keng-ou*, prémier de la neuvième Lune. | Au jour *Keng-ou*, ou 1er. de la 10e. Lune des *Tcheou*, fut l'Eclipse, entre 9. & 11. h. du matin. | Le 28. Août 664. fut *Keng-ou*. Au soir fut la ☌ dans ♌ 27°. Le ☊ dans ♌ 19°. & quelques minutes. L'Eclipse fut visible. C'étoit l'Automne & la neuvième Lune des *Tcheou*. *Hing-yun-lou*, les *Tang* & les *Yuen* trouvé l'Eclipse au prémier de la dixième Lune des *Tcheou*, parce que leurs Tables avançoient le lieu du ⊙ pour ce temps éloigné. Au reste, l'Eclipse est rapportée comme observée. |
| 655. | 5e. année de *Hi-kong*. En Automne, au jour *Vou-chin* de la neuvième Lune. | Au jour *Vou-chin* prémier de la 9e. Lune des *Tcheou*, fut l'Eclipse, entre 1. & 3. h. du soir. | Le 19. Août 655. fut *Vou-chin*. Au soir la ☌ dans ♌ 18°. Le ☊ dans ♒ 25°. 33'. L'Eclipse fut donc visible; & c'étoit l'Automne, & la neuvième Lune du Calendrier des *Tcheou*.<br>Les Astronomes des *Han* marquent cette Eclipse à leur septième Lune. |

*Continuation des Eclipſes du* Tchun-tſieou.

| Années avant J.C. | Texte du *Tchun-tſieou.* | Calcul de *Hing-yun-lou.* | REMARQUES. |
|---|---|---|---|
| 648. | 12ᵉ. année de *Hi-kong.* Au Printemps, au jour *Keng-ou* de la troiſiême Lune. | Au jour *Keng - ou* de la cinquiême Lune des *Tcheou*, Eclipſe de Soleil. | Dans toutes les années 649. 648. 647. avant Jéſus-Chriſt, il n'y eut que le 6. Avril 648. qui fut *Keng-ou*, & qui fut la ☌ du ☉ & de la ☾. Le calcul donne ce jour là une Eclipſe du ☉ à la Chine. C'eſt donc ſeulement du 6. Avril 648. dont parle le texte. C'étoit la cinquiême Lune des *Tcheou*, puiſque le Soleil étoit dans ♈ 8°. 47'. Les Aſtronomes des *Han* mettent l'Eclipſe à leur troiſiême Lune. Les *Tang* & *Yuen* ont bien calculé. |
| 645. | 15ᵉ. année. En Eté, à la cinquiême Lune. | Au jour *Quey-Tcheou* de la 4ᵉ. Lune des *Tcheou*, Eclipſe de nuit. | Le texte du *Tchun-tſieou* rapporte un faux calcul. Un Aſtronome des *Han* appelle cette Eclipſe, Eclipſe de nuit. Les Aſtronomes des *Han* & des *Yuen* ont calculé comme *Hing-yun-lou*; mais ils ne diſent pas ſi l'Eclipſe fut viſible, ou non. |
| 626. | 1ᵉʳᵉ. année de *Ven-kong*, au Prin- | L'Eclipſe fut au jour *Quey Hay* 1ᵉʳ. | *Quey Hay* fut le 3. Février vers 1. heure après midi. Le Soleil & la Lune dans ♒, entre |

*Continuation des Eclipses du* Tchun-tsieou.

| Années avant J. C. | Texte du *Tchun-tsieou.* | Calcul de *Hing-yun-lou.* | REMARQUES. |
| --- | --- | --- | --- |
| 626. | temps, jour *Quey Hay*, seconde Lune. | de la 3e. Lune des *Tcheou*, vêrs midi. | le 7. & 8°. Le ☊ dans ♌ 15°. & quelques minutes. L'Eclipse fut donc visible. Les Astronomes des *Tsin*, *Tang*, *Yuen*, mettent une Eclipse visible le 3. Février. L'Eclipse fut obsèrvée. C'étoit le Printemps & la troisiême Lune des *Tcheou.* |
| 612. | 15e. année. Jour *Sin-tcheou*, prémier de la 6e. Lune des *Tcheou.* | Entre 7. & 9. h. matin, au jour *Sin-tcheou*, 1er. de la sixiême Lune des *Tcheou.* | L'Eclipse est rapportée obsèrvée. Le 28. Avril fut *Sin-tcheou*, & ce jour fut celui de la ☌. A ce jour là, les Astronomes des *Yuen*, trouvent une Eclipse visible à la Chine. Au temps de la ☌ le Soleil étoit dans ♈, vêrs la fin du Signe. |
| 601. | 8e. année de *Suen-kong*. En Automne, septiême Lune, au jour *Kia-tse*, Ecli- | Au jour *Kia-tse* de la 10e. Lune des *Tcheou*, Eclipse prêsque totale entre 1. & 3. | *Tou-yu* fameux Astronome des *Tsin* dit, qu'il s'agit du dèrnier jour de la septiême Lune. L'an 601. le 20. Septembre s'appelloit *Kia-tse*. Vêrs les 3. h. du soir ⊙ & ☾ dans ♍ 20°. 31'. Le ☊ dans ♓ 29°. 23'. 47''. |

*Continuation des Eclipses du* Tchun-tsieou.

| Années avant J.C. | Texte du *Tchun-tsieou.* | Calcul de *Hing-yun-lou.* | REMARQUES. |
|---|---|---|---|
| 601. | pse totale. | heures du soir. | C'étoit la 10e. Lune des *Tcheou*, & l'Eclipse fut totale. Les Astronomes des *Tsin*, *Tang*, & *Yuen* ont fort bien calculé l'Eclipse au 20. Septembre. On s'est trompé dans l'ordre des Lunes. |
| 599. | 10e. année. En Eté, 4e. Lune, au jour *Ping-chîn.* | Au jour *Ping-chîn*, 1er. de la 4e. Lune des *Tcheou*, entre 7. & 9. h. matin, Eclipse du ⊙. | Le 6. Mars fut *Ping-chîn*, vêrs les 7. heures du matin, ⊙ & ☾ dans ♓ 8°. 21'. 31". Le ☊ dans ♓ 1°. 13'. C'étoit la quatriême Lune des *Tcheou*, mais il falloit quelques jours pour arriver à l'Eté de leur Calendrier. Les Astronomes des *Yuen* ont calculé cette Eclipse, & la trouvent visible le 6. Mars. |
| 692. | 17e. année. En Eté, au jour *Quey Mao*, 6e. Lune. | Eclipse fausse. | Fausse Eclipse. Il n'y eut l'an 592. aucun jour *Quey Mao* où il pût y avoir une Eclipse de ⊙. Les Astronomes des *Han*, *Tsin*, *Tang* & *Yuen* disent que l'Eclipse est fausse. C'est sans doute un faux calcul des Astronomes qu'on apporte. |

*Continuation des Eclipses du* Tchun-tsieou.

| Années avant J. C. | Texte du *Tchun-tsieou.* | Calcul de *Hing-yun-lou.* | REMARQUES. |
|---|---|---|---|
| 575. | 16e. année de *Tching-kong*. Eté 6e. Lune *Ping-yn*. | L'Eclipse entre une & 3. h. du soir. Jour *Ping-yn*, 1er. de la 6e. Lune des *Tcheou*. | L'Eclipse fut observée. Le 9. Mai fut *Ping-yn*. Et le calcul donne à ce jour là une Eclipse du Soleil, vers le deux heures après midi, le Soleil & la Lune entre le 10°. & 11°. de ♉. Le ☊ dans ♏ 13°. 9. ou 12'. C'étoit l'Eté, & la sixiême Lune des *Tcheou*. Les *Yuen* mettent l'Eclipse visible le 9. Mai. |
| 574. | 17e. année. En Hyvèr, au jour *Ting-se* de la douziême Lune. | Au jour *Ting-se*, 1er. de la onziême Lune des *Tcheou*, fut l'Eclipse vêrs midi. On ne fût pas intèrcaler. | Les Astronomes des *Han*, *Tsin*, *Tang* & *Yuen* marquent l'Eclipse au jour *Ting-se*, prémier de la onziême Lune des *Tcheou*, & ils asseurent qu'on ne fût pas intèrcaler. Le 22. Octobre fut *Ting-se*, avant midi ☉ & ☾ dans ♎ 22°. & quelques minutes, le ☊ dans ♎ 15°, & plus de 30'. C'étoit l'Hyvèr & la onziême Lune des *Tcheou*. |

*Continuation des Eclipses du* Tchun-tsieou.

| Années avant J. C. | Texte du *Tchun-tsieou.* | Calcul de *Hing-yun-lou.* | REMARQUES. |
|---|---|---|---|
| 559. | 14e. année de *Siang-kong*, au jour *Y-ouy*, prémier de la 2e. Lune, Printemps. | Au jour *Y-ouy*, prémier de la 2e. Lune des *Tcheou*, entre une & 3. heures après midi, Eclipse. | Le 14. Janvier fut *Y-ouy*. Vêrs les deux heures après midi, ☉ & ☾ dans le 18°. de ♑. Le ☊ dans ♑ 10°. C'étoit le Printemps, & la seconde Lune des *Tcheou.* |
| 558. | 15e. année de *Siang-kong*. En Automne, 8e. Lune, jour *Ting-se*. | Jour *Ting-se*, 1er. de la septiême Lune des *Tcheou*, entre 7. & 9. h. du matin fut l'Eclipse. | Le jour *Ting-se* fut le 31. Mai. Ce jour là fut la ☌; mais l'Eclipse ne fut pas visible. Le Soleil au commencement du Signe ♊. Les Astronomes des *Tsin*, *Tang*, & *Yuen* mettent une Eclipse au 31. Mai, *Ting-se* prémier de la septiême Lune des *Tcheou*. Et ils disent qu'on ne sût pas intèrcaler. Selon le Calendrier d'aujourd'hui, c'étoit la quatriême Lune intèrcalaire. |
| 553. | 20e. année. En | Jour *Ping-* | Le 31. Août 553. fut *Ping-chîn*, ☾ & ☉ |

*Continuation des Eclipses du* Tchun-tsieou.

| Années avant J. C. | Texte du *Tchun-tsieou.* | Calcul de *Hing-yun-lou.* | REMARQUES. |
|---|---|---|---|
| 553. | Hyvèr, jour *Ping-chîn*, 1er. de la 10e. Lune. | *chîn*, 1er. de la 7e. Lune des *Tcheou*, fut une Eclipse, entre 3. & 5. h. du soir. | dans ♍ 1°. environ. Le ☊, ♍ 2°. 7. ou 8′. C'étoit la 10e. Lune des *Tcheou*, mais ce n'étoit pas en leur Hyvèr. Les Astronomes des *Yuen* ont calculé l'Eclipse pour le 31. Août *Ping-chîn*. |
| 552. | 21e. année. Automne, jour *Keng-su*, 1er. de la 9e. Lune, Eclipse du Soleil. | L'Eclipse fut entre 3. & 5. h. du soir, du jour *Keng-su*, prémier de la 10e. Lune des *Tcheou*. | Le 20. Août fut *Keng-su*. Et ce jour là il y eut une Eclipse de ☉; le ☉ étoit vêrs le 20°. de ♌. C'étoit donc l'Automne, & la 9e. Lune des *Tcheou*. Les Astronomes des *Han* mettent cette Eclipse à leur 7e. Lune. Ceux des *Yuen* l'ont bien calculée pour le 20. Août *Keng-su*. |
| | Jour *Keng-chîn*, 1er. de la 10e. Lune, Eclipse du Soleil. | Eclipse contre les régles. | Je crois que l'Eclipse de la 10e. Lune, est un faux calcul du Tribunal des Mathématiques, dont l'Histoire a tenu Registre. |

*Continuation*

*Continuation des Eclipses du* Tchun-tsieou.

| Annees avant J. C. | Texte du *Tchun-tsieou.* | Calcul de *Hing-yun-lou.* | REMARQUES. |
|---|---|---|---|
| 550. | 23e. année. Au Printemps, jour *Quey Yeou*, prémier de la seconde Lune. | Entre 7. & 9. h. du matin du jour *Quey Yeou*, 1er. de la 2e. Lune des *Tcheou*, fut l'Eclipse. | Le 5. Janvier à huit heures, 2. ou 3′. du matin, ☉ & ☾ dans ♑ 8°. 40′. 20″. Le ☊ dans ♋ 15°. 56′. 12″. C'étoit la seconde Lune, & le Printemps du Calendrier des *Tcheou*. Les Astronomes des *Yuen* ont très-bien calculé cette Eclipse au 5. Janvier, & ils disent que ce fut là seconde Lune des *Tcheou*. |
| 549. | 24e. année. Automne, jour *Kia-tse*, prémier de la septiême Lune, Eclipse du ☉ totale. | Jour *Kia-tse*, 1er. de la 7e. Lune des *Tcheou*, Eclipse de plus de 9. doigts, entre 1. & 3. heures, soir. | Le 19. Juin 549. fut *Kia-tse*, & il y eut Eclipse totale *cum morâ*, le Soleil dans ♊ 20°. 19′. C'étoit donc l'Automne, & la septiême Lune des *Tcheou*. Les *Yuen* trouvent aussi l'Eclipse présque totale le 19. Juin, & visible. Le Père Adam Schall trouve aussi le 19. Juin 549. une Eclipse totale & visible à la Chine. Il avertit que la septiême Lune du *Tchun-tsieou*, est la cinquiême Lune du Calendrier de son temps. |

*Continuation des Eclipses du* Tchun-tsieou.

| Années avant J. C. | Texte du *Tchun-tsieou.* | Calcul de *Hing-yun-lou.* | REMARQUES. |
|---|---|---|---|
| 549. | Au jour *Quey-se*, de la 8e. Lune, Eclipse du Soleil. | Eclipse contre les régles. | Je crois que l'Eclipse de la huitiême Lune est un faux calcul du Tribunal des Mathématiques, dont l'Histoire a tenu Registre. |
| 546. | 27e. année. En Hyvèr, au jour *Y-hay*, prémier de la 12e. Lune. | L'Eclipse fut au lever du ☉, au jour *Y-hay* de la onziême Lune des *Tcheou.* | Un ancien Commentaire dit 11e. Lune. Le Père Adam Schall dit, qu'au jour *Y-hay*, prémier de le onziême Lune des *Tcheou.* Le milieu de l'Eclipse fut à 7. h. 57'. du matin, & qu'elle fut de 7. doigts Chinois. |
| Le jour *Y-hay* fut le 13. Octobre. Les *Tsin*, *Tang*, & *Yuen* ont bien calculé cette Eclipse. | | | |
| 535. | 7e. année de *Tchao-kong*. En Eté. Jour *Kia-chîn*, prémier de la 4e. Lune. | Jour *Kia-chîn*, 1er. de la 4e. Lune des *Tcheou*, entre 11. h. & 1. h. après midi, Ecli- | L'Eclipse fut obsèrvée le 18. Mars. Ce jour étoit *Kia-chîn.* Après midi, ☉ & ☾ dans ♓, vêrs le 21°. Le ☊ dans ♍ 22°. 30'. C'étoit l'Eté, & la quatriême Lune du Calendrier des *Tcheou.* |

*Continuation des Eclipses du* Tchun-tsieou.

| Années avant J.C. | Texte du *Tchun-tsieou.* | Calcul de *Hing-yun-lou.* | REMARQUES. |
|---|---|---|---|
| 535. | | pse du Soleil. | Les Astronomes des *Han*, rapportent cette Eclipse à leur seconde Lune; & ceux des *Yuen* trouvent une Eclipse visible le 18. Mars, prémier de la quatriême Lune des *Tcheou*. |
| 527. | 15<sup>e</sup>. année. Jour *Ting-se*, prémier de la 6<sup>e</sup>. Lune. | Au jour *Ting-se*, prémier de la 5<sup>e</sup>. Lune des *Tcheou*, fut l'Eclipse. | Le 18. Avril fut *Ting-se*. Après midi ☉ & ☾ dans ♈ 21°. quelques minutes; le ☊ dans ♈ 15°. quelques minutes. C'étoit la cinquiême Lune des *Tcheou*. L'Eclipse fut visible. Les Astronomes des *Tang* & *Yuen* ont calculé cette Eclipse, & la trouvent visible le 18. Avril, qui fut, disent-ils, prémier de la cinquiême Lune. |
| 525. | 17<sup>e</sup>. année. En Eté, au jour *Kia-su*, 1<sup>er</sup>. de la 6<sup>e</sup>. Lune. | Le jour *Kia-su* fut le prémier de la 9<sup>e</sup>. Lune des *Tcheou*, il y eut Eclipse. | Le 21. Août 525. fut *Kia-su*; il y eut Eclipse du Soleil, ☉ & ☾ dans ♌ 21°. 26′. le ☊ dans ♓. C'étoit donc l'Automne, & la neuviême Lune des *Tcheou*. De plusieurs années, il ne pût y avoir de ☌, & d'Eclipse à d'autre jour *Kia-su* qu'au 21. Août 525. Les |

*Continuation des Eclipses du* Tchun-tsieou.

| Années avant J. C. | Texte du *Tchun-tsieou.* | Calcul de *Hing-yun-lou.* | REMARQUES. |
|---|---|---|---|
| Astronomes des *Tang*, *Tsin*, & *Yuen* ont très-bien remarqué qu'il ne pût pas y avoir Eclipse à la sixième Lune, & que le 1er. jour de la 6e. n'étoit pas *Kia-su.* | | | |
| 521. | 21e. année de *Tchao-kong,* jour *Gin-ou*, prémier de la 7e. Lune. | Entre 9. & 11. h. du matin du jour *Cin-ou* de la 7e. Lune des *Tcheou*, Eclipse. | Il paroît que l'Eclipse fut obsèrvée. Le 10. Juin fut *Gin-ou.* Avant midi, ⊙ & ☾ entre le 11. & 12°. de ♊; le ☊ dans ♐ 17°. & quelques minutes. L'Eclipse fut visible. C'étoit la septième Lune des *Tcheou.* |
| 520. | 22e. année. En Hyvèr, jour *Quey Yeou*, prémier de la douzième Lune. | A la 12e. Lune des *Tcheou*, prémier jour *Quey Yeou*, entre 7. & 9. heures du matin, Eclipse. | Le 23. Novembre fut *Quey Yeou.* Après midi, ⊙ & ☾ dans ♏, vêrs le 25°. 36'. le ☊ dans ♏ 19°. 12'. Eclipse visible. C'étoit l'Hyvèr, & la 12e. Lune des *Tcheou.* Les Astronomes des *Han* ont marqué cette Eclipse à leur dixième Lune. Ceux des *Yuen* la mettent au 23. Novembre; & ils font voir l'erreur de *Tou-yu* Astronome des *Tsin*, qui avoit mal calculé l'Eclipse. |

*Continuation des Eclipses du* Tchun-tsieou.

| Années avant J. C. | Texte du *Tchun-tsieou.* | Calcul de *Hing-yun-lou.* | REMARQUES. |
|---|---|---|---|
| 518. | 24e. année. En Eté, jour *Y-ouy*, prémier de la 5e. Lune. | L'Eclipse fut entre 9. & 11 h. du matin. | Le 9. Avril fut *Y-ouy*. Ce jour là le calcul donne une Eclipse visible. C'étoit l'Eté & la 5e. Lune des *Tcheou*, puisque le ☉ étoit dans ♈ 12°. 11. ou 12′. Les Astronomes des *Yuen* ont bien calculé cette Eclipse. Et ceux des *Han* rapportent au long les malheurs publics qui suivirent cette Eclipse. |
| 511. | 31e. année. Jour *Sin-hay*, prémier de la 12e. Lune. | Jour *Sin-hay*, prémier de la 12e. Lune des *Tcheou*, entre 7. & 9. h. du matin, Eclipse. | Cette Eclipse fut observée. Le 14. Novembre fut *Sin-hay*. Et ce jour là le calcul donne une Eclipse visible à la Chine. C'étoit la douziême Lune des *Tcheou*, puisque le Soleil étoit dans ♏ 16°. environ. Les Astronomes des *Yuen* trouvent une Eclipse visible le 14. Novembre. |
| 505. | 5e. année de *Ting-kong*, jour *Sin-hay*, | L'Eclipse fut entre 1. & 3. h. du soir le | Le 16. Février fut *Sin-hay*. Et ce jour-là il y eut une Eclipse à la Chine, ☉ & ☾ dans le |

*Continuation des Eclipses du* Tchun-tsieou.

| Années avant J.C. | Texte du *Tchun-tsieou.* | Calcul de *Hing-yun-lou.* | REMARQUES. |
|---|---|---|---|
| 505. | prémier de la 3$^{e}$. Lune, Prin-temps. | jour *Sin-hay*, 1$^{er}$. de la 3$^{e}$. Lune des *Tcheou.* | 20°. de ♒; le ☊ dans ♒ 14°. 3′. C'étoit le Printemps, & la troisiême Lune des *Tcheou.* |
| 498. | 12$^{e}$. an-née. Au jour *Ping-yn* de la onziême Lune. | On ne sût pas intèr-caler; c'é-toit la di-xiême Lu-ne, jour *Ping-yn*; l'Eclipse vêrs midi. | *Ping-yn* fut le 22. Septembre. Avant midi, ☉ & ☾ dans ♍ 21°. à peu près; le ☊ dans ♍ 17°. 36′. C'étoit la dixiême Lune des *Tcheou.* Les Astronomes des *Yuen* disent aussi, qu'on ne sût pas intèrcaler. Ils mettent fort bien au 22. Septembre une Eclipse visible. |
| 495. | 15$^{e}$. an-née. Jour *Keng-chin*, pré-mier de la huitiême Lune. | Vêrs midi fut l'Ecli-pse; le jour étoit *Keng-chin*; c'é-toit la 8$^{e}$. Lune des *Tcheou.* | Le 22. Juillet fut *Keng-chin*. A 11.$^{h}$. du matin fut la ☌ dans ♋ 21°. 35′. 25″. le ☊ dans ♋ 22°. 31′. 2″. C'étoit donc la huitiême Lune des *Tcheou.* Les Astronomes des *Han* mettent l'Eclipse à leur 6$^{e}$. Lune. Ceux des *Yuen* marquent une Eclipse visible le 22. Juillet. |

*Continuation des Eclipses du* Tchun-tsieou.

| Années avant J. C. | Texte du *Tchun-tsieou.* | Calcul de *Hing-yun-lou.* | REMARQUES. |
|---|---|---|---|
| 481. | 14e. année. Jour *Keng-chin*, prémier de la cinquiême Lune; en Eté Eclipse du Soleil. | Entre 1. & 3. h. après midi fut l'Eclipse, jour *Keng-chin*, cinquiême Lune des *Tcheou.* | Le 19. Avril fut *Keng-chin.* Vêrs midi, ☉ & ☾ dans ♈ 22°. 47′. 37″. le ☊ dans ♎ 22°. 27′. L'Eclipse fut visible. C'étoit la 5e. Lune des *Tcheou.* Les *Yuen* ont calculé cette Eclipse pour le 19. Avril. Ils la trouvent visible. Le P. Riccioli rapporte une Eclipse du Soleil le 19. Avril 481. avant Jésus-Christ. |

L'Eclipse du 19. Avril 481. avant Jésus-Christ, est dans le Recueil de *Tso-kieou-ming* Auteur contemporain de *Confucius.*

*Confucius* qui a rapporté ces Eclipses, nâquit dans le *Chan-tong*, l'an 551. avant Jésus-Christ. Il mourut l'an 479. avant Jésus-Christ. Par là on voit qu'il a été témoin oculaire de plusieurs Eclipses qu'il rapporte.

## II°. ECLIPSES DU SOLEIL.

| Années avant J. C. | Calcul du Tribunal. | Calcul de *Hing-yun-lou.* | REMARQUES. |
|---|---|---|---|
| 204. | Dèrnier jour de la 10^e^. Lune, Eclipse du ⊙; lieu du ⊙ au 20°. de *Teou.* | Prémier jour de la 11^e^. Lune; le lieu du ⊙ dans le 20°. de la Constellation *Teou* est assez juste. | C'est la troisième année du régne de *Cao-tsou* Fondateur des *Han.* Sa Cour fut à *Siganfou*, capitale du *Chensi.* |
| 198. *Y-ouy* fut le 7. Août. | Au jour *Y-ouy* dèrnier de la 6^e^. Lune, Eclipse du Soleil totale au 13°. de *Tchang.* | Prémier jour de la septième Lune, de 11.^h^. à 1.^h^. après midi Eclipse. | J'ai vérifié cette Eclipse marquée à la 9^e^. année de *Cao-tsou* Fondateur des *Han*, & je m'en suis sèrvi pour démontrer que l'an 206. avant Jésus-Christ, est la prémière année de *Cao-tsou.* |
| 188. | Prémier de la prémière Lune Eclipse du Soleil. | Prémier de la 12^e^. Lune de la 6^e^. année de *Hoey-ti.* | L'Eclipse est marquée la 7^e^. année de *Hoey-ti*, prémière Lune. On dit que le Tribunal marqua mal le jour de la ☌, & qu'on ne sût pas intèrcaler. |

*Continuation des Eclipses du Soleil.*

| Années avant J. C. | Calcul du Tribunal. | Calcul de *Hing-yun-lou.* | REMARQUES. |
|---|---|---|---|
| 188. | Deux jours avant le 1$^{er}$. de la 6$^{e}$. Lune, Eclipse du Soleil. | Prémier de la 6$^{e}$. Lune, entre 3. & 5. heures après midi. | Le jour de l'Eclipse fut deux jours avant le premier de la sixiême Lune ; ainsi le Calendrier se trompa. Cette Eclipse fut obsèrvée à Rome. Le P. Petau l'a calculée au 17. Juillet 188. |
| 186. | Dèrnier jour de la 6$^{e}$. Lune, Eclipse du Soleil. | Eclipse mal calculée ; la ☌ ne fut pas Ecliptique. | Dans ces prémières Eclipses des *Han*, *Hing-yun-lou* donne l'exemple de sa méthode de calculer les Eclipses selon l'Astronomie de *Cobilay*. |
| 181. | Dèrnier jour de la 1$^{ere}$. Lune, Eclipse du ☉ totale, au 9°. de la Constell. *Che*. | Prémier jour de la troisiême Lune, entre 11. h. & une h. après midi. | L'Eclipse fut obsèrvée totale le 5. Mars. L'Histoire rapporte les présages sinistres qu'on tira de cette grande Eclipse. |
| 178. | Dèrnier jour de la | Prémier jour de la | Comme je n'ai pas examiné cette Eclipse, |

*Continuation des Eclipses du Soleil.*

| Années avant J. C. | Calcul du Tribunal. | Calcul de *Hinh-yun-lou.* | REMARQUES. |
|---|---|---|---|
| 178. | 11e. Lune, Eclipse du ☉, au 1°. de la Constellation *Nu.* | douziême Lune. | je ne sai si le prémier de la douziême Lune fut en Janvier de l'an 177. |
| 177. | Dèrnier jour de la 10e. Lune. Eclipse du ☉, au 23°. de *Teou.* | Prémier de la 11e. Lune. On ne sût pas intèrcaler. | |
| 160. | Dèrnier de la quatriême Lune, Eclipse Soleil. | 1er. de la 6e. Lune. L'ignorance sur l'intèrcalation trompa le Tribunal. | |
| 157. | Prémier de la prémière Lune, Eclipse du Soleil. | Cette Eclipse est fausse; elle fut mal calculée. | |

*Continuation des Eclipses du Soleil.*

| Années avant J. C. | Calcul du Tribunal. | Calcul de *Hing-yun-lou*. | REMARQUES. |
|---|---|---|---|
| 154. | Dèrnier de la 2e. Lune, Eclipse du Soleil. | 1er. de la 3e. Lune. L'Histoire a mal marqué au dèrnier de la 1ere. Lune. | |
| 153. | Dèrnier jour de la 10e. Lune, Eclipse du Soleil. | Eclipse fausse. | |
| 150. | Dèrnier jour de la 11e. Lune, Eclipse du Soleil. | Prémier de la 12e. Lune. | Je n'ai pas éxaminé si le prémier de la douziême Lune fut en Janvier de 149. |
| 148. | 1er. de la 1ere. Lune, Eclipse du ⊙. | Eclipse fausse. | |
| 148. | Dèrnier de la 9e. Lune, Eclipse du Soleil. | L'Eclipse ne fut pas visible à *Siganfou*. | Je ne sai si le calcul de *Hing-yun-lou* est juste, je ne l'ai pas éxaminé. |

*Continuation des Eclipſes du Soleil.*

| Années avant J. C. | Calcul du Tribunal. | Calcul de *Hing-yun-lon.* | REMARQUES. |
|---|---|---|---|
| 147. | Dèrnier jour de la 9e. Lune, Eclipſe du Soleil préſque totale. | 1er. de la 10e. Lune, Eclipſe entre 3. & 5. heures après midi. | Le P. Adam Schall trouve l'Eclipſe de neuf doigts 12'. en comptant à l'Européanne. L'Eclipſe fut obsèrvée. Elle avoit été d'abord mal calculée. |
| 146. | Dèrnier jour de la 10e. Lune, Eclipſe du Soleil. | Eclipſe fauſſe. | |
| 145. | Dèrnier jour de la 7e. Lune, Eclipſe du Soleil. | Prémier de la 8e. Lune. | |
| 143. | 2. jours avant le 1er. de la 8e. Lune, Eclipſe du Soleil. | Prémier jour de la huitiême Lune. | Apparament que l'Eclipſe parut un jour avant le dèrnier de la ſeptiême Lune du Calendrier. |
| 139. | Prémier de la 2e. Lune, | On marqua mal le jour de | Une Hiſtoire ſecrette des *Han* dit, qu'au prémier de la dixiême ☾ |

*Continuation des Eclipſes du Soleil.*

| Années avant J. C. | Calcul du Tribunal. | Calcul de *Hing-yun-lou.* | REMARQUES. |
|---|---|---|---|
| 139. | Eclipſe du Soleil. | la ☾, & l'Eclipſe eſt fauſſe. | parut une Eclipſe que le Tribunal n'avoit pas prédite. *Hing-yun-lou* dit que cette Eclipſe eſt vraye. Je parlerai plus bas de cette Hiſtoire ſecrette des *Han*. |
| 138. | Dèrnier de la 9e. Lune, Eclipſe du Soleil. | Prémier de la 10e. Lune. | |
| 136. | 1er. de la prémiere Lune, Eclipſe du Soleil. | Eclipſe fauſſe. | |
| 134. | Dèrnier de la 2e. Lune, du Soleil. | Eclipſe fauſſe. | On dit que les Mathématiciens firent ôter cette fauſſe Eclipſe des Regiſtres faits pour l'Hiſtoire. |
| 134. | Un jour avant le dèrnier de la 7e. Lune, | Prémier de la 7e. Lune. On manqua l'intèrca- | L'Aſtronomie d'un Prince des *Souy* offèrte à *Van-li*, trouve cette Eclipſe prèſque totale, Commencement à midi |

*Continuation des Eclipſes du Soleil.*

| Années avant J. C. | Calcul du Tribunal. | Calcul de *Hing-yun-lou.* | REMARQUES. |
|---|---|---|---|
| 134. | Eclipſe du Soleil à midi. | lation de la troiſiême Lune. | 14'. 12". milieu 1. h. 42'. 36". fin à 3. h. après midi. C'étoit le 1er. de la ſeptiême Lune. L'Eclipſe fut obsèrvée. |
| 127. | Dèrnier de la 2e. Lune, Eclipſe du Soleil. | Prémier de la 3e. Lune. | |
| 123. | Dèrnier de la 11e. Lune, Eclipſe du Soleil. | Eclipſe fauſſe. | On dit que les Mathématiciens ôtèrent des Regiſtres de l'Hiſtoire cette fauſſe Eclipſe. |
| 122. | Dèrnier de la 5e. Lune, Eclipſe du Soleil. | Prémier de la 6e. Lune. | |
| 112. | Dèrnier de la 4e. Lune, Eclipſe du Soleil. | Prémier de la 5e. Lune. | |

*Continuation des Eclipses du Soleil.*

| Années avant J. C. | Calcul du Tribunal. | Calcul de *Hing-yun-lou.* | REMARQUES. |
|---|---|---|---|
| 107. | Prémier de la 6e. Lune, Eclipse du Soleil. | Le jour fut mal marqué, & l'Eclipse est fausse. | L'an 104 avant J. C. on calcula mal le Solstice d'Hyvèr pour le 20. Décembre. Les Astronomes postérieurs ont relevé cette faute. |
| 96. | Dèrnier de la 1re. Lune, Eclipse de Soleil. | Prémier de la 2e. Lune. | L'Eclipse arriva, dit-on, un jour après celui qu'on avoit prédit; on avoit aussi mal calculé le lieu du Soleil. |
| 93. | Dèrnier de la 10e. Lune, Eclipse du Soleil. | Prémier de la 11e. Lune. | |
| 89. | Au jour *Sin-yeou*, dèrnier de la huitiême Lune, Eclipse présque totale. Le Soleil dans la Con- | Commenc. de l'Eclipse après midi, 1. h. 28'. 24''. milieu, 2. h. 42'. 36''. fin, 4. h. 0'. 0''. Jour *Sin-* | Cette Eclipse fut obsèrvée le 29. Septembre à *Siganfou*, prémier de la neuviême Lune, & ce jour s'appelloit *Sin-yeou.* |

*Continuation des Eclipses du Soleil.*

| Années avant J. C. | Calcul du Tribunal. | Calcul de *Hing-yun-lou.* | REMARQUES. |
|---|---|---|---|
| 89. | stellation *Cang* 2°. | *yeou.* Quantité 9. doigts, 90′. ☉ au 10°. de *Kio*, selon l'Ecliptique. | |
| 84. | Prémier de la 10e. Lune, Eclipse du Soleil. | 1er. de la 11e. ☾, entre 9. & 11. h. du matin, Eclip. | |
| 80. | Dèrnier de la 7e. Lune, Eclipse du Soleil. | 1er. de la 8e. Lune, Eclipse entre 1. & 3. h. après midi. | |
| 70. | Au jour *Quey-hay*, dèrnier de la 12e. Lune, Eclipse du Soleil. | L'Eclipse au prémier jour *Quey-hay* de la 1ere. Lune de l'an 69. avant J. C. | Le prémier de la prémière Lune est une grande Fête en Chine, & une Eclipse du ☉ ce jour là est d'un mauvais augure pour l'Empereur. C'est pour cela qu'on mit l'Eclipse au dèrnier de la 12e. Lune. |

*Continuation des Eclipses du Soleil.*

| Années avant J. C. | Calcul du Tribunal. | Calcul de *Hing-yun-lou.* | REMARQUES. |
|---|---|---|---|
| 57. | Prémier de la 12e. Lune, Eclipse du Soleil. | L'Eclipse entre 5. & 7. h. du matin, Eclipse. | |
| 54. | 1er. de la 4e. Lune, Eclipse du Soleil. | L'Eclipse est bien calculée. | |
| 42. | 1er. de la 3e. Lune, Eclipse du Soleil. | L'Eclipse entre 7. & 9. h. du matin du 1er. de la 3e. Lune. | |
| 40. | Dèrnier de la 6e. ☾, Eclipse du Soleil. | L'Eclipse entre 3. & 5. heures du soir du 1er. de la 7e. Lune. | |
| 34. | Dèrnier de la 6e. Lune, Eclipse du ☉ présque totale. | L'Eclipse fut mal calculée. Elle est fausse. | |

*Continuation des Eclipses du Soleil.*

| Années avant J. C. | Calcul du Tribunal. | Calcul de *Hing-yun-lou.* | REMARQUES. |
|---|---|---|---|
| 30. | Prémier de la 12e. Lune, Eclipse du Soleil. | A midi 28′. 24″. milieu de l'Eclipse. | Je n'ai pas éxaminé si le jour fut en Janvier de l'an 29. L'Eclipse fut obsèrvée, & la nuit il y eut tremblement de tèrre. |
| 28. | Dèrnier de la 4e. Lune, Eclipse du ☉ presque totale. | 1er. de la 5e. Lune, milieu de l'Eclipse à 7. heures 42′. 36″. du matin. | L'Eclipse fut obsèrvée totale. |
| 26. | Dèrnier de la 8e. Lune, Eclipse du Soleil. | 1er. de la 10e. Lune; on n'intèrcala pas bien. | |
| 25. | 1er. de la 3e. Lune, Eclipse du Soleil. | L'Eclipse est bien calculée. | |
| 24. | Dèrnier de la 2e. Lune, Eclipse du Soleil. | 1er. de la 3e. ☾; l'Eclipse fut entre 3. & 5. h. du soir. | |

*Continuation des Eclipses du Soleil.*

| Années avant J. C. | Calcul du Tribunal. | Calcul de *Hing-yun-lou.* | REMARQUES. |
|---|---|---|---|
| 16. | Dèrnier de la 9e. Lune, Eclipse du Soleil. | Eclipse fausse. | On dit que les Mathématiciens firent rayer des Registres cette histoire. |
| 15. | Dèrnier de la 2e. Lune, Eclipse du Soleil. | Prémier de la 3e. Lune. | |
| 14. | Dèrnier de la prémière Lune, Eclipse du Soleil. | Prémier de la 2e. Lune. | |
| 13. | Dèrnier de la 7e. Lune, Eclipse du Soleil. | Prémier de la 8e. Lune. | |
| 12. | Prémier de la prémière Lune, Eclipse du Soleil. | Eclipse bien calculée. | |

*Continuation des Eclipses du Soleil.*

| Années avant J. C. | Calcul du Tribunal. | Calcul de *Hing-yun-lon.* | REMARQUES. |
|---|---|---|---|
| 2. | Prémier de la 1ere. Lune, Eclipse du Soleil; l'Eclipse au 10°. de la Constell. *Che.* | L'Eclipse fut de 7. à 9. h. du matin. | Le jour de l'Eclipse fut le 5. Février, la ☌ entre 7. & 8. heures du matin, dans ♒ 13°. 59'. 21''. le ☊ dans ♒ 5°. 32'. 41''. |
| 1. | Dèrnier de la 3e. Lune, Eclipse du Soleil. | Eclipse fausse. | On dit qu'on vit qu'il n'y avoit pas d'Eclipse. |
| 0. | Prémier de la 5e. Lune. | L'Eclipse fut bien calculée; elle fut entre 11. h. & 1. heure après midi. | L'Eclipse fut le 10. Juin, entre 10. & 11. h. du matin. Fut la ☌ dans ♊ 15°. 51'. le ☊ dans ♐ 22°. 10'. 50''. |
| Années après J. C. 2. | Dèrnier de la 9e. Lune, Eclipse du ☉ totale. | | Durant tout le temps de ces Eclipses, la Cour fut à *Siganfou* capitale du *Chensi*, Cour des *Han* Occidentaux. |

*Continuation des Eclipses du Soleil.*

| An de J. C. | Calcul du Tribunal. | Calcul de *Hing-yun-loü.* | REMARQUES. |
|---|---|---|---|
| 25. | Prémier de la 1ere. Lune, Eclipse du Soleil. La Cour à *Loyan* dans le *Honan.* | Eclipse qui fut de nuit; l'Eclipse fut de 11. h. à 1. heure après minuit. | Le Tribunal, dit-on, voyant qu'il n'y avoit pas d'Eclipse, trouva le moyen de faire ôter des Registres le calcul. C'étoit la prémière année de *Quang-vou-ti* prémier Empereur des *Han* Orientaux. |
| 26. | Au jour *Kia-tse*, prémièr de la prémière Lune, Eclipse du Soleil au 8°. de la Constellation *Ouey.* | Cette Eclipse fut bien calculée; le milieu fut à 2. h. après midi, le ☉ étoit au 8°. 95'. de la Constell. *Ouey.* | *Hing-yun-lou* a calculé l'ascension droite du Soleil. |
| 27. | Au jour *Y-mao*, dèrnier de la 5e. Lune, Eclipse du Soleil. | 1er. jour de la 6e. Lune, Eclipse entre 7. & 9. heures du matin. | L'Astronomie cite *Tsien-tan-pa*, qui dit: *Eclipse au jour* Y-mao, *le tonnèrre est tranquille, la neige gâte tout.* |

*Continuation des Eclipses du Soleil.*

| An de J. C. | Calcul du Tribunal. | Calcul de *Hing-yun-lou.* | REMARQUES. |
|---|---|---|---|
| 28. | * Au jour *Y - mao*, dèrnier de la cinquiême Lune, Eclipse du Soleil. | Le prémier de la sixiême Lune fut le jour de l'Eclipse ; mais elle arriva de nuit. | Après ce que j'ai dit du Cycle de 60. jours, il est clair que dans un an il ne peut y avoir deux jours de même nom où soit la ☌ du ☉ & de la ☾. |
| 30. | Dèrnier de la troisiême Lune, Eclipse de Soleil. Cette Eclipse est dans l'Histoire secrette des *Han*. | L'Eclipse fut entre 11. h. & 1. h. après midi. | Cette Eclipse fut observée ; l'Hist. secrette des *Han* fut trouvée du temps de *Hong - vou* Fondateur des *Ming*. Cette Histoire dit, 1°. que le Tribunal n'avoit pas supputé l'Eclipse, 2°. que les péchés des hommes obscurcissoient le Soleil. |
| 30. | Dèrnier de la 9e. Lune, Eclipse du Soleil. | Prémier de la 10e. Lune, Eclipse à 6. h. du matin. | L'Eclipse ne parut pas à *Loyan*, on fut averti que dans les Provinces Orientales on avoit vû l'Eclipse au lever du Soleil. |

*Continuation des Eclipſes du Soleil.*

| An de J.C. | Calcul du Tribunal. | Calcul de *Hing-yun-lou.* | REMARQUES. |
|---|---|---|---|
| 31. | Au dèrnier jour de la 3e. Lune, Eclipſe du Soleil. | | J'ai fait une Diſsèrtation ſur cette Eclipſe. Voyez au Tôme précédent pag. 163. & ſuiv. |
| 33.<br>35.<br>35. | 7e. ☾.<br>6e. ☾.<br>12e. ☾.<br>Ecl. du ☉. | | Ces trois Eclipſes ſont dans un Livre appellé *Cou-tang-tchou. Hing-yun-lou* n'en parle pas, non plus que l'Aſtronomie. |
| 40. | Dèrnier de la 3e. Lune, Eclipſe du Soleil. | L'Eclipſe fut entre 7. & 9.h. du matin, du 1er. de la 4e. Lune. | |
| 41. | Dèrnier de la 2e. Lune, Eclipſe du Soleil. | Prémier de la 3e. Lune. | |
| 46. | Dèrnier de la 5e. ☾, Ecl. du ☉. | Prémier de la 6e. Lune. | |

*Continuation des Eclipses du Soleil.*

| An de J.C. | Calcul du Tribunal. | Calcul de *Hing-yun-lou.* | REMARQUES. |
|---|---|---|---|
| 49. | Dèrnier de la 3e. Lune, Eclipse du Soleil. | Prémier de la 4e. Lune. | |
| 50. | 2e. Lune, Eclipse du Soleil. | | *Cou-king-tchou* seul rapporte cette Eclipse. |
| 53. | Prémier de la 2e. Lune, Eclipse du du Soleil. | Eclipse bien calculée; elle fut entre 9. & 11.h. du matin. | |
| 55. | Dèrnier de la 5e. ☾, Eclipse du ⊙. | Prémier de la 6e. Lune. | |
| 56. | Dèrnier de la 11e. ☾, Eclipse du ⊙. | Prémier de la 12e. Lune. | |
| 60. | Dèrnier de la 8e. ☾, Eclipse du ⊙. | Prémier de la 9e. Lune. | |

*Continuation*

*Continuation des Eclipſes du Soleil.*

| An de J.C. | Calcul du Tribunal. | Calcul de *Hing-yun-lou.* | REMARQUES. |
|---|---|---|---|
| 61. | 8e. ☾, Eclipſe entre 1. & 3. h. après midi. Dans la ſuite j'omettrai ces mots : *Ecl. du* ☉. | Eclipſe fauſſe. | Cette Eclipſe eſt dans le Livre *Cou-king-tchou.* |
| 62. | Dèrnier de la 2e. Lune, Eclipſe du Soleil. | 1er. de la 3e. ☾, Eclipſe entre 5. & 7. h. du matin. | A la Cour on ſe prépara à obsèrver l'Eclipſe, elle n'y parut pas ; on la vit dans d'autres lieux des Provinces. |
| 63. | Dèrnier de la 6e. Lune. | Eclipſe fauſſe. | A la Cour on s'étoit préparé à obsèrver l'Eclipſe ; elle ne parut pas. |
| 65. | Au jour *Gin-yn*, dèrnier de la 10e. ☾; le ☉ au 10°. de la Conſtellation *Teou.* | L'Eclipſe fut entre 9. & 11. h. du matin, prémier de la 11e. Lune. | Le 16. Décembre s'appelloit *Gin-yn*, entre 10. & 11. heures du matin la ☌ fut à *Loyan* dans ♐ 23°. 16'. le ☊ dans ♋ 2°. 13'. 15". L'Eclipſe fut obsèrvée ; l'Empereur en fut frappé, & imita *Quang-vou-ti* ſur l'Eclip. de l'an 31. |

*Continuation des Eclipſes du Soleil.*

| An de J. C. | Calcul du Tribunal. | Calcul de *Hing-yun-lou.* | REMARQUES. |
|---|---|---|---|
| 70. | Dèrnier de la 10e. Lune. | Eclipſe fauſſe. | |
| 73. | Dèrnier de la 5e. Lune. | Le 1er. de la 6e. Lune. | |
| 75. | Dèrnier de la 11e. Lune. | Prémier de la 12e. Lune. | |
| 80. | Au jour *Keng-chîn*, 1er. de la 2e. Lune. | L'Eclipſe fut entre 1. & 3. h. après midi. | L'Aſtronomie cite *Tſien-tan-pa*, qui dit: *L'Eclipſe eſt au jour Keng-chîn, à l'Orient eſt une Comète; des troupes ravagent.* |
| 81. | Au jour *Sin-ouy*, dèrnier de la 6e. Lune. | 1er. de la 8e. Lune. On ne ſut pas intèrcaler. | L'Aſtronomie cite *Tſien-tan-pa*, qui dit: *Eclipſe au jour Sin-ouy, il y a une inondation.* |
| 84. | 0. | | On ſut des Provinces qu'au prémier de la 9e. Lune il y avoit eu une Eclipſe; on ne marque pas diſtinctement l'année. |

*Continuation des Eclipſes du Soleil.*

| An de J. C. | Calcul du Tribunal. | Calcul de *Hing-yun-lou.* | REMARQUES. |
|---|---|---|---|
| 87. | Dèrnier de la 8e. Lune. | 1er. de la 10e. ☾. On marqua mal l'incatèrlation. | |
| 90. | A la ſeconde Lune. | Prémier de la 2e. Lune. | On ſût des Provinces qu'au prémier de la 2e. ☾ il y eut Eclipſe. |
| 95. | Prémier de la 4e. Lune. | L'Eclipſe fut de 11. h. à 1. h. après midi. | |
| 100. | Prémier de la 7e. Lune. | 1er. de la 8e. Lune. On ne ſût pas intèrcaler. | |
| 103. | Dèrnier de la 4e. Lune. | 1er. de la 5e. Lune intèrcalaire. | |
| 107. | | L'erreur dans le calcul de | L'Hiſtoire ſecrette des *Han* marque une Eclipſe qui ſe trouve au ſe- |

*Continuation des Eclipſes du Soleil.*

| An de J. C. | Calcul du Tribunal. | Calcul de *Hing-yun-lou.* | REMARQUES. |
|---|---|---|---|
| 107. | | cette Eclipſe vint de l'ignorance des Equations. | cond jour de la troiſiême Lune. |
| 111. | Prémier de la 1ere. Lune. | L'Eclipſe fut bien calculée. | |
| 113. | Au jour *Ping-chin*, dèrnier de la 4e. Lune. | Prémier de la 5e. Lune. | L'Aſtronomie cite *Tſien-tan-pa*, qui dit : *L'Eclipſe au jour* Ping-chin. *Guerre civile des Princes.* |
| 114. | Troiſiême Lune. | 1er. de la 4e. Lune. | |
| 114. | Prémier de la 10e. Lune. | L'Eclipſe fut entre 1. h. & 3. h. après midi. | |
| 115. | Dèrnier de la 9e. Lune. | Prémier de la 10e. Lune. | |
| 116. | | On ne calculoit | Au 1er. jour de la 3e. ☾ dans le *Leaotong* on vit |

*Continuation des Eclipſes du Soleil.*

| An de J. C. | Calcul du Tribunal. | Calcul de *Hing-yun-lou.* | REMARQUES. |
|---|---|---|---|
| 116. | | alors que ſelon le mouvement moyen. | au lever du Soleil une Eclipſe. Les Mathématiciens l'avoient calculée viſible à *Loyan* au 2e. jour de la 3e. Lune. |
| 117. | | L'Eclipſe fut entre 9. & 11. h. du matin. | On ſut des Provinces qu'on avoit vû une Eclipſe à la 2e. Lune. Le Tribunal avoit d'abord mal calculé les Lunes. |
| 118. | Prémier de la 8e. Lune. | L'Eclipſe à 4. h. 28′. 24″. après midi. | A *Loyan* on ne vit pas l'Eclipſe; on la vit dans les Provinces de l'Oueſt. |
| 119. | Prémier de la 12e. Lune. | L'Eclipſe fut entre 9. & 11. h. du matin. | Cette Eclipſe fut obſervée totale; les Etoiles parurent, elle fit peur aux peuples. |
| 120. | Prémier de la 7e. Lune. | On compta mal les Lunes. | On ne vit pas d'Eclipſe à *Loyan*; le prémier de la 6e. ☾ l'Eclipſe parut à *Tſieou-po*. Je ne ſai où eſt *Tſieou-po*, on le marque fort à l'Oueſt de la Cour. |

*Continuation des Eclipses du Soleil.*

| An de J. C. | Calcul du Tribunal. | Calcul de *Hing-yun-lou.* | REMARQUES. |
|---|---|---|---|
| 124. | Dèrnier de la 9^e. Lune. | Prémier de la 10^e. Lune. | |
| 125. | Prémier de la troisiême Lune. | Entre 3. & 5. heures du soir fut L'Eclipse. | On sût de *Long-si* qu'on avoit vû une Eclipse. On marque *Tsieou-po* vêrs *Long-si*, &c. Ce n'est donc pas fort loin de *Can-tcheou* du *Chensi*. |
| 127. | Prémier de la 7^e. Lune. | Prémier de la 8^e. Lune. | |
| 136. | On trouve une Eclipse supputée pour le 1^er. de la ☾ intèrcalaire. | Les caractères du jour conviennent. On marqua mal l'ordre des Lunes. | L'an 135. on supputa mal les Lunes. Le prémier de la neuviême Lune on vit dans les Provinces Orientales une Eclipse. |
| 138. | Prémier de la 12^e. Lune. | L'Eclipse fut de 11. h. à 1. h. aprês midi. | Le Tribunal manqua d'obsèrver l'Eclipse. On l'obsèrva dans le *Tche-quiang*. |

*Continuation des Eclipses du Soleil.*

| An de J.C. | Calcul du Tribunal. | Calcul de *Hing-yun-lou.* | REMARQUES. |
|---|---|---|---|
| 140. | Dèrnier de la 5e. Lune. | Prémier de la 6e. Lune. | |
| 141. | Dèrnier de la 9e. Lune. | Prémier de la 10e. Lune. | |
| 147. | Prémier de la prémière Lune. | L'Eclipse à 5. h. ¼. du matin. | A *Loyan* on ne vit pas l'Eclipse ; on la vit dans les Provinces Orientales. |
| 149. | Dèrnier de la 4e. Lune. | Le prémier de la 6e. Lune. | |
| 152. | Second jour de la septième Lune. | L'Eclipse dût être un jour avant celui qu'on avoit marqué. | On dit qu'à *Loyan* on ne vit pas l'Eclipse : est-ce négligence ; est-ce parce qu'elle ne fut pas visible ? on ne le dit pas. |
| 154. | Prémier de la 9e. Lune. | L'Eclipse fut de 7 à 9. h. du matin. | |
| 157. | | On calcula mal | |

*Continuation des Eclipses du Soleil.*

| An de J.C. | Calcul du Tribunal. | Calcul de *Hing-yun-lou.* | REMARQUES. |
|---|---|---|---|
| 157. | | une Eclip. pour la 4^e^. ☾, qu'on disoit mal-à-propos être intèrcalaire. L'Eclipse fut à la 7^e^. Lune. | |
| 158. | Dèrnier de la 5^e^. ☾. | Prémier de la 6^e^. ☾. | |
| 165. | Dèrnier de la 1^ere^. Lune. | Prémier de la 2^e^. Lune. | |
| 166. | Prémier de la prémière Lune. | A 5. ^h^. 42'. 36''. du matin, milieu de l'Eclipse. | On dit qu'on ne vit pas l'Eclipse à *Loyan*, & elle parut dans les Provinces Orientales. |
| 167. | Au jour *Cin-tse*, dèrnier de la 5^e^. ☾, Eclip. du Soleil. | Prémier de la 6^e^. ☾, Eclip. entre 3. & 5. ^h^. du soir. | L'Astronomie cite *Tsien-tan-pa*, qui dit: *Eclipse au jour* Gin-tse; *une femme veut gouverner*. |

Continuation

*Continuation des Eclipses du Soleil.*

| An de J. C. | Calcul du Tribunal. | Calcul de *Hing-yun-lou.* | REMARQUES. |
|---|---|---|---|
| 168. | Dèrnier de la 10e. Lune. | Prémier de la 11e. Lune. | |
| 169. | Dèrnier de la 10e. Lune. | Prémier de la 11e. Lune. | |
| 170. | Dèrnier de la 3e. Lune. | 1er. de la 4e. Lune, matin à 4.h. milieu de l'Eclipse. | Dans les Provinces on vit, dit-on, l'Eclipse à l'Orient de *Loyan.* |
| 171. | Prémier de la 3e. Lune. | Il falloit dire, 1er. de la 3e. ☾ intèrcalaire. | |
| 173. | Dèrnier de la 12e. Lune. | Prémier de la prémiere Lune 174. | Il est évident que la fin de la 12e. Lune de l'an civil 173. étoit dans notre année 174. |
| 177. | Prémier de la 10e. Lune. | 1er. de la 11e. Lune. On marqua mal le jour, | |

*Continuation des Eclipses du Soleil.*

| An de J. C. | Calcul du Tribunal. | Calcul de *Hing-yun-lou.* | REMARQUES. |
|---|---|---|---|
| 177. | | & on se trompa pour l'intèrcalation. | |
| 178. | Prémier de la 2^e^. Lune. | Eclipse fausse. | |
| 178. | Dèrnier de la 10^e^. Lune. | Prémier de la 11^e^. Lune. | On dit que l'Eclipse fut obsèrvée depuis 9. h. du matin jusqu'à midi. |
| 179. | Prémier de la 4^e^. Lune. | Prémier de la 5^e^. ☾. On ne sût pas intèrcaler. | |
| 181. | Prémier de la 9^e^. Lune. | Eclipse bien calculée; elle fut de 3. à 5. h. après midi. | |
| 186. | Dèrnier de la cinquiême Lune. | Prémier de la sixiême Lune. | |

*Continuation des Eclipses du Soleil.*

| An de J.C. | Calcul du Tribunal. | Calcul de *Hing-yun-lou.* | REMARQUES. |
|---|---|---|---|
| 189. | Prémier de la $4^{e}$. Lune. | Prémier de la $4^{e}$. Lune. | (1) Pour l'Eclipse de la $1^{ere}$. ☾ de l'an 103. |
| 193. | Prémier de la prémière Lune (1). | Milieu de l'Eclipse à 2. h. $\frac{1}{4}$. après midi. | Nous avons vû que les Eclipses du prémier de l'an civil, sont regardées comme un mauvais augure ; il s'éleve des disputes sur cette Eclipse. Un Mandarin |

dit que d'une heure à trois il y auroit Eclipse. Le Président du Tribunal des Mathématiques dit que le Soleil avoit passé le têrme, & qu'il n'y auroit pas Eclipse. On sollicita à l'ordinaire l'Empereur. Cependant ce Prince ordonna d'examiner en secret le Soleil après midi. A une heure $\frac{1}{4}$. on vit l'Eclipse ; surquoi l'Empereur imita la conduite de *Quang-vou-ti* pour l'Eclipse de l'an 31. & il pardonna au Président. Le 19. fut le jour de l'Eclipse. Et le calcul la vérifie très-bien. Comment donc Riccioli & d'autres marquent-ils une Eclipse du Soleil vêrs le temps de la mort de Commode, si ce Prince mourut sur la fin de Décembre 192 ? Il faut donc ou que l'Eclipse rapportée au temps de la mort de Commode soit fausse, ou que que le temps de sa mort ne soit pas bien rapporté.

| An de J.C. | Calcul du Tribunal. | Calcul de *Hing-yun-lou.* | REMARQUES. |
|---|---|---|---|
| 194. | Dêrnier de la sixiême Lune. | Prémier de la septiême Lune. | |

*Continuation des Eclipses du Soleil.*

| An de J.C. | Calcul du Tribunal. | Calcul de *Hing-yun-lou.* | REMARQUES. |
|---|---|---|---|
| 200. | Prémier de la neuvième Lune. | L'Eclipse fut de 7. à 9. h. du matin. | |
| 201. | 1er. de la 10e. Lune. | Eclipse fausse. | |
| 208. | Prémier de la 10e. Lune. | L'Eclipse fut de 9. à 11. h. du matin. | |
| 210. | Prémier de la 2e. Lune. | L'Eclipse fut de 7. à 9. h. du matin. | J'ai parlé au long de cette Eclipse dans l'éxamen de la Chronologie Chinoise que j'envoyai en 1724. au R. P. Estienne Soucier. |
| 212. | Dèrnier de la 6e. Lune. | Prémier de la 7e. Lune. | |
| 216. | Prémier de la cinquième Lune. | L'Eclipse fut de 7. à 9. h. du matin. | Je n'ai garde de garantir comme seur l'éxamen que *Hing-yun-lou* a fait, mon dessein est de donner un Catalogue fidelle des Eclipses, & de mettre les Eu- |
| 219. | Dèrnier de la 2e. Lune. | Prémier de la 3e. Lune. | |

*Continuation des Eclipſes du Soleil.*

| An de J. C. | Calcul du Tribunal. | Calcul de *Hing-yun-lou.* | REMARQUES. |
|---|---|---|---|
| ropéans en état d'éxaminer ſeurement ces Eclipſes. Je tiendrai la même méthode pour les Eclipſes des Dynaſties ſuivantes. | | | |
| 220. | Prémier de la 2$^{e}$. Lune. | Il falloit dire, 1$^{er}$. de la 2$^{e}$. ☾ intèrcalaire. | |
| Voilà les Eclipſes calculées, ou obsèrvées durant l'Empire des *Han* Occidentaux à *Siganfou*, & des *Han* Orientaux à *Loyang*. | | | |
| 221. | Dèrnier de la ſixiême Lune. | 1$^{er}$. de la 7$^{e}$. Lune; l'Eclipſe fut entre 1. & 3.$^{h}$. du ſoir. | C'eſt la 1$^{ere}$. année de *Tchao-lie-vang* Fondadateur des *Han* poſtérieurs; la Cour étoit à *Tching-tou-fou* capitale du *Se-tchouen*. Dans le *Chanſi*, *Chenſi*, *Honan*, *Petcheli*, *Chantong*, régnoient les prémiers *Ouey*. |
| 222. | Prémier de la prémière Lune. | L'Eclipſe fut entre 9. & 11.$^{h}$. du matin. | Les 1$^{ers}$ *Ouey* étoient Chinois, ils ont un Calendrier dont j'ai parlé dans l'Aſtronomie. |
| 222. | Dèrnier de la 12$^{e}$. Lune. | Prémier de la 12$^{e}$. Lune. | Dans les Provinces du Midi il s'éleva un Royaume appellé *Ou*. |

*Continuation des Eclipſes du Soleil.*

| An de J. C. | Calcul du Tribunal. | Calcul de *Hing-yun-lou.* | REMARQUES. |
|---|---|---|---|
| 224. | Dèrnier de la onziême Lune. | Prémier de la onziême Lune. | Les Aſtronomes des *Yuen* ont calculé le milieu de cette Eclipſe à 3. h. après midi, prémier jour de la onziême Lune, l'an 222. |
| 231. | Dèrnier de la onziême Lune. | 1er. de la 12e. ☾ ; l'Eclipſe fut de 7. à 9. h. du matin. | |
| 233. | Prémier de la 5e. ☾ intèrcalaire. | 1er. de la 6e. ☾. La 8e. ☾ fut l'intèrcalaire. | |
| 240. | Prémier de la 7e. ☾. | L'Eclipſe fut de 11. h. à 1. h. après midi. | |
| 242. | Prémier de la quatriême Lune. | Prémier de la cinquiême Lune. | |

*Continuation des Eclipses du Soleil.*

| An de J. C. | Calcul du Tribunal. | Calcul de *Hing-yun-lou.* | REMARQUES. |
|---|---|---|---|
| 243. | Prémier de la cinquiême Lune, Eclipse totale. | L'Eclipse fut de 9. à 11. h. du matin. On marqua mal le jour de la ☌. | |
| 244. | Prémier de la quatriême Lune. | 1er. de la 5e. ☾. La Lune intèrcalaire fut la 7e. on avoit marqué la 3e. | |
| 245. | 1er. de la 4e. Lune. | Eclipse fausse. | |
| 245. | Prémier de la 10e. Lune. | L'Eclipse fut de 11. h. à 1. h. après midi. | |
| 247. | Prémier de la 2e. Lune. | 1er. de la 3e. ☾. On manqua l'intèrcalation. | |

*Continuation des Eclipses du Soleil.*

| An de J. C. | Calcul du Tribunal. | Calcul de *Hing-yun-lou.* | REMARQUES. |
|---|---|---|---|
| 248. | Prémier de la prémière Lune. | L'Eclipse fut mal supputée ; elle fut au prémier de la 2e. Lune. | Après la ruine des *Han* Orientaux, les guèrres des trois Royaumes des *Han* postérieurs, des *Ouey*, & des *Ou*, mirent le désordre dans le Calendrier. |
| 249. | 1er. de la 2e. Lune. | Eclipse fausse. | |
| 259. | Prémier de la septiême Lune. | L'Eclipse fut de 1. à 3. h. après midi. | |
| 260. | Prémier de la prémière Lune. | L'Eclipse fut de 1. à 3. h. après midi. | |
| 261. | Prémier de la cinquiême Lune. | Entre 5. & 7. h. du soir fut l'Eclipse. | |
| 262. | Prémier de la onziême Lune. | L'Eclipse fut de 11. h. à 1. h. après midi. | Depuis l'Eclipse de l'an 220. jusqu'à celle de l'an 262. je ne saurois asseurer de quel Calendrier sont tirées les |

*Continuation*

*Continuation des Eclipses du Soleil.*

Eclipses ; je crois que c'est de celui des *Oucy*, dont la Dynastie fut détruite l'an 263.

Suivit la Dynastie des *Tsin*, dont la Cour fut d'abord à *Loyan*.

## ECLIPSES DU SOLEIL *sous la Dynastie des* Tsin.

| An de J.C. | Calcul du Tribunal. | Calcul de *Hing-yun-lou.* | REMARQUES. |
|---|---|---|---|
| 266. | | A la 3e. ☾, au 1er. jour, à la 8e. ☾, au 1er. jour, il y eut des Eclipses. Les Eclipses marquées à d'autres Lunes sont fausses. | L'Histoire des *Tsin* marque une Eclipse au prémier de la huitiême Lune. J'ai vérifié cette Eclipse, elle fut le 16. Septembre. |
| 271. | Premier de la dixiême Lune. | L'Eclipse fut de 9. à 11. h. du matin. | |
| 272. | Prémier de la dixiême Lune. | L'Eclipse fut de 1. h. à 3. h. après midi. | |
| 273. | Prémier de la quatriême Lune. | L'Eclipse fut de 1. à 3. h. après midi. | Une Histoire Chinoise marquoit une Eclipse au prémier de la septiême Lune. |

*Continuation des Eclipses du Soleil.*

| An de J. C. | Calcul du Tribunal. | Calcul de *Hing-yun-lou.* | REMARQUES. |
|---|---|---|---|
| 274. | On trouve une Eclipse au 1$^{er}$. de la 1$^{ere}$. Lune, & au 1$^{er}$. de la 3$^{e}$. Lune. | Il y eut une Eclipse au 1$^{er}$. de la 4$^{e}$. Lune, entre 5. & 7. heures du matin. | Le jour de la 3$^{e}$. Lune est marqué *Quey-hay*. Au jour *Quey-hay*, prémier de la quatriême Lune, *Hing-yun-lou* trouve l'Eclipse. Si son calcul est vrai, l'Eclipse de la prémière Lune est un faux calcul du Tribunal, & l'autre Eclipse est celle qui fut obsèrvée. Dans ce cas on marqua mal les Lunes. |
| 275. | Dèrnier de la septiême Lune. | 1$^{er}$. de la 8$^{e}$. Lune, l'Eclipse fut de 11. $^{h}$. à 1. $^{h}$. après midi. | |
| 277. | Prémier de la prémiere Lune. Jour *Ping-tse.* | On calcula mal la prémière Lune; le jour *Ping-tse* fut le jour de l'Eclipse; mais c'étoit le prémier de la 2$^{e}$. ☾. | Nous avons vû qu'on peut très-bien marquer le jour de l'Eclipse & fort mal la Lune. |
| 278. | Prémier de la pré- | L'Eclipse fut de 3. à | |

*Continuation des Eclipses du Soleil.*

| An de J. C. | Calcul du Tribunal. | Calcul de *Hing-yun-lou*. | REMARQUES. |
|---|---|---|---|
| 278. | mière Lune. | 5. heures du soir. | |
| 283 | Prémier de la troisiême Lune. | L'Eclipse fut de 7. à 9. heures du matin. | |
| 285. | Prémier de la huitiême Lune. | L'Eclipse fut de 11. h. à 1. h. après midi. | |
| 286. | Prémier de la première Lune. | L'Eclipse fut de 7. à 9. heures du matin. | |
| 287. | Prémier de la première Lune. | L'Eclipse fut de 11. h. à 1. h. après midi. | |
| 288. | Prémier de la première Lune. | L'Eclipse fut au 1er. de la 12e. ☾ intèrcalaire de l'an 287. | Je n'ai pas éxaminé à quel point fut le prémier de l'an civil 288. |
| 288. | Prémier de la si- | L'Eclipse fut de 7. à | |

*Continuation des Eclipses du Soleil.*

| An de J. C. | Calcul du Tribunal. | Calcul de *Hing-yun-lou.* | REMARQUES. |
|---|---|---|---|
| 288. | xiême Lune. | 9. heures du matin. | |
| 299. | Prémier de la onziême Lune. | L'Eclipse fut de 11. h. à 1. h. après midi. | |
| 300. | Prémier de la prémière Lune.<br><br>Prémier de la quatriême Lune. | Au 1er. de la 1ere. ☾, il n'y eut pas Eclipse.<br>Au 1er. de la 4e. Lune, Eclipse. | Si le calcul de *Hing-yun-lou* est juste, au prémier de la prémière Lune est un faux calcul, & au prémier de la quatriême Lune est une obsèrvation. |
| 301. | Prémier de la troisiême Lune intèrcalaire. | 1er. de la 4e. ☾. La ☾ intèrcalaire fut la 8e. | |
| 306. | 1er. de la 1ere. ☾.<br><br>1er. de la 7e. ☾.<br><br>1er. de la 12e. ☾. | Eclipse vraye.<br><br>Eclipse vraye.<br><br>Eclipse fausse. | |

*Continuation des Eclipſes du Soleil.*

| An de J. C. | Calcul du Tribunal. | Calcul de *Hing-yun-lou.* | REMARQUES. |
|---|---|---|---|
| 307. | Prémier de la $11^{e}$. Lune. | L'Eclipſe fut de nuit. | |
| 208. | Prémier de la $1^{ere}$. Lune. | Eclipſe mal marquée. | On ſavoit alors qu'il falloit au moins un intèrvalle de cinq Lunes pour qu'il y eut 2. Eclipſes dans le même endroit. Ainſi il s'eſt gliſſé quelque faute. |
| 312. | Prémier de la $2^{e}$. ☾. | L'Eclipſe fut de nuit. | L'an 313. la Cour fut tranſportée à *Nanking*. |
| 316. | Prémier de la $6^{e}$. ☾. $1^{er}$. de la $12^{e}$. ☾. | L'Eclipſe fut après midi. Le jour de l'Eclip. fut mal marqué. | Cette Eclipſe fut obſèrvée à Conſtantinople le 6. Juillet. Les deux ♂ avoient pour le jour les caractères *Ping-tſe*. Or *Hing-yun-lou* remarque fort bien que dans un an 2. ♂ ne peuvent pas avoir deux jours *Ping-tſe*. |
| 317. | $5^{e}$. ☾. $11^{e}$. ☾. | Eclipſes fauſſes. Dans les 2. Eclipſe on marqua mal le jour de la ♂. | Sans doute le Tribunal avoit ſupputé l'Eclipſe que le P. Petau a ſupputée au 20. Décemb. 317. |

*Continuation des Eclipses du Soleil.*

| An de J. C. | Calcul du Tribunal. | Calcul de *Hing-yun-lou.* | REMARQUES. |
|---|---|---|---|
| 318. | Prémier de la 4^e^. Lune. | L'Eclipse fut au lever du ☉. | |
| 325. | Prémier de la onziême Lune. | 1^er^. de la 12^e^. ☾. On ne fut pas intercaler. | |
| 327. | Prémier de la cinquiême Lune. | L'Eclipse fut de 11. h. à 1. h. après midi. | |
| 331. | 1^er^. de la 3^e^. ☾. | L'Eclipse fut de 1. à 3. h. après midi. On avoit mal marqué le jour. | |
| 334. | 1^er^. de la 10^e^. ☾. | Eclipse fausse. | |
| 335. | 1^er^. de la 10^e^. ☾. | Eclipse fausse. | |
| 341. | Prémier de la 2^e^. Lune. | L'Eclipse fut de 11. heures à 1. h. après midi. | |

*Continuation des Eclipses du Soleil.*

| An de J. C. | Calcul du Tribunal. | Calcul de *Hing-yun-lou.* | REMARQUES. |
|---|---|---|---|
| 342. | 1er. de la 1ere. ☾. | Il n'y eut pas Eclipse. Et le jour de la ☌ fut mal marqué. | |
| 346. | Quatrième Lune. | Le jour de la ☌ fut marqué ; & l'Eclipse est fausse. | Le Tribunal avoit sans doute supputé l'Eclipse qui fut le 6. Juin ; mais c'étoit la 5e. Lune. Peut-être avoit-on mal marqué les Lunes. |
| 351. | Prémière Lune. | L'Eclipse est fausse. | |
| 352. | Prémière Lune. | Prémier de la prémière Lune. L'Eclipse fut de 7. à 9. h. du matin. | |
| 356. | Prémier de la 10e. Lune. | L'Eclipse au lever du Soleil. | |
| 360. | Prémier de la 8e. Lune, Eclipse totale. | L'Eclipse fut de 11. heures à 1. heure après midi. | C'est l'Eclipse que tant d'Auteurs ont calculée au vingt-huitième Août. Voyez Riccioli, Almag. Tôme I. l. 5. |

### *Continuation des Eclipses du Soleil.*

| An de J. C. | Calcul du Tribunal. | Calcul de *Hing-yun-lou.* | REMARQUES. |
|---|---|---|---|
| 362. | 1er. de la 3e. ☾. 1er. de la 12e. ☾. | Eclipse fausse. L'Eclipse fut de 7. à 9. heures du matin. | |
| 368. | Prémier de la troisième Lune. | L'Eclipse fut de 5. à 7. heures du matin. | |
| 370. | Prémier de la septiême Lune. | L'Eclipse fut de 9. à 11. h. du matin. | |
| 375. | Prémier de la 10e. Lune. | L'Eclipse fut au lever du ☉. | |
| 376. | 1er. de la 11e. ☾. | L'Eclipse est fausse. | |
| 379. | Au jour *Ki-yeou*, 1er. de la ☾ intercalaire. | Dans cette année il n'y eut pas de ☾ intercalaire. Le premier de la 12e. ☾ fut *Ki-yeou*; mais sans Eclipse. | |

*Continuation*

*Continuation des Eclipses du Soleil.*

| An de J.C. | Calcul du Tribunal. | Calcul de *Hing-yun-lou.* | REMARQUES. |
|---|---|---|---|
| 381. | Prémier de la 6e. Lune. | L'Eclipse fut de 9. à 11. h. du matin. | |
| 384. | Prémier de la 10e. Lune. | L'Eclipse fut au lever du ☉. | |
| 392. | Prémier de la 5e. Lune. | L'Eclipse entre 3. & 5. heures du soir. | |
| 395. | Prémier de la 3e. Lune. | L'Eclipse fut de 11. h. à 1. h. après midi. | |
| 400. | Prémier de la 6e. Lune. | L'Eclipse fut de 11. h. à 1. h. après midi. | |
| 403. | Prémier de la 4e. Lune. | L'Eclipse arriva de nuit. | |
| 407. | Prémier de la 7e. Lune. | L'Eclipse fut de 7. à 9. h. du matin. | Voyez la Table des Calendriers. |

*Continuation des Eclipses du Soleil.*

| An de J. C. | Calcul du Tribunal. | Calcul de *Hing-yun-lou.* | REMARQUES. |
|---|---|---|---|
| 414. | Prémier de la 9e. Lune. | L'Eclipse fut de 9. à 11. h. du matin. | C'est vêrs ce temps là que les *Ouey* postérieurs, Tartâres de nation, établirent une Dynastie dans les Provinces Septentrionnales de la Chine; leur Cour fut dans le *Chan-si.* Ils ont un Calendrier & une Histoire Chinoise. Leur Tribunal calcula l'an 415. l'Eclipse au dèrnier de la huitiême Lune. |
| 416. | Dèrnier de la 7e. Lune. | Eclipse fausse. | Cette Eclipse est des *Ouey.* |
| 417. | Prémier de la prémière Lune. | L'Eclipse fut entre 7. & 9. h. du matin. | |
| 419. | Prémier de la 11e. Lune. | Prémier de la 11e. Lune. | L'Eclipse fut au coucher du Soleil. Depuis la fin des *Han* Orientaux la plûpart des Eclipses sont marquées au prémier de la Lune. Cela vient de ce que vêrs ce temps là, on commença à connoître les Equations pour réduire le mouvement moyen au vrai, & à distinguer la ☌ moyenne de la vraye. |

*Continuation des Eclipses du Soleil.*

| An de J. C. | Calcul du Tribunal. | Calcul de *Hing-yun-lou*. | REMARQUES. |
|---|---|---|---|
| 424. | On trouve une Eclipse marquée au jour *Ki-mao*, 1$^{er}$. de la 2$^{e}$. ☾. | Le prémier de la 2$^{e}$. ☾ n'étoit pas *Ki-mao*, & il n'y eut pas d'Eclipse. | Les prémiers *Song* régnoient alors dans les Provinces Méridionnales. Leur Cour étoit à *Nanking*. |
| 427. | Prémier de la 6$^{e}$. Lune. | L'Eclipse fut au coucher du Soleil. | Les *Ouey* mettent aussi l'Eclipse au prémier de la sixième Lune. |
| 429. | Prémier de la 5$^{e}$. Lune. | L'Eclipse entre 7. & 9. h. du matin. | |
| | Prémier de la 11$^{e}$. Lune. | L'Eclipse entre 9. & 11. h. du matin. | Les Etoiles parurent. |
| 435. | Prémier de la prémière Lune. | L'Eclipse fut entre 3. & 5. h. du soir. | Cette Eclipse est dans l'Histoire & l'Astronomie des *Ouey*. |
| 439. | Prémier de la on- | L'Eclipse fut entre | Cette Eclipse est dans l'Astronomie des *Ouey*. |

*Continuation des Eclipses du Soleil.*

| An de J. C. | Calcul du Tribunal. | Calcul de *Hing-yun-lou*. | REMARQUES. |
|---|---|---|---|
| 439. | zième Lune. | 11. h. & 1. h. après midi. | |
| 440. | Prémier de la 4e. Lune. | L'Eclipse fut entre 11. h. & 1. h. après midi. | |
| 442. | Au jour *Kia-su*, dèrnier de la 7e. Lune. | L'Eclipse fut entre 1. & 3. h. après midi. Au prémier de la neuvième Lune, jour *Kia-su*. | Les *Ouey* marquent l'Eclipse au jour *Kia-su*, dèrnier de la huitième Lune. |
| 445. | Prémier de la sixième Lune. | Le 1er. de la 6e. Lune, l'Eclipse fut de nuit. | Cette Eclipse fut calculée par les *Ouey*. |
| 446. | Prémier de la sixième Lune. | L'Eclipse fut entre 11. h. & 1. h. après midi. | |

Continuation des Eclipses du Soleil.

| An de J. C. | Calcul du Tribunal. | Calcul de *Hing-yun-lou.* | REMARQUES. |
|---|---|---|---|
| 449. | Prémier de la 4e. Lune. | L'Eclipse fut entre 9. & 11. h. du matin. | Cette Eclipse fut calculée par les *Ouey*. |
| 453. | Prémier de la 7e. Lune. | 1er. de la 7e. ☾. intercalaire. | |
| 454. | Prémier de la 7e. Lune. | L'Eclipse fut entre 9. & 11. h. du matin. | |
| 460. | Prémier de la 9e. Lune. | Eclipse fausse. | Le Tribunal des *Ouey* avoit calculé cette Eclipse. |
| 461. | 1er. de la 2e. ☾.<br>1er. de la 9e. ☾. | Eclipse des *Ouey* fausse.<br>L'Eclipse fut de 7. à 9. heures du matin. | |
| 468. | Prémier de la 10e. ☾. | L'Eclipse fut de 7. à 9. heures du matin. | Le Calendrier des *Ouey* marque mal le prémier jour de la dixième Lune. |

*Continuation des Eclipses du Soleil.*

| An de J. C. | Calcul du Tribunal. | Calcul de *Hing-yun-lon.* | REMARQUES. |
|---|---|---|---|
| 469. | Prémier de la 4e. ☾. | Eclipse entre 7. & 9. h. du matin. | Eclipse des *Ouey.* |
| | Prémier de la 10e. ☾. | Eclipse entre 7. & 9. h. du matin. | Les *Ouey* marquent aussi cette Eclipse. |
| 473. | Prémier de la 12e. ☾. | L'Eclipse fut entre 9. & 11. h. du matin. | |
| 477. | Prémier de la 10e. ☾. | L'Eclipse arriva de nuit. | Le Tribunal des *Ouey* calcula cette Eclipse. |
| 478. | 1er. de la 3e. ☾. | Eclipse de nuit. | Eclipse des *Song* & des *Ouey.* |
| | 1er. de la 9e. ☾. | L'Eclipse au lever du ☉. | |
| 479. | Prémier de la 3e. Lune. | L'Eclipse fut entre 3. & 5. h. du soir. | |

*Continuation des Eclipses du Soleil.*

| An de J. C. | Calcul du Tribunal. | Calcul de *Hing-yun-lou.* | REMARQUES. |
|---|---|---|---|
| 480. | 1er. de la 7e. ☾. | Eclipse fausse. | Eclipse des *Ouey*. |
| | 1er. de la 9e. ☾. | Eclipse fausse. | La Dynastie des *Tsi* régnoit alors à *Nanking*. |
| 481. | Prémier de la 7e. ☾. | L'Eclipse fut entre 3. & 5. h. du soir. | Les *Ouey* marquèrent mal le jour de l'Eclipse. |
| 483. | Prémier de la 12e. ☾. | L'Eclipse fut entre 1. & 3. h après midi. | C'est la même Eclipse que rapporte Riccioli d'après Reyner le 13. Janvier 484. |
| 488. | Prémier de la 2e. ☾. | Eclipse fausse. | Cette Eclipse est des *Ouey*; c'est vêrs ce temps là que les *Ouey* transportèrent leur Cour à *Loyan*. |
| 490. | Prémier de la prémiere Lune. | 1er. de la 2e. ☾. On intèrcala mal. | Cette Eclipse est des *Ouey*; ils marquèrent bien le jour. |
| 491. | Dèrnier de la 1ere. ☾. | 1er. de la 2e. Lune, Eclipse de nuit. | Cette Eclipse est des *Ouey*. |

*Continuation des Eclipses du Soleil.*

| An de J. C. | Cálcul du Tribunal. | Calcul de *Hing-yun-lou.* | REMARQUES. |
|---|---|---|---|
| 493. | Prémier de la 6e. Lune. | L'Eclipse fut de 7. à 9. h. du matin. | Cette Eclipse est des *Ouey.* |
| 494. | Prémier de la 5e. Lune. | L'Eclipse fut de 7. à 9. heures du matin. | |
| 500. | Prémier de la prémière Lune.<br><br>Prémier de la septiême Lune. | L'Eclipse fut entre 3. & 5. h. du soir.<br><br>L'Eclipse fut au lever du Soleil. | Ces deux Eclipses sont des *Ouey.* |
| 501. | Prémier de la 1ere. Lune.<br><br>Prémier de la 7e. Lune. | L'Eclipse au lever du Soleil.<br><br>L'Eclipse fut de 7. à à 9. h. du matin. | <br><br>Cette Eclipse est des *Ouey.* |
| 502. | Prémier de la sep- | Prémier de la si- | Au coucher du Soleil on vit le commence- |

*Continuation des Eclipses du Soleil.*

| An de J. C. | Calcul du Tribunal. | Calcul de *Hing-yun-lou.* | REMARQUES. |
|---|---|---|---|
| 502. | tiême Lune. | xiême Lune. | ment de l'Eclipse. Le *Leang* régnoient à *Nan-king*. |
| 506. | Prémier de la 3e. Lune. | Fausse Eclipse. | |
| 508. | Prémier de la 8e. Lune. | L'Eclipse fut de 7. à 9. h. du matin. | Eclipse des *Ouey*. |
| 509. | Prémier de la 8e. Lune. | L'Eclipse fut au coucher du Soleil. | Eclipse des *Ouey*. |
| 511. | Prémier de la 12e. Lune. | L'Eclipse fut entre 9. & 11. h. du matin. | On marqua mal le jour de la ☌. |
| 512. | Dèrnier de la 5e. Lune. | Prémier de la 6e. Lune. | Eclipse des *Ouey*. |
| 513. | Prémier de la 5e. Lune. | L'Eclipse fut de 7. à 9. h. du matin. | Eclipse des *Ouey*. |

*Continuation des Eclipſes du Soleil.*

| An de J. C. | Calcul du Tribunal. | Calcul de *Hing-yun-lou.* | REMARQUES. |
|---|---|---|---|
| 516. | 1er. de la 3e. Lune, Eclipſe totale. | L'Eclipſe fut de 7. à 9. h. du matin. | |
| 519. | Prémier de la prémière Lune. | L'Eclipſe fut entre 1. & 3. h. du ſoir. | Eclipſe des *Ouey*. |
| 520. | Prémier de la prémière Lune. | L'Eclipſe fut au 1er. de la 1ere. ☾ au lever du ☉. | Les Tribunaux des *Leang* & des *Ouey* avoient calculé un jour plûtôt. |
| 521. | Prémier de la 5e. Lune. | Prémier de la 6e. Lune. | Eclipſe des *Ouey*. On calcula bien le jour ; mais on ſe trompa, dit-on, pour l'ordre des Lunes. Je ne l'ai pas examiné. |
| 522. | 1er. de la 5e. Lune, Eclipſe totale. | L'Eclipſe fut entre 7. & 9. h. du matin. | |
| | Prémier de la 11e. Lune. | Eclipſe au lever du Soleil. | Eclipſe des *Ouey*. |

*Continuation des Eclipses du Soleil.*

| An de J.C. | Calcul du Tribunal. | Calcul de *Hing-yun-lou.* | REMARQUES. |
|---|---|---|---|
| 523. | Prémier de la 11e. Lune. | L'Eclipse de 9. à 11. h. du matin. | |
| 529. | Prémier de la 10e. Lune. | Eclipse fausse. | Les *Ouey* l'avoient calculée. |
| 531. | Prémier de la 6e. Lune. | L'Eclipse fut entre 11. h. & 1. h. après midi. | Eclipse des *Ouey*. |
| 532. | Prémier de la 10e. Lune. | L'Eclipse fut au lever du Soleil. | Eclipse des *Ouey*. |
| 533. | 1er. de la 4e. Lune, Eclipse à midi. | Entre 11. h. & 1. h. après midi fut l'Eclipse. | Les *Ouey* obsèrvèrent l'Eclipse à midi. Les Astronomes des *Yuen* ont calculé le commencement pour le moment de midi. |
| 534. | Prémier de la 4e. Lune. | L'Eclipse fut de 3. à 5. h. du soir. | Eclipse des *Ouey*. |

*Continuation des Eclipses du Soleil.*

| An de J. C. | Calcul du Tribunal. | Calcul de *Hing-yun-lou.* | REMARQUES. |
|---|---|---|---|
| 538. | 1er. de la 1ere. ☾. | L'Eclipse fut de 3. à 5. h. du soir. | Eclipse des *Ouey.* |
| | 1er. de la 6e. ☾. | Eclipse fausse. | |
| 540. | Prémier de la 5e. Lune intèrcalaire. | Prémier de la 6e. Lune. On calcula bien le jour. | Eclipse des *Ouey.* |
| 547. | Prémier de la prémière Lune. | L'Eclipse fut entre 1. & 3. h. après midi. | Les Astronomes des *Yuen* ont calculé le milieu de cette Eclipse à 3.h.14'. 12". après midi. |
| 548. | Prémier de la 7e. Lune. | L'Eclipse fut de 7. à 9. h. du matin. | Cette Eclipse est dans l'Histoire, elle ne se trouve pas dans les Astronomies des *Ouey*, ni des *Leang.* |
| 559. | Prémier de la 5e. Lune. | 1er. de la 6e. Lune. On calcula bien | Les *Tchin* régnoient alors à *Nanquin.* Les *Tcheou* régnoient dans les Provinces du |

*Continuation des Eclipses du Soleil.*

| An de J. C. | Calcul du Tribunal. | Calcul de *Hing-yun-lou.* | REMARQUES. |
|---|---|---|---|
| 559. | | le jour ; mais on ne sût pas intèrcaler. | Nord. La Cour à *Siganfou.* |
| 561. | 1$^{er}$. de la 4$^{e}$. ☾.<br>1$^{er}$. de la 10$^{e}$. ☾. | Ces deux Eclipses furent au coucher du Soleil. | Ces deux Eclipses sont des *Tcheou.* |
| 562. | Prémier de la 9$^{e}$. Lune. | L'Eclipse de 7. à 9. $^{h}$. du matin. | Les *Tcheou* marquèrent mal le jour de la ♂. |
| 563. | Prémier de la 3$^{e}$. Lune. | L'Eclipse fut de nuit. | Le Tribunal des *Tcheou* avoit calculé cette Eclipse. |
| 564. | 1$^{er}$. de la 2$^{e}$. ☾.<br>1$^{er}$. de la 8$^{e}$. ☾. | Eclipse fausse.<br>Eclipse de nuit. | Le Tribunal des *Tcheou* avoit calculé ces deux Eclipses. |
| 565. | Prémier de la 7$^{e}$. Lune. | Eclipse de nuit. | Le Tribunal des *Tcheou* avoit calculé l'Eclipse. |

*Continuation des Eclipses du Soleil.*

| An de J.C. | Calcul du Tribunal. | Calcul de *Hing-yun-lou.* | REMARQUES. |
|---|---|---|---|
| 566. | Prémier de la 1ere. Lune. | L'Eclipse fut de 9. à 11.h. du matin. | Eclipse des *Tcheou.* |
| 567. | Prémier de la 1ere. Lune.<br>Prémier de la 11e. Lune. | L'Eclipse fut entre 1. & 3.h. après midi.<br>On peut la voir au lever du Soleil. | Ces deux Eclipses sont des *Tcheou.* |
| 569. | 1er. de la 11e. ☾. | Eclipse de nuit. | Eclipse des *Tcheou.* |
| 570. | 1er. de la 10e. ☾. | Eclipse de nuit. | L'Eclipse est des *Tcheou.* |
| 571. | 1er. de la 9e. ☾.<br>1er. de la 4e. ☾. | Ces deux Eclipses furent au lever du Soleil. | |
| 572. | 1er. de la 3e. ☾.<br>1er. de la 9e. ☾. | Ces deux Eclipses furent de nuit. | Ces deux Eclipses sont des *Tcheou.* |

*Continuation des Eclipses du Soleil.*

| An de J. C. | Calcul du Tribunal. | Calcul de *Hing-yun-lou.* | REMARQUES. |
|---|---|---|---|
| 574. | Prèmier de la $2^{e}$. Lune. | L'Eclipse fut de 9. à 11. $^{h}$. du matin. | *Hing-yun-lou* remarque que dans cette Eclipse les deux Tribunaux des *Tcheou* & des *Tchin* se sont accordez. Les *Tcheou*, dit-il, calculoient mal, & les *Tchin* étoient habiles. |
| 575. | $1^{er}$. de la $2^{e}$. ☾. | Eclipse de nuit. | L'Eclipse est des *Tcheou.* |
| | $1^{er}$. de la $12^{e}$. ☾. | Eclipse entre 9. & 11. $^{h}$. du matin. | L'Eclipse est des *Tcheou.* Les *Tchin* ont rapporté fort peu d'Eclipses dans leur Calendrier. |
| 576. | Prémier de la $6^{e}$. Lune. | L'Eclipse au lever du Soleil. | Dans le *Honan* & le *Chensi*, on vit l'Eclipse entre 5. & 6. heures du matin. Les Astronomes des Dynasties suivantes se sont appliqués au calcul de cette Eclipse. |
| 577. | Prémier de la $11^{e}$. Lune. | Prémier de la $12^{e}$. Lune. On marqua bien le jour. | Eclipse des *Tcheou.* |

*Continuation des Eclipſes du Soleil.*

| An de J.C. | Calcul du Tribunal. | Calcul de *Hing-yun-lou.* | REMARQUES. |
|---|---|---|---|
| 580. | Prémier de la 10$^{e}$. Lune. | L'Eclipſe fut de 3. à 5. $^{h}$ du ſoir. | Les *Tcheou* avoient calculé cette Eclipſe. Elle parut un jour plûtôt qu'ils n'avoient calculé. |
| 583. | Prémier de la 2$^{e}$. Lune.<br>7$^{e}$. Lune. | L'Eclipſe au lever du Soleil.<br>8$^{e}$. Lune. L'Eclipſe entre 9. & 11. $^{h}$. du matin. | Ces deux Eclipſes ſont dans l'Aſtronomie des *Souy*, Princes qui régnèrent à *Siganfou*. L'Hiſtoire marque Eclipſe au prémier de la huitiême Lune. |
| 584. | Prémier de la prémière Lune. | Eclipſe au coucher du Soleil. | Eclipſes des *Souy*. |
| 585. | 1$^{er}$. de la 1$^{ere}$. ☾. | Eclipſe de nuit. | Eclipſe des *Tchin*. |
| 587. | Prémier de la 5$^{e}$. Lune. | L'Eclipſe entre 7. & 9. $^{h}$. du matin. | Eclipſe des *Souy*. |
| 591. | Dèrnier de la 2$^{e}$. ☾. | Eclipſe de nuit. | L'Eclipſe eſt dans le Calendrier des *Souy*. |

Continuation

## *Continuation des Eclipses du Soleil.*

| An de J. C. | Calcul du Tribunal. | Calcul de *Hing-yun-lou.* | REMARQUES. |
|---|---|---|---|
| 592. | Dèrnier de la 7$^{e}$. ☾. | Eclipse fausse. | Les *Souy* l'avoient calculée. |
| 593. | 7$^{e}$. Lune. | Eclipse de nuit. | |
| 594. | 7$^{e}$. Lune, Eclipse totale. | *Hing-yun-lou* ne rapporte pas cette Eclipse. Elle est dans le Recueil du P. Adam Schall. | On avoit calculé cette Eclipse totale pour *Siganfou* entre 9. & 11. heures du matin à 1.$^{h}$. 42'. 36''. l'Eclipse commença. Elle étoit de 5. doigts quand un nuage cacha le Soleil. |
| 601. | Prémier de la 2$^{e}$. Lune. | L'Eclipse fut entre 3. & 5.$^{h}$. du soir. | |
| 616. | Prémier de la 5$^{e}$. ☾, Eclip. totale. | L'Eclipse fut entre 3. & 5.$^{h}$. du soir. | |
| 618. 1$^{ere}$. année du Fondateur des *Tang*. | 1$^{er}$. de la 10$^{e}$. ☾. Le ⊙ au 5°. de la Constellation *Ti*. | Eclipse fausse, où la ☌ ne fut pas dans les tèrmes Ecliptiques. | La Cour à *Siganfou*. Le 24. Octobre fut à 3.$^{h}$. 6'. après midi la ☌ dans ♏ 3°. 21'. le ☊ dans ♎ 19°. 9'. Ni l'Histoire, ni l'Astronomie ne dit si l'Eclipse fut obsèrvée. |

*Continuation des Eclipses du Soleil.*

| An de J. C. | Calcul du Tribunal. | Calcul de *Hing-yun-lou.* | REMARQUES. |
|---|---|---|---|
| 620. | | | On calcula une Eclipse de ☾ pour la 1ere. ☾. Elle ne parut pas. On calcula aussi une Eclipse du ☉ pour la 8e. ☾. |
| 621. | Prémier de la 8e. Lune. | L'Eclipse fut au lever du ☉. | |
| 623. | 1er. de la 12e. ☾. Le ☉ au 19°. de la Constellation *Teou.* | L'Eclipse fut entre 1. & 3. h. après midi. | |
| 626. | Prémier de la 10e. Lune. | L'Eclipse entre 11. h. & 1. h. après midi. | |
| 627. | Prémier de la 3e. Lune.<br><br>Prémier de la 9e. Lune. | L'Eclipse entre 3. & 5. heures du soir.<br>L'Eclipse entre 9. & 11. h. du matin. | |

*Continuation des Eclipses du Soleil.*

| An de J.C. | Calcul du Tribunal. | Calcul de *Hing-yun-lou.* | REMARQUES. |
|---|---|---|---|
| 628. | Prémier de la 3e. Lune. | L'Eclipse entre 9. & 11. h. du matin. | |
| 629. | Prémier de la 8e. Lune. | L'Eclipse entre 1. & 3. h. après midi. | |
| 630. | 1er. de la 1ere. ☾. 1er. de la 7e. ☾. | Ces deux Eclipses furent au lever du Soleil. | |
| 632. | Prémier de la 1ere. Lune. | L'Eclipse entre 1. & 3. h. après midi. | |
| 634. | 1er. de la 5e. ☾. | Eclipse de nuit. | |
| 635. | 4e. Lune intèrcalaire. | Le jour fut bien marqué; mais on ne sut pas intèrcaler. C'étoit le prémier de la cinquiême Lune. | |

*Continuation des Eclipses du Soleil.*

| An de J. C. | Calcul du Tribunal. | Calcul de *Hing-yun-lou.* | REMARQUES. |
|---|---|---|---|
| 637. | Prémier de la 3e. Lune. | L'Eclipse au lever du Soleil. | |
| 638. | Jour *Keng-chîn*, prémier de la seconde Lune intèrcalaire. | L'Eclipse au coucher du ☉. C'est la 3e. ☾ qui fut l'intèrcalaire. | C'est l'Eclipse dont parle M. Cassini dans les Régles de l'Astronomie Indienne. L'Histoire, & l'Astronomie ne disent rien de l'obsèrvation. |
| 639. | Prémier de la 8e. ☾. | L'Eclipse entre 1. & 3. h. du soir. | |
| 643. | Prémier de la 6e. ☾. | L'Eclipse entre 7. & 9. h. du matin. | |
| 644. | Prémier de la 10e. ☾. | L'Eclipse entre 3. & 5. h. du soir. | Le P. Grand-Ami dans sa Chronologie parle d'une Eclipse du ☉ le 5. Novembre 644. C'est la même Eclipse. |
| 646. | Prémier de la 3e. | Prémier de la 4e. | Pour juger seurement de l'intèrcalation de ce |

*Continuation des Eclipses du Soleil.*

| An de J. C. | Calcul du Tribunal. | Calcul de *Hing-yun-lou*. | REMARQUES. |
|---|---|---|---|
| 646. | ☾ intèrcalaire. | ☾. La 3e. ☾ ne fut pas intèrcalaire. | temps là, il faut savoir leur manière de calculer le lieu du ☉ & ☾, & leurs Equations. |
| 648. | Prémier de la 8e. Lune. | L'Eclipse entre 1. & 3. h. après midi. | |
| 660. | Prémier de la 6e. Lune. | L'Eclipse fut entre 11. h. & 1. h. après midi. | |
| 661. | Dèrnier de la 5e. Lune. | Prémier de la 6e. Lune. | C'est la même Eclipse dont parle Bede le 2. Juillet 661. |
| 665. | 3e. ☾ intèrcalaire. | 4e. ☾. On ne fut pas intèrcaler. | |
| 667. | Prémier de la 8e. Lune. | L'Eclipse fut de 11. heures à 1. heure après midi. On marqua mal le jour. | |

*Continuation des Eclipses du Soleil.*

| An de J.C. | Calcul du Tribunal. | Calcul de *Hing-yun-lou*. | REMARQUES. |
|---|---|---|---|
| 670. | Prémier de la 6e. Lune. | L'Eclipse entre 11. h. & 1. h. après midi. | |
| 671. | Prémier de la 11e. Lune. | L'Eclipse entre 1. & 3. h. après midi. | |
| 672. | Prémier de la 11e. Lune. | L'Eclipse entre 1. & 3. h. après midi. | |
| 674. | Prémier de la 3e. Lune. | L'Eclipse au lever du ☉. | |
| 680. | Prémier de la 11e. Lune. | L'Eclipse entre 9. & 11. h. du matin. | Le milieu de l'Eclipse fut, dit-on, obsèrvé à dix heures du matin. |
| 681. | Prémier de la 10e. Lune. | L'Eclipse entre 7. & 9. h. du matin. | Le milieu de l'Eclipse fut, dit-on, obsèrvé à 9. heures du matin. Les Astronomes des *Yuen*, trouvent le milieu à 8. h. 14'. 12''. du matin. |

*Continuation des Eclipses du Soleil.*

| An de J. C. | Calcul du Tribunal. | Calcul de *Hing-yun-lou*. | REMARQUES. |
|---|---|---|---|
| 682. | Prémier de la 4ᵉ. ☾. | L'Eclipse au lever du ☉. | |
| | Prémier de la 10ᵉ. ☾. | L'Eclipse entre 11. h. & 1. h. après midi. | |
| 686. | Prémier de la 2ᵉ. ☾. | L'Eclipse entre 1. & 3. h. après midi. | |
| 688. | Prémier de la 6ᵉ. ☾. | Eclipse au coucher du ☉. | |
| 691. | Prémier de la 4ᵉ. ☾. | L'Eclipse au lever du ☉. | Le milieu de l'Eclipse fut, dit-on, obsèrvé à 5. h. 28'. 24''. du matin. |
| 692. | Prémier de la 4ᵉ. ☾. | L'Eclipse entre 3. & 5. h. du soir. | |
| 693. | Prémier de la 9ᵉ. ☾. | L'Eclipse entre 3. & 5. h. du soir. | C'est la même Eclipse dont parle le Père Grand-Ami au 5. Octobre 693. |

*Continuation des Eclipses du Soleil.*

| An de J. C. | Calcul du Tribunal. | Calcul de *Hing-yun-lou.* | REMARQUES. |
|---|---|---|---|
| 694. | Prémier de la 9e. ☾. | Eclipse fausse. | |
| 695. | Prémier de la 2e. ☾. | L'Eclipse entre 11. h. & 1. h. après midi. | |
| 700. | Prémier de la 5e. ☾. | L'Eclipse entre 1. & 3. h. après midi. | Milieu de l'Eclipse obsèrvé à trois heures après midi. Les *Yuen* ont calculé ce milieu à 3. heures 28'. 24". |
| 702. | Prémier de la 9e. ☾. | L'Eclipse entre 3. & 5. heures après midi. | Milieu de l'Eclipse obsèrvé après midi 3. heures 42'. 36". Les Astronomes des *Yuen* ont calculé le milieu à 3. heures 14'. 12". |
| 703. | Prémier de la 3e. ☾.<br>Prémier de la 9e. ☾, Eclipse totale. | L'Eclipse fut entre 1. & 3. h. du soir.<br>1er. de la 8e. ☾, Eclipse de nuit. | *Hing-yun-lou* dit, qu'à la neuviême Lune on se trompa pour le calcul de la ☍. |

Continuation

*Continuation des Eclipses du Soleil.*

| An de J. C. | Calcul du Tribunal. | Calcul de *Hing-yun-lou.* | REMARQUES. |
|---|---|---|---|
| 707. | Prémier de la 6e. Lune. | Eclipse entre 11.h. & 1. h. après midi. | Milieu de l'Eclipse obsèrvé à midi. |
| | Prémier de la 12e. Lune. | Eclipse entre 7. & 9. heures du matin. | |
| 712. | Prémier de la 9e. Lune. | L'Eclipse entre 1. & 3. h. après midi. | |
| 715. | Prémier de la 7e. Lune. | L'Eclipse entre 9. & 11. h. du matin. | |
| 719. | Prémier de la 5e. Lune. | L'Eclipse entre 7. & 9. h. du matin. | |
| 721. | Prémier de la 9e. Lune. | Vêrs midi on dût voir l'Eclipse. | On dit que le milieu de l'Eclipse fut 42'. 36". après midi. Les *Yuen* ont calculé le milieu de cette Eclipse à 14'. 12". après midi. |

*Continuation des Eclipſes du Soleil.*

| An de J.C. | Calcul du Tribunal. | Calcul de *Hing-yun-lou.* | REMARQUES. |
|---|---|---|---|
| 724. | Prémier de la 12$^{e}$. ☾ intèr-calaire. | Le Tribunal ſe trompa pour l'ordre des Lunes. | *Hing-yun-lou* trouve cette Eclipſe à midi au prémier jour de la prémière Lune de l'an 725. L'an 724. au 1$^{er}$. de la 7$^{e}$. ☾ à 8.$^{h}$. du matin, & l'an 726. au 1$^{er}$. de la 12$^{e}$. ☾ entre 3. & 5.$^{h}$. du ſoir, on avoit calculé de grandes Eclipſes, mais elles ne parurent pas; on avoit pourtant donné le calcul comme cèrtain. Dans la prémière Eclipſe on obsèrva depuis la *Cochinchine* juſqu'au désèrt de Tartârie. Dans la ſeconde depuis le *Chantong* juſqu'à *Caſgar.* |
| 729. | Prémier de la 10$^{e}$. ☾. | L'Eclipſe au lever du ⊙. | |
| 732. | Prémier de la 2$^{e}$. ☾. | Eclipſe au coucher du ⊙. | |
| | Prémier de la 8$^{e}$. ☾. | Eclipſe entre 1. & 3.$^{h}$. après midi. | |
| 733. | Prémier de la 7$^{e}$. ☾. | L'Eclipſe au coucher du Soleil. | Le P. Grand-Ami rapporte une grande Eclip. du ⊙ le 14. Août 733. C'eſt la même Eclipſe. |
| 734. | Prémier de la 12$^{e}$. ☾. | L'Eclipſe entre 9. & 11.$^{h}$. du matin. | |

*Continuation des Eclipses du Soleil.*

| An de J.C. | Calcul du Tribunal. | Calcul de *Hing-yun-lou.* | REMARQUES. |
|---|---|---|---|
| 735. | Prémier de la 11e. ☾ intèr-calaire. | L'Eclipse dût être entre 7. & 9. h. du matin. | |
| 738. | Prémier de la 9e. Lune. | L'Eclipse au lever du Soleil. | |
| 740. | Prémier de la 3e. ☾. | L'Eclipse entre 1. & 3. h. après midi. | |
| 742. | Prémier de la 7e. ☾. | L'Eclipse entre 3. & 5. heures du soir. | |
| 746. | Prémier de la 5e. ☾. | L'Eclipse entre 1. & 3. h. après midi. | |
| 754. | Prémier de la 6e. ☾. | L'Eclipse entre 11. h. & 1. h. après midi. | |
| 756. | 1er. de la 6e. Lune, | L'Eclipse fut entre | L'Histoire parle de cette Eclipse, comme |

*Continuation des Eclipſes du Soleil.*

| An de J. C. | Calcul du Tribunal. | Calcul de *Hing-yun-lou.* | REMARQUES. |
|---|---|---|---|
| 756. | Eclipſe totale. | 3. & 5. h. du ſoir. | d'une Eclipſe vûë. |
| 761. | 1er. de la 7e. ☾, Eclipſe totale. | L'Eclipſe fut entre 5. & 7. h. du ſoir. | L'Hiſtoire & l'Aſtronomie diſent, qu'on vit toutes les Etoiles. |
| 768. | Prémier de la 3e. ☾. | L'Eclipſe entre 1. & 3. h. après midi. | |
| 775. | Prémier de la 10e. ☾. | L'Eclipſe entre 11. h. & 1. h. après midi. | |
| 779. | Prémier de la 7e. ☾.<br>Dèrnier de la 12e. ☾. | L'Eclipſe au ſoir à 7. heures.<br>1er. de la 1ere. Lune 780. | |
| 786. | 1er. de la 8e. ☾. | Le jour de la ☌ eſt mal marqué, il y eut Eclipſe au 1er. de la 9e. ☾. | |

*Continuation des Eclipſes du Soleil.*

| An de J. C. | Calcul du Tribunal. | Calcul de *Hing-yun-lou.* | REMARQUES. |
|---|---|---|---|
| 787. | Prémier de la $8^{e}$. ☾. Cette Eclipſe eſt dans l'Hiſtoire. | L'Eclipſe fut après le coucher du Soleil. | L'Aſtronomie ne parle pas de cette Eclipſe. Mais tout ce qu'elle dit de l'Eclipſe du prémier de la $8^{e}$. ☾ 786. convient à celle-ci qui fut le 16. Septembre. J'ai parlé au long de cette Eclipſe de l'an 787. au 16. Septembre dans l'Examen de la Chronologie Chinoiſe. |
| 789. | Prémier de la $1^{ere}$. Lune. | L'Eclipſe fut après le coucher du Soleil. | |
| 792. | Prémier de la $11^{e}$. Lune. | L'Eclipſe entre 7. & 9. $^{h}$. du matin. | |
| 796. | Prémier de la $8^{e}$. Lune. | L'Eclipſe entre 1. & 3. $^{h}$. après midi. | |
| 801. | Prémier de la $5^{e}$. Lune. | L'Eclipſe entre 7. & 9. heures du matin. | |

*Continuation des Eclipses du Soleil.*

| An de J. C. | Calcul du Tribunal. | Calcul de *Hing-yun-lou.* | REMARQUES. |
|---|---|---|---|
| 808. | Prémier de la 7ᵉ. ☾. | L'Eclipse entre 9. & 11. heures du matin. | Le P. Riccioli marque une Eclipse du Soleil le 14. Mai. Si cette Eclipse du P. Riccioli est réelle, la Chinoise est fausse. Mais le P. de Billy prétend que l'an 808. l'Eclipse de Mai est fausse. |
| 815. | Prémier de la 8ᵉ. ☾. | L'Eclipse entre 11. h. & 1. h. après midi. | |
| 818. | Prémier de la 6ᵉ. ☾. | L'Eclipse entre 1. & 3. heures du soir. | Le P. Grand-Ami rapporte une Eclipse au 7. de Juin. Si cette Eclipse du 7. Juin est bien placée, le Chinois doit dire à la cinquiême Lune. Car le Solstice d'Eté est toûjours dans la cinquiême Lune. |
| 822. | Prémier de la 4ᵉ. ☾. | L'Eclipse entre 11. h. & 1. h. après midi. | Dans la plûpart des Eclip. rapportées dans l'Histoire & l'Astronomie Chinoise, on ne sauroit asseurer si ces Eclipses furent obsèrvées. Il est cèrtain qu'il y en a eu beaucoup d'ob- |
| 823. | Prémier de la 9ᵉ. ☾. | L'Eclipse entre 7. & 9. heures du matin. | |

*Continuation des Eclipses du Soleil.*

| An de J.C. | Calcul du Tribunal. | Calcul de *Hing-yun-lou.* | REMARQUES. |
| --- | --- | --- | --- |
| 834. | $1^{er}$. de la $12^{e}$. ☾. | Ces deux Eclipses au lever du Soleil. | sèrvées; mais très-souvent l'Histoire rapporte les Eclipses calculées de la même manière que les obsèrvées. Cette incèrtitude prive de la grande utilité qu'on retireroit, si on étoit seur de l'obsèrvation. |
| 836. | $1^{er}$. de la $1^{ere}$. ☾. | | |
| 843. | $1^{er}$. de la $2^{e}$. ☾. | Ces trois Eclipses furent entre 9. & 11. $^{h}$. du matin. | |
| 844. | $1^{er}$. de la $2^{e}$. ☾. | | |
| 845. | $1^{er}$. de la $7^{e}$. ☾. | | |
| 846. | Prémier de la $12^{e}$. ☾. | L'Eclipse entre 11. $^{h}$.& 1. $^{h}$. après midi. | |
| 748. | Prémier de la $5^{e}$. ☾. | L'Eclipse entre 1. & 3. $^{h}$. après midi. | |
| 854. | Prémier de la $1^{ere}$. ☾. | L'Eclipse entre 3. & 5. heures du soir. | L'Eclipse fut obsèrvée. |
| 863. | Prémier de la $7^{e}$. ☾. | L'Ecl. entre 3. & 5. $^{h}$. du soir. | |

*Continuation des Eclipſes du Soleil.*

| An de J. C. | Calcul du Tribunal. | Calcul de *Hing-yun-lou.* | REMARQUES. |
|---|---|---|---|
| 876. | 1er. de la 9e. ☾. | Eclipſe fauſſe. | |
| 877. | 1er. de la 4e. ☾. | Eclipſe de nuit. | |
| 879. | 1er. de la 4e. ☾. | Eclipſe fauſſe. | |
| 888. | Prémier de la 3e. ☾, Eclipſe totale. Le ☉ étoit au prémier degré de *Ouey.* | L'Eclipſe fut entre 11. heures & 1. h. après midi. | Le caractère *Ouey* eſt celui de l'Etoile de la 4e. grandeur de la fleur du lys. C'eſt par cette Etoile que commence la Conſtellation *Ouey*. Par l'Hiſtoire, il paroît que cette Eclipſe totale de 888. fut obsèrvée. |
| 904. | Premier de la 10e. ☾. | L'Eclipſe entre 1. & 3. h. après midi. | |
| 906. | Prémier de la 4e. ☾. | L'Eclipſe au coucher du ☉. | |
| 909. | Prémier de la 2e. ☾. | L'Eclipſe entre 7. & 9. h. du matin. | L'Hiſtoire marque une Eclipſe au prémier de la ſeconde Lune. Les *Leang* poſtérieurs ré- |

*Continuation*

*Continuation des Eclipſes du Soleil.*

| An de J. C. | Calcul du Tribunal. | Calcul de *Hing-yun-lou.* | REMARQUES. |
|---|---|---|---|
| 909. | | | gnoient alors. La Cour à *Caifongfou.* |
| 911. | Prémier de la $1^{ere}$. Lune. | L'Eclipſe entre 9. & 11. $^{h}$. du matin. | Quelques années après les *Leao* formèrent une puiſſante Dynaſtie en Tartârie, & dans les Provinces Boréales de la Chine. Ces Princes étoient du *Leaotong*. Ils régnèrent plus de 200. ans. |
| 921. | Prémier de la $6^{e}$. Lune. | L'Eclipſe entre 9. & 11. $^{h}$. du matin. | |
| 923. | Prémier de la $10^{e}$. Lune. | L'Eclipſe fut entre 11. $^{h}$. & 1. $^{h}$. après midi. | |
| 925. | Prémier de la $4^{e}$. Lune. | Eclipſe de nuit. | Les *Tang* poſtérieures régnoient. La Cour à *Loyang*. |
| 926. | Prémier de la $8^{e}$. Lune. | L'Eclipſe entre 7. & 9. heures du matin. | |

*Continuation des Eclipses du Soleil.*

| An de J.C. | Calcul du Tribunal. | Calcul de *Hing-yun-lou.* | REMARQUES. |
|---|---|---|---|
| 927. | Prémier de la 8e. ☾. | L'Eclipse entre 11. heures & 1. heure après midi. | |
| 928. | 1er. de la 2e. ☾. | Ces deux Eclipses entre 7. & 9. heures du matin. | |
| 930. | 1er. de la 6e. ☾. | | |
| 931. | Prémier de la 11e. ☾. | L'Eclipse entre 9. & 11. h. du matin. | |
| 937. | Prémière Lune. | L'Eclipse au lever du ☉. On marqua mal le jour. | Les *Tsin* postérieurs régnoient alors. |
| 938. | Prémier de la 1ere. Lune. | Eclipse au coucher du ☉. On calcula mal le jour. | |

*Continuation des Eclipses du Soleil.*

| An de J. C. | Calcul du Tribunal. | Calcul de *Hing-yun-lou.* | REMARQUES. |
|---|---|---|---|
| 939. | Au jour *Keng-tse*, prémier de la 7e. Lune. | 1er. de la 6e. ☾ intèrcalaire, Eclipse entre 3. & 5. h. du soir. | C'est l'Eclipse dont parlent les Pères Grand-Ami & de Billy au 19. Juillet 939. |
| 942. | 1er. de la 4e. ☾ intèrcalaire. | 1er. de la 4e. ☾ intèrcalaire. L'Eclipse au lever du ☉. | |
| 943. | Prémier de la 4e. Lune. | L'Eclipse entre 9. & 11. h. du matin. | |
| 944. | Prémier de la 9e. Lune. | L'Eclipse entre 3. & 5. heures du soir. | |
| 945. | Prémier de la 8e. Lune. | L'Eclipse entre 1. & 3. heures après midi. | |

*Continuation des Eclipses du Soleil.*

| An de J.C. | Calcul du Tribunal. | Calcul de *Hing-yun-lou.* | REMARQUES. |
|---|---|---|---|
| 946. | Prémier de la 2e. Lune. | L'Eclipse au coucher du Soleil. | |
| 948. | Prémier de la 6e. Lune. | L'Eclipse au coucher du Soleil. | Les seconds *Han* postérieurs régnoient. |
| 949. | Prémier de la 6e. Lune. | L'Eclipse au lever du Soleil. | |
| 950. | Prémier de la 11e. Lune. | L'Eclipse au lever du Soleil. | |
| 952. | Prémier de la 4e. Lune. | L'Eclipse au lever du Soleil. | Les *Tcheou* postérieurs régnoient alors. |
| 955. | Prémier de la 2e. Lune. | L'Eclipse entre 3. & 5. h. du soir. | |
| 958. | 1er. de la 5e. ☾. | Eclipse fausse. | |
| 960. | Prémier de la 5e. | L'Eclipse entre 1. | C'est la prémière année du Fondateur de la |

*Continuation des Eclipſes du Soleil.*

| An de J. C. | Calcul du Tribunal. | Calcul de *Hing-yun-lou.* | REMARQUES. |
|---|---|---|---|
| 960. | Lune. | & 3. heures après midi. | Dynaſtie des *Song*. La Cour à *Caifongfou*. La ☌ fut le 28. Mai à 1. heure 3'. après midi. |
| 961. | Prémier de la 4e. Lune. | L'Eclipſe entre 3. & 5. h. du ſoir. | C'eſt l'Eclipſe dont parlent les Pères Grand-Ami & de Billy le 17. Mai 961. |
| 965. | Prémier de la 2e. Lune. | A midi l'Eclipſe dut être de cinq doigts. | L'Hiſtoire rapporte que l'Eclipſe ne parut pas, & qu'on en félicita le Prince. Surquoi le P. Couplet dit, que pluſieurs Eclipſes ſont fauſſes, ou ſuſpectes. Cependant le P. Adam Schall ayant éxaminé cette Eclipſe la trouve viſible après midi & de 3. doigts. Il croit qu'il y eut de la négligence. Il eſt cèrtain que dans les petites Eclipſes on peut aiſément manquer à s'en appercevoir. |
| 967. | Prémier de la 6e. Lune. | L'Eclipſe entre 1. & 3. h. après midi. | |
| 968. | Prémier de la 12e. Lune. | L'Eclipſe entre 3. & 5. h. après midi. | Cette Eclipſe de 968. eſt ſans doute la même dont parle le P. Grand-Ami au 22. Déc. 968. |

*Continuation des Eclipſes du Soleil.*

| An de J. C. | Calcul du Tribunal. | Calcul de *Hing-yun-lou.* | REMARQUES. |
|---|---|---|---|
| 970. | Prémier de la $4^{e}$. Lune. | L'Eclipſe entre 1. & 3. $^{h}$. après midi. | |
| 971. | $1^{er}$. de la $10^{e}$. ☾. | Ces deux Eclipſes furent entre 9. & 11. $^{h}$. du matin. | |
| 972. | $1^{er}$. de la $9^{e}$. ☾. | | |
| 974. | Prémier de la $2^{e}$. Lune. | L'Eclipſe entre 7. & 9. heures du matin. | |
| 975. | $1^{er}$. de la $7^{e}$. ☾. | L'Eclipſe au lever du Soleil. | |
| 977. | $1^{er}$, de la $11^{e}$. ☾, Eclipſe totale. | L'Eclipſe entre 3. & 5. heures du ſoir. | |
| 981. | $1^{er}$. de la $9^{e}$. ☾. | On put voir le commencement de l'Eclipſe au lever du Soleil. | |

*Continuation des Eclipses du Soleil.*

| An de J. C. | Calcul du Tribunal. | Calcul de *Hing-yun-lou.* | REMARQUES. |
|---|---|---|---|
| 982. | Prémier de la 3e. Lune. | L'Eclipse entre 7. & 9. heures du matin. | |
| | 1er. de la 12e. ☾. | Eclipse fausse. | |
| 983. | 1er. de la 2e. ☾. | Eclipse de nuit. | |
| On marqua mal le jour de la 1ere. ☾. | | | |
| 985. | Prémier de la 12e. Lune. | L'Eclipse entre 11. h. & 1. h. après midi. | |
| 986. | Prémier de la 6e. Lune. | L'Eclipse à 4. h. du matin. | |
| 991. | 1er. de la 2e. ☾ intèrcalaire. | L'Eclipse au lever du Soleil. | |
| 992. | Prémier de la 2e. Lune. | L'Eclipse entre 3. & 5. heures du soir. | |

*Continuation des Eclipses du Soleil.*

| An de J. C. | Calcul du Tribunal. | Calcul de *Hing-yun-lou.* | REMARQUES. |
|---|---|---|---|
| 993. | Prémier de la 2<sup>e</sup>. Lune. | Eclipse au coucher du Soleil. | |
| | Prémier de la 8<sup>e</sup>. Lune. | Eclipse entre 3. & 5. heures du soir. | |
| 994. | Prémier de la 12<sup>e</sup>. Lune. | Eclipse entre 9. & 11. heures du matin. | Les nuages, & la neige empêchèrent l'observation. |
| 998. | Prémier de la 5<sup>e</sup>. Lune. | L'Eclipse entre 3. & 5. heures du soir. | |
| | Prémier de la 10<sup>e</sup>. Lune. | L'Eclipse entre 1. & 3. heures du soir. | |
| 999. | Prémier de la 9<sup>e</sup>. Lune. | L'Eclipse entre 11. heures & 1. heure après midi. | |

*Continuation*

*Continuation des Eclipses du Soleil.*

| An de J.C. | Calcul du Tribunal. | Calcul de *Hing-yun-lou.* | REMARQUES. |
|---|---|---|---|
| 1000. | Prémier de la 3e. Lune. | Au coucher du ☉ on put voir le commencement. | |
| 1002. | Prémier de la 7e. Lune. | L'Eclipse entre 11. h. & 1. h. après midi. | |
| 1004. | Prémier de la 12e. Lune. | L'Eclipse entre 9. & 11. heures du matin. | |
| 1006. | Prémier de la 5e. Lune. | Eclipse de nuit. | Les nuages ne pèrmirent pas d'obsèrver. |
| 1007. | Prémier de la 5e. Lune. | Eclipse entre 3. & 5. heures du soir. | |
| | Prémier de la 10e. Lune. | Eclipse de nuit. | Les nuages ne pèrmirent pas d'obsèrver. |

*Continuation des Eclipses du Soleil.*

| An de J. C. | Calcul du Tribunal. | Calcul de *Hing-yun-lou.* | REMARQUES. |
|---|---|---|---|
| 1009. | Prémier de la 3$^{e}$. Lune. | L'Eclipse entre 3. & 5. heures du soir. | La pluye empêcha l'observation. Le P. de Billy parle d'une Eclipse de Soleil le 29. Mars 1009. |
| 1012. | Prémier de la 8$^{e}$. Lune. | L'Eclipse entre 1. & 3. heures du soir. | |
| 1013. | Prémier de la 12$^{e}$. Lune. | L'Eclipse entre 9. & 11. heures du matin. | |
| 1014. | 1$^{er}$. de la 12$^{e}$. ☾. | Eclipse de nuit. | On se prépara à observer; l'Eclipse ne parut pas. |
| Le P. Adam Schall trouve une Eclipse de nuit. | | | |
| 1015. | Prémier de la 6$^{e}$. Lune. | L'Eclipse entre 11. $^{h}$. & 1. $^{h}$. après midi. | |
| 1019. | Prémier de la 3$^{e}$. Lune. | L'Eclipse entre 9 &. 11. heures du matin. | |

*Continuation des Eclipſes du Soleil.*

| An de J. C. | Calcul du Tribunal. | Calcul de *Hing-yun-lou.* | REMARQUES. |
|---|---|---|---|
| 1021. | 1$^{er}$. de la 7$^{e}$. ☾, Eclipſe totale. | L'Eclipſe entre 11.$^{h}$. & 1. $^{h}$. après midi. | On obſèrva. L'Eclipſe ne fut que de 4. doigts. |
| 1022. | Prémier de la 7$^{e}$. Lune, Eclipſe préſque totale. | Au coucher du ⊙ on put voir le commencement. | |
| 1024. | Prémier de la 5$^{e}$. Lune. | L'Eclipſe dut être entre 9. & 11. heures du matin. | On obſèrva, on ne vit pas d'Eclipſe. Les Mandarins félicitèrent l'Empereur. |
| 1026. | 1$^{er}$. de la 10$^{e}$. ☾. | L'Eclipſe entre 9. & 11. heures du matin. On marqua mal le jour. | |
| 1028. | 1$^{er}$. de la 3$^{e}$. ☾. | Ces deux Eclipſes au lever du Soleil. | |
| 1029. | 1$^{er}$. de la 8$^{e}$. ☾. | | |
| 1033. | Prémier de la 6$^{e}$. | On put voir l'E- | Le P. Grand-Ami parle d'une grande Ecli- |

*Continuation des Eclipses du Soleil.*

| An de J. C. | Calcul du Tribunal. | Calcul de *Hing-yun-lou.* | REMARQUES. |
|---|---|---|---|
| 1033. | Lune. | clipse au coucher du Soleil. | pse du Soleil au 29. Juin 1033. |
| 1036. | Prémier de la 4^e^. Lune, Eclipse de 2. doigts ½. | L'Eclipse dut être de trois doigts au lever du Soleil. | Le P. Adam Schall a calculé cette Eclipse, & il trouve qu'elle ne fut pas visible à *Caifongfou*. L'Astronomie dit qu'on observa, & qu'il n'y eut pas d'Eclipse. |
| 1038. | 1^er^. de la 1^ere^. ☾, Eclipse de 6. doigts; la fin à 5. h. ¼. après midi. | Eclipse fausse. | L'Histoire ni l'Astronomie ne disent pas si on s'apperçut de la fausseté du calcul. |
| 1040. | Prémier de la 1^ere^. Lune. | L'Eclipse entre 1. & 3. heures du soir. | Les Mandarins du Tribunal vouloient qu'on marquât l'Eclipse au dernier de la Lune précédente. L'Empereur ne voulut pas y consentir. |
| 1042. | 1^er^. de la 6^e^. ☾, Eclipse de | L'Eclipse au coucher du | |

*Continuation des Eclipſes du Soleil.*

| An de J. C. | Calcul du Tribunal. | Calcul de *Hing-yun-lou.* | REMARQUES. |
|---|---|---|---|
| 1042. | 6. doigts à 7.$^{h}$. 28'. 24''. Le Soleil ſe couchera éclipſé de deux doigts. | Soleil. | |
| 1043. | Prémier de la $5^{e}$. Lune. | L'Eclipſe au lever du ☉. | |
| 1044. | Prémier de la $11^{e}$. Lune. | L'Eclipſe entre 3. & 5. heures du ſoir. | On calcula mal le jour, on ne vit pas d'Eclipſe, & le P. Adam Schall dit, que l'Hiſtorien a effacé ce faux calcul. Il trouva une Eclipſe de nuit. Le P. Grand-Ami rapporte une Eclipſe de Soleil le 22. Novembre 1044. |
| 1045. | Prémier de la $4^{e}$. Lune. | L'Eclipſe au lever du Soleil. | Les nuages empêchèrent l'obſèrvation au prémier de la quatriême Lune 1045. |
| 1046. | $1^{er}$. de la $3^{e}$. ☾, Eclipſe de 4. doigts ½. La fin à 3. heures 42'. 36''. du ſoir. | L'Eclipſe fut bien calculée. | |
| 1049. | Prémier de la $1^{ere}$. | L'Eclipſe entre 11.$^{h}$. | On obſèrva le milieu de l'Ecilpſe à midi. |

*Continuation des Eclipses du Soleil.*

| An de J. C. | Calcul du Tribunal. | Calcul de *Hing-yun-lou.* | REMARQUES. |
|---|---|---|---|
| 1049. | Lune. | & 1. $^{h}$. après midi. | |
| 1052. | $1^{er}$. de la $11^{e}$. ☾, Eclipse de deux doigts. La fin à 2. heures $\frac{1}{4}$. après midi. | L'Eclipse fut bien calculée. | On obsèrva la fin à 42'. 36". après midi. |
| 1053. | $1^{er}$. de la $10^{e}$. ☾, à midi $\frac{1}{4}$. l'Eclipse de quatre doigts & demi. | L'Eclipse fut bien calculée. | On obsèrva le milieu à 1. heure 14'. 12". |
| 1054. | $1^{er}$. de la $4^{e}$. ☾, Eclipse de 9. doigts. Milieu à 4. $^{h}$. $\frac{1}{4}$. du soir. | L'Eclipse fut bien calculée. | L'Eclipse fut obsèrvée. On immola une victime au Temple. Le milieu fut à 14'. 12". après midi. |
| 1056. | $1^{er}$. de la $8^{e}$. ☾, Eclipse de 2. doigts. | L'Eclipse entre 3. & 5. heures du soir. | |
| 1058. | $1^{er}$. de la $8^{e}$. ☾, Eclip. de 3. doigts $\frac{1}{2}$. | L'Eclipse fut entre 7. & 9. $^{h}$. du matin. | |

*Continuation des Eclipſes du Soleil.*

| An de J. C. | Calcul du Tribunal. | Calcul de *Hing-yun-lou.* | REMARQUES. |
|---|---|---|---|
| 1059. | 1er. de la 1ere. ☾, Eclipſe de trois doigts. Fin à 1. h. 42'. 36". après midi. | L'Eclipſe à midi. | L'Eclipſe fut obsèrvée. Il y eut ſacrifice. Un Mandarin avoit propoſé de marquer l'Eclipſe au dèrnier de la douziême Lune. L'Empereur ne voulut pas. |
| 1061. | 1er. de la 6e. Lune. L'Eclipſe ſera de 6. doigts. | L'Eclipſe entre 1. & 3. heures après midi. | L'Eclipſe étoit de 4. doigts quand le Soleil entra dans un nuage. On en félicita l'Empereur. |
| 1066. | Prémier de la 9e. Lune. | L'Eclipſe entre 1. & 3. heures du ſoir. | |
| 1068. | Prémier de la 1ere. Lune. | L'Eclipſe entre 11. h. & 1. h. après midi. | |
| 1069. | 1er. de la 7e. Lune. L'Eclipſe ſera de 8. doigts. | L'Eclipſe entre 7. & 9. heures du matin. | Les nuages empêchèrent d'obsèrver l'Eclipſe. |

*Continuation des Eclipses du Soleil.*

| An de J.C. | Calcul du Tribunal. | Calcul de *Hing-yun-lou.* | REMARQUES. |
|---|---|---|---|
| 1073. | Prémier de la 4e. Lune. | L'Eclipse au lever du Soleil. | Les nuages empêchèrent l'obsèrvation. L'Empereur qui étoit avèrti de l'Eclipse, s'étoit retiré pour penser aux malheurs dont le Ciel le menaçoit; les nuages étant venus, il reçût les félicitations. |
| 1075. | Prémier de la 8e. Lune, | L'Eclipse entre 9. & 11. heures du matin. | Le Ciel fut couvèrt de nuages. |
| 1078. | Prémier de la 6e. Lune. | L'Eclipse au lever du Soleil. | On dit que l'Eclipse ne parut pas. L'Histoire rapporte l'Eclipse, c'est-à-dire, le calcul du Tribunal. |
| 1080. | Prémier de la 11e. Lune. | L'Eclipse entre 7. & 9. heures du matin. | |
| 1081. | Prémier de la 11e. Lune. | Eclipse fausse. | On s'étoit préparé à obsèrver l'Eclipse. Elle ne parut pas. |
| 1082. | Prémier de la 4e. Lune. | Eclipse de nuit. | Le Ciel fut couvert de nuages. |

*Continuation des Eclipses du Soleil.*

| An de J.C. | Calcul du Tribunal. | Calcul de *Hing-yun-lou.* | REMARQUES. |
|---|---|---|---|
| 1083. | Prémier de la 9e. Lune. | L'Eclipse entre 7. & 9. h. du matin. | |
| 1087. | Prémier de la 7e. Lune. | L'Eclipse entre 3. & 5. heures du soir. | Le Ciel fut couvèrt de nuages. |
| 1091. | Prémier de la 5e. Lune. | L'Eclipse entre 1. & 3. heures du soir. | |
| 1094. | Prémier de la 3e. Lune. | L'Eclipse entre 1. & 3. h. après midi. | |
| 1095. | 1er. de la 2e. ☾. | Eclipse de nuit. | On se prépara à obsèrver l'Eclipse. Elle ne parut pas. |
| | Le P. Adam Schall trouve une Eclipse de nuit. | | |
| 1097. | 1er. de la 6e. ☾. | Eclipse de nuit. | Le Ciel fut couvèrt de nuages. |
| 1100. | Prémier de la 4e. Lune. | L'Eclipse entre 9. & 11. h. du matin. | |

*Continuation des Eclipſes du Soleil.*

| An de J.C. | Calcul du Tribunal. | Calcul de *Hing-yun-lou.* | REMARQUES. |
|---|---|---|---|
| 1101. | Prémier de la 4e. Lune. | L'Eclipſe entre 9. & 11. h. du matin. | Le Ciel fut couvèrt de nuages. |
| 1106. | 1er. de la 7e. ☾.<br>1er. de la 12e. ☾. | Eclipſe à midi.<br>Eclipſe à 1. h. après midi. | Ces deux Eclipſes ne parurent pas, & l'Empereur en fut félicité. |
| 1107.<br>Obsèr-vation. | 1er. de la 11e. ☾.<br>Après midi. 1. h. 28'. 24". com. 3. h. milieu. 4. h. 28'. 24". fin. | Prémier de la onziême Lune intèrcalaire. | L'Eclipſe fut obsèrvée, & l'Empereur fut félicité de ce qu'elle n'avoit pas été ſi grande qu'on l'avoit prédit. |
| 1108. | Prémier de la 5e. Lune. | L'Eclipſe entre 11. h. & 1. h. après midi. | |
| 1110. | Prémier de la 9e. | L'Eclipſe entre 3. & | |

*Continuation des Eclipses du Soleil.*

| An de J. C. | Calcul du Tribunal. | Calcul de *Hing-yun-lou.* | REMARQUES. |
|---|---|---|---|
| 1110. | Lune. | 5. heures du soir. | |
| 1113. | Prémier de la 3e. Lune. | L'Eclipse entre 1. & 3. h. après midi. | Les Pères de Billy & Grand-Ami rapportent une Eclipse du Soleil au mois de Mars 1113. |
| 1115. | Prémier de la 7e. ☾. | L'Eclipse entre 11. h. & 1. h. après midi. | |
| 1118. | Prémier de la 5e. ☾. | L'Eclipse entre 3. & 5. h. du soir. | |
| 1119. | Prémier de la 4e. ☾. | L'Eclipse au coucher du Soleil. | |
| 1120. | Prémier de la 10e. ☾. | L'Eclipse entre 1. & 3. heures du soir. | Cette Eclipse est du Calendrier des Princes *Kin.* Leur Cour fut à *Péking.* |
| 1122. | Prémier de la 2e. ☾. | L'Eclipse entre 1. & 3. h. du soir. | L'Eclipse est dans le Calendrier des *Kin.* |

*Continuation des Eclipses du Soleil.*

| An de J. C. | Calcul du Tribunal. | Calcul de *Hing-yun-lou.* | REMARQUES. |
|---|---|---|---|
| 1123. | Prémier de la 8e. Lune. | L'Eclipse au lever du ☉. | Le Ciel fut couvèrt de nuages. |
| 1129. | Prémier de la 9e. ☾. | L'Eclipse entre 9. & 11. h. du matin. | Les *Song* venoient de transporter leur Cour à *Lingan*, aujourd'hui *Hang - tcheou* capitale du *Tchequiang*. |
| 1135. | Prémier de la 1ere. ☾. | La ☌ fut à 11. h. du matin. Il s'agit de la ☌ vûë. | Les *Kin* marquèrent mal le jour. Le Président du Tribunal avoit dit le commencement de l'Eclipse à huit heures du matin. |
| 1137. | 1er. de la 2e. ☾. | Eclipse fausse. | |
| 1143. | Prémier de la 12e. ☾. | L'Eclipse au lever du Soleil. | Le Ciel fut couvèrt de nuages. On en félicita l'Empereur. |
| 1145. | Prémier de la 6e. Lune. | L'Eclipse entre 9. & 11. heures du matin. | |
| 1147. | Prémier de la 10e. | Eclipse au cou- | C'est la même Eclipse dont parle le P. de |

*Continuation des Eclipses du Soleil.*

| An de J. C. | Calcul du Tribunal. | Calcul de *Hing-yun-lou.* | REMARQUES. |
|---|---|---|---|
| 1147. | Lune. | cher du Soleil. | Billy au 26. Octobre 1147. |
| 1148. | Prémier de la 4e. Lune. | L'Eclipse entre 11. h. & 1. h. après midi. | Le Ciel fut couvèrt des nuages. L'Histoire n'a pas laissé de marquer l'Eclipse. |
| 1149. | 1er. de la 3e. ☾. | Ces trois Eclipses au lever du Soleil. | Dans ces trois Eclipses le Ciel fut couvèrt de nuages. |
| 1154. | 1er. de la 5e. ☾. | | |
| 1155. | 1er. de la 5e. ☾. | | |
| 1158. | Prémier de la 3e. ☾. | L'Eclipse au lever du Soleil. | Le Ciel fut couvèrt de nuages. On en félicita l'Empereur. Les *Kin* se préparèrent à obsèrver. Il n'y eut pas d'Eclipse à *Péking*. |
| 1160. | Prémier de la 8e. ☾. | L'Eclipse entre 11. h. & 1. h. après midi. | |
| 1161. | Prémier de la 1ere. Lune. | Ce jour là le ☉ se leve à 6. h. $\frac{3}{4}$, & ce | *Hing-yun-lou* dit que le mouvement qui est la régle des Eclipses n'étoit pas de 26. jours. |

*Continuation des Eclipses du Soleil.*

| An de J. C. | Calcul du Tribunal. | Calcul de *Hing-yun-lou.* | REMARQUES. |
|---|---|---|---|
| 1161. | | fut alors la ☌ vûë. D'ailleurs la ☌ n'étoit pas Ecliptique. | Dans l'Astronomie Chinoise j'ai parlé des tèrmes Ecliptiques selon les Chinois avant la venuë des Jésuites. |
| 1162. | 1er. de la 1ere. ☾. Les *Kin* obsèrvèrent l'Eclipse. | L'Eclipse entre 11. heures & 1. heure après midi. | |
| 1163. | Prémier de la 6e. Lune. | L'Eclipse entre 3. & 5. h. du soir. | Les Astronomes des *Kin* obsèrvèrent l'Eclipse de la prémière Lune de l'an 1162. à *Péking*. |
| 1164. | Prémier de la 6e. Lune. | L'Eclipse fut entre 3. & 5. h. du soir. | |
| 1167. | Prémier de la 4e. Lune. | L'Eclipse entre 3. & 5. heures du soir. | L'Eclipse fut calculée & obsèrvée par les Astronomes des *Kin* à *Péking*. Les Astronomes des *Song* la calculèrent pour *Ham-tcheou*. Rien n'y parut. |

*Continuation des Eclipſes du Soleil.*

| An de J. C. | Calcul du Tribunal. | Calcul de *Hing-yun-lou.* | REMARQUES. |
|---|---|---|---|
| 1169. | Prémier de la 8e. Lune. | L'Eclipſe entre 9. & 11. h. du matin. | Il y eut des nuages. |
| 1173. | 1er. de la 5e. ☾. | L'Eclipſe à midi. | Le Ciel fut couvèrt de nuages, & on ne put obsèrver ces trois Eclipſes. |
| 1174. | 1er. de la 11e. ☾. | L'Eclipſe après midi. | |
| 1176. | 1er. de la 3e. ☾. | L'Eclipſe à midi. | |
| 1177. | 1er. de la 9e. ☾. | Eclipſe de nuit. | Le Ciel fut couvèrt de nuages. |
| 1183. | Prémier de la 11e. Lune. | L'Eclipſe entre 9. & 11. heures du matin. | A 10. heures 28'. 24''. matin, on obsèrva le milieu de l'Eclipſe. |
| 1188. | Prémier de la 8e. Lune. | L'Eclipſe vêrs le midi. | |
| 1189. | Prémier de la 2e. Lune. | L'Eclipſe entre 9. & 11. heures du matin. | |

*Continuation des Eclipses du Soleil.*

| An de J.C. | Calcul du Tribunal. | Calcul de *Hing-yun-lou.* | REMARQUES. |
|---|---|---|---|
| 1195. | Prémier de la 3$^{e}$. Lune. | L'Eclipse vêrs midi. | A 11. heures 20′. 24″. matin. On obsèrva le commencement de l'Eclipse. |
| 1198. | Prémier de la 1$^{ere}$. ☾. | Eclipse au lever du Soleil. | Nuages. |
| 1199. | Prémier de la 1$^{ere}$. ☾. | L'Eclipse entre 3. & 5. heures du soir. | Le Ciel fut couvèrt de nuages. |
| 1200. | 1$^{er}$. de la 6$^{e}$. ☾. | Eclipse de nuit. | Il y eut des nuages. |
| | Prémier de la 11$^{e}$. ☾. | L'Eclipse entre 9. & 11. heures du matin. | L'Eclipse est du Calendrier des *Kin.* |
| 1202. | 1$^{er}$. de la 5$^{e}$. ☾. | L'Eclipse vêrs midi. | Le P. Adam Schall rapporte que le commencement fut à 11. heures 14′. 12″. avant midi, & la fin à 1. heure. Les *Yuen* rapportent la même obsèrvation. |
| 1203. | 1$^{er}$. de la 4$^{e}$. ☾. | Au lever du Soleil. | On dit qu'à peine l'Eclipse fut d'un doigt. |

Continuation

*Continuation des Eclipſes du Soleil.*

| An de J.C. | Calcul du Tribunal. | Calcul de *Hing-yun-lou.* | REMARQUES. |
|---|---|---|---|
| 1206. | Prémier de la 2e. ☾. | L'Eclipſe fut au coucher du Soleil. | On n'apperçut pas d'Eclipſe. |
| 1209. | 1er. de la 12e. ☾. | Eclipſe de nuit. | Cette Eclipſe eſt du Calendrier des *Kin.* |
| 1210. | Prémier de la 6e. ☾. | L'Eclipſe au lever du Soleil. | |
| 1211. | Prémier de la 11e. ☾. | L'Eclipſe entre 7. & 11. heures du matin. | On dit que l'Eclipſe ne parut pas. |
| 1214. | Prémier de la 9e. ☾. | L'Eclipſe entre 11. h. & 1. h. après midi. | L'Hiſtoire des *Kin* rapporte que cette Eclipſe fut totale, & que toutes les Etoiles parurent. |
| 1216. | Prémier de la 2e. ☾. | L'Eclipſe entre 1. & 3. heures après midi. | L'an 1215. *Péking* ſe rendit à *Gentchiſcan.* Les *Kin* tranſportèrent leur Cour à *Pien-leang.* C'eſt *Caifongfou.* |

Au prémier de la ſeconde Lune de l'an 1216. le milieu de l'Eclipſe fut obſervé à 5. heures du ſoir.

*Continuation des Eclipses du Soleil.*

| An de J. C. | Calcul du Tribunal. | Calcul de *Hing-yun-lou.* | REMARQUES. |
|---|---|---|---|
| 1216. | 1er. de la 7e. ☾ intèrcalaire. | L'Eclipse au lever du Soleil. | |
| 1217. | Prémier de la 7e. ☾. | L'Eclipse entre 11. h. & 1. h. après midi. | |
| 1218. | 1er. de la 7e. Lune, Ecl. d'un doigt. | L'Eclipse entre 11. h. & 1. h. après midi. | On dit qu'il n'y eut présque point d'Eclipse. |
| 1221. | Prémier de la 5e. ☾. | L'Eclipse au lever du ☉. | |
| 1223. | Prémier de la 9e. ☾. | L'Eclipse entre 11. h. & 1. h. après midi. | |
| 1227. | Prémier de la 6e. ☾. | L'Eclipse au lever du Soleil. | |
| 1228. | Prémier de la 6e. ☾. | L'Eclipse entre 1. & 3. h. après midi. | |

*Continuation des Eclipses du Soleil.*

| An de J.C. | Calcul du Tribunal. | Calcul de *Hing-yun-lou.* | REMARQUES. |
|---|---|---|---|
| 1228. | Prémier de la 12e. ☾. | L'Eclipse entre 3. & 5. heures du soir. | Cette Eclipse est des *Kin.* |
| 1333. | 1er. de la 9e. ☾. | Fausse Eclipse. | |
| 1235. | Prémier de la 2e. ☾. | L'Eclipse entre 7. & 9. h. du matin. | On dit qu'il n'y eut pas d'Eclipse. |
| 1237. | 1er. de la 12e. ☾. | L'Eclipse vêrs midi. | |
| 1242. | 1er. de la 9e. ☾. | L'Eclipse vêrs midi. | |
| 1243. | Prémier de la 3e. ☾. | L'Eclipse entre 9. & 11. h. du matin. | L'Eclipse est rapportée obsèrvée à 9. heures 28'. 24''. matin. On ne dit pas si c'est le commencement, le milieu, ou la fin. |
| 1245. | Prémier de la 7e. ☾. | Ces deux Eclipses entre 1. & 3. h. après midi. | C'est la même Eclipse dont parle le P. de Billy au 25. Juillet 1245. |
| 1246. | 1er. de la 1ere. ☾. | | |

*Continuation des Eclipses du Soleil.*

| An de J.C. | Calcul du Tribunal. | Calcul de *Hing-yun-lou.* | REMARQUES. |
|---|---|---|---|
| 1249. | Prémier de la 4e. ☾. | Entre 9. & 11. h. matin. | |
| 1252. | 1er. de la 2e. ☾. | Au lever du Soleil. | |
| 1253. | Prémier de la 2e. ☾. | Au coucher du Soleil. | |
| 1260. | Prémier de la 3e. ☾. | Entre 1. & 3. heures, soir. | A 4. h. 28'. 24''. du soir, on obsèrva le milieu de l'Eclipse à *Péking.* |
| 1261. | Prémier de la 3e. ☾. | Au coucher du Soleil. | |
| 1265. | Prémier de la 1ere. ☾. | Entre 7. & 9. h. matin. | |
| 1267. | Prémier de la 5e. ☾. | Au coucher du Soleil. | Cette Eclipse fut vûë à Constantinople. Le P. Grand-Ami en parle fort au long au 25. Mai 1267. |
| 1268. | 1er. de la 10e. ☾. | Entre 1. & 3. h. soir. | |

*Continuation des Eclipses du Soleil.*

| An de J. C. | Calcul du Tribunal. | Calcul de *Hing-yun-lou.* | REMARQUES. |
|---|---|---|---|
| 1270. | Prémier de la $3^{e}$. ☾. | Entre 1. & 3. heures, soir. | |
| 1271. | Prémier de la $8^{e}$. ☾. | Entre 7. & 9. $^{h}$. matin. | |
| 1272. | Prémier de la $8^{e}$. ☾. | Entre 7. & 9. $^{h}$. matin. | |
| 1275. | Prémier de la $6^{e}$. Lune. | Entre 9. & 11. heures, matin. | L'Eclipse fut observée. Les Etoiles parurent. On ne rapporte pas le temps. |
| 1277. | Premier de la $10^{e}$. ☾. | L'Eclipse entre 11. heures & 1. $^{h}$. après midi. | Après midi. 1. $^{h}$. 14'. 12''. milieu. 2. $^{h}$. 28'. 24''. fin. Obsèrvation des *Yuen* à *Péking*. |
| 1282. | Prémier de la $6^{e}$. Lune. | Le jour de l'Eclipse fut à la $7^{e}$. ☾, entre 9. & 11. $^{h}$. du matin. | L'Histoire marque Eclipse à la $6^{e}$. & $7^{e}$. ☾. Les *Yuen* étoient alors maîtres de la Chine. Leur Cour à *Péking*. |
| 1287. | Prémier de la $10^{e}$. Lune. | Entre 1. & 3. $^{h}$. du soir. | |

*Continuation des Eclipſes du Soleil.*

| An de J. C. | Calcul du Tribunal. | Calcul de *Hing-yun-lou.* | REMARQUES. |
|---|---|---|---|
| 1289. | Prémier de la 3e. ☾. | Entre 9. & 11. h. matin. | |
| 1290. | Prémier de la 8e. Lune. | Entre 3. & 5. heures, ſoir. | |
| 1292. | Prémier de la 1ere. ☾. | Entre 11. & 1. h. après midi. | L'Eclipſe fut obſèrvée, & l'Hiſtoire marque que l'Empereur *Cobilay* ne reçût pas ce jour là les compliments pour le prémier de l'an. |
| 1294. | Prémier de la 6e. ☾. | Entre 7. & 9. h. du matin. | |
| 1297. | 4e. Lune. | Entre 7. & 9. h. du matin. | |
| 1299. | Prémier de la 8e. Lune. | Entre 9. & 11. h. du matin. | A la 8e. Lune de l'an 1299. le Préſident du Tribunal dit, entre 9. & 11. h. du matin, il devoit y avoir Eclipſe de deux doigts. On a obſèrvé, il n'y a pas eu d'Eclipſe. |
| 1300. | Prémier de la 2e. Lune. | Entre 3. & 5. h. ſoir. | |

*Continuation des Eclipſes du Soleil.*

| An de J.C. | Calcul du Tribunal. | Calcul de *Hing-yun-lou.* | REMARQUES. |
| --- | --- | --- | --- |
| 1302. | | Au coucher du ⊙ 1302. $1^{er}$. de la $6^{e}$. ☾. | Au prémier de la $6^{e}$. Lune de l'an 1302. il y eut une Eclipſe du Soleil que le Préſident n'avoit pas bien calculée. Eſt-ce une Eclipſe qui parut, & qu'on n'avoit pas calculée ? Eſt-ce une Eclipſe qui ne parut pas, & qu'on avoit dit devoir paroître ? c'eſt ce qui n'eſt pas expliqué. |
| 1303. | Prémier de la $5^{e}$. ☾ intèrcalaire. | Au lever du Soleil. | |
| 1304. | $1^{er}$. de la $5^{e}$. ☾. | Entre 1. & 3. $^{h}$. ſoir. | |
| 1312. | Prémier de la $6^{e}$. Lune. | Au coucher du Soleil. | |
| 1315. | Prémier de la $4^{e}$. Lune. | Entre 1. & 3. $^{h}$. après midi. | |
| 1318. | $1^{er}$. de la $2^{e}$. ☾. | Eclipſe de nuit. | |
| 1319. | Prémier de la $2^{e}$. ☾. | Entre 7. & 9. $^{h}$. du matin. | |

*Continuation des Eclipses du Soleil.*

| An de J. C. | Calcul du Tribunal. | Calcul de *Hing-yun-lou.* | REMARQUES. |
|---|---|---|---|
| 1320. | Prémier de la 1ere. Lune. | Entre 9. & 11. h. du matin. | L'Empereur mourut dans le cours de cette 1ere. ☾; & bien des Chinois supèrstitieux crurent que cette mort étoit une suite de l'Eclipse à une première Lune. |
| 1321. | Prémier de la 6e. ☾. | Eclipse entre 1. & 3. heures du soir. | C'est l'Eclipse dont parle le P. Grand-Ami au 26. Juin 1321. |
| 1322. | Prémier de la 11e. Lune. | Eclipse entre 3. & 5. heures du soir. | |
| 1327. | Prémier de la 9e. Lune. | L'Eclipse entre 11. h. & 1. h. après mi-di. | |
| 1329. | Prémier de la 7e. Lune. | Eclipse entre 7. & 9. heures du matin. | |
| 1331. | Prémier de la 8e. Lune. | Eclipse fausse. | L'Histoire & l'Astronomie ont marqué ces 2. Eclipses. Il y a appa- |

*Continuation des Eclipſes du Soleil.*

| An de J. C. | Calcul du Tribunal. | Calcul de *Hing-yun-lou.* | REMARQUES. |
|---|---|---|---|
| 1331. | Prémier de la 11e. ☾. | Entre 3. & 5. h. du ſoir. | rence que l'une eſt un faux calcul, & l'autre une obsèrvation. |
| 1334. | Prémier de la 4e. Lune. | Entre 9. & 11. h. du matin. | |
| 1336. | Prémier de la 8e. Lune. | Entre 9. & 11. h. du matin. | |
| 1337. | Prémier de la 2e. Lune. | Entre 3. & 5. h. du ſoir. | |
| 1338. | | Prémier de la 8e. Lune. Eclipſe fauſſe. | L'Hiſtoire marque une Eclipſe de Soleil au prémier de la huitiême Lune. |
| 1342. | | Au 1er. de la 10e. ☾ vêrs midi. Eclipſe de Soleil. | L'Hiſtoire marque, Eclipſe de Soleil à la huitiême Lune. Eclipſe de Soleil à la dixiême Lune. |
| 1343. | Prémier de la 4e. Lune. | Entre 7. & 9. heures du matin. | |

*Continuation des Eclipses du Soleil.*

| An de J. C. | Calcul du Tribunal. | Calcul de *Hing-yun-lou.* | REMARQUES. |
|---|---|---|---|
| 1344. | Prémier de la $9^{e}$. ☾. | Entre 9. & 11. heures du matin. | |
| 1345. | Prémier de la $9^{e}$. ☾. | Au coucher du Soleil. | |
| 1346. | Prémier de la $2^{e}$. Lune. | Entre 11. $^{h}$. & 1. $^{h}$. après midi. | |
| 1347. | Prémier de la $1^{ere}$. Lune. | Entre 9. & 11. $^{h}$. du matin. | Le jour de l'Eclipse le vent & le froid furent grands, cela joint à une Eclipse au prémier de l'an, donna occasion aux supèrstitions. |
| 1348. | $1^{er}$. de la $7^{e}$. ☾. | Au lever du Soleil. | |
| 1249. | $1^{er}$. de la $11^{e}$. ☾. | Eclipse de nuit. | |
| 1350. | Prémier de la $11^{e}$. Lune. | Entre 3. & 5. $^{h}$. du soir. | |
| 1351. | Prémier de la $5^{e}$. Lune. | Au lever du Soleil. | |

*Continuation des Eclipses du Soleil.*

| An de J. C. | Calcul du Tribunal. | Calcul de *Hing-yun-lou.* | REMARQUES. |
| --- | --- | --- | --- |
| 1352. | Prémier de la 4e. ☾. | 1er. de la 4e. ☾ intèrcalaire. Eclipse à 5. h. du soir. | |
| 1353. | Prémier de la 9e. Lune. | Entre 9. & 11. h. du matin. | |
| 1354. | Prémier de la 3e. Lune. | Entre 3. & 5. h. du soir. | |
| 1357. | Prémier de la 1ere. Lune. | Entre 9. & 11. h. du matin. | |
| 1358. | Prémier de la 6e. Lune. | Entre 7. & 9. heures du matin. | |
| | Prémier de la 11e. Lune. | Entre 9. & 11. heures du matin. | |
| 1360. | 1er. de la 5e. ☾. | Eclipse de nuit. | |

*Continuation des Eclipses du Soleil.*

| An de J.C. | Calcul du Tribunal. | Calcul de *Hing-yun-lou.* | REMARQUES. |
|---|---|---|---|
| 1361. | Prémier de la 4e. Lune. | Entre 3. & 5. heures du soir. | |
| 1364. | Prémier de la 8e. Lune. | Entre 7. & 9. heures du matin. | |
| 1366. | Prémier de la 7e. Lune. | Entre 11. heures & 1. heure après midi. | |
| 1367. | Prémier de la 6e. Lune. | Eclipse de nuit. | |
| | Prémier de la 12e. Lune. | Au lever du Soleil. | |

## ÉCLIPSES DU SOLEIL.

| An de J. C. | Calcul du Tribunal. | | A *Péking*, Obsèrvations. |
|---|---|---|---|
| | | Matin. | |
| 1572. | Prémier de la 6e. Lune. | Comm. 5. h. 28'. 24''. | 6. h. 42'. 36''. |
| | | Milieu. 7. h. | |
| | | Fin. . 8. h. 28'. 24''. | 9. h. 42'. 36''. |
| | | Quantité de l'Eclipse, 8. doigts, 21'. | 8. doigts. |
| | | Après midi. | |
| 1575. | Prémier de la 4e. Lune. | Comm. 1. h. 14'. 12''. | 1. h. 28'. 28''. |
| | | Milieu. 2. h. 14'. 12''. | |
| | | Fin. . 3. h. 28'. 24''. | 2. h. 42'. 36''. |
| | | L'Eclipse de 6. d. 16'. | 6. doigts. |
| | | Avant midi. | |
| 1583. | Prémier de la 11e. Lune. | Comm. 11. h. 28'. 24''. | 11. h. 42'. 36''. |
| | | Après midi. | |
| | | Milieu. 1. h. 0'. 0''. | 1. h. 28'. 24''. |
| | | Fin. . 2. h. 28'. 24''. | 2. h. 28'. 24''. |
| | | L'Eclipse de 9. d. 67'. | 9. doigts. |
| | | Avant midi. | |
| 1594. | Prémier de la 4e. Lune. | Comm. 9. h. 42'. 36''. | 9. h. 56'. 48''. |
| | | Milieu. 10. h. 42'. 36''. | 10. h. 56'. 48''. |
| | | Fin. . 11. h. 42'. 36''. | 11. h. 56'. 48''. |
| | | L'Eclipse de 3. d. 91'. | 3. doigts. |
| | | Avant midi. | |
| 1596. | Prémier de la 8e. Lune intèrcalaire. | Comm. 10. h. 42'. 36''. | 10. h. 28'. 24''. |
| | | A midi. | |
| | | Milieu. 12. h. 0' 0''. | 11. h. 56'. 48''. |
| | | Après midi. | |
| | | Fin. . 1. h. 14'. 12''. | 12. h. 56'. 48''. |
| | | Eclipse de 9. d. 86'. | 8. doigts. |

*Continuation des Eclipses du Soleil.*

| An de J. C. | Calcul du Tribunal. | | A *Péking*, Observations. |
|---|---|---|---|
| 1603. | Prémier de la 4e. Lune. | Pour le commenc. on manqua de 42'. 36".<br>Pour la fin de 14'. 12". | Avant midi. 7.h. 28'. 24".<br>8.h. 42'. 36".<br>9.h. 42'. 36".<br>Eclip. de 8. d. |
| 1607. | Prémier de la 2e. Lune. | Après midi. Comm. 6.h. 42'. 36". | L'Eclipse ne parut pas. |
| 1610. | Prémier de la 11e. Lune. | Après midi. Comm. 2.h. 12'. 14".<br>Milieu. 3.h. 42'. 36".<br>Fin. . 5.h. | 2.h. 42'. 36".<br>4.h. Le Soleil se coucha éclipsé. |
| 1617. | Prémier de la 7e. Lune. | Eclipse de 89'. à 6.h. 28'. 24". | Il n'y eut pas d'Eclipse. |
| 1621. | Prémier de la 4e. Lune. | Après midi. Comm. 4.h. 42'. 36".<br>Milieu. 6.h. 0'. 0".<br>Fin. . 7.h. 0'. 0".<br>Eclipse de 4. doigts. | 5.h. 14'. 12".<br>On ne vit pas la fin. On priva le Tribunal de 3. mois de paye. |

## *OBSERVATIONS DES ECLIPSES de Lune.*

| | |
|---|---|
| 1ere. Ecl. | L'an *Y-ſſe* du régne de *Cao-vang* Empereur de la troiſiême Dynaſtie des *Tcheou*, l'Hiſtoire rapporte une Eclipſe de ☾. On ne marque ni le jour, ni le mois. C'eſt l'an 436. avant Jéſus-Chriſt. |
| 2e. Ecl. | L'an 157. après Jéſus-Chriſt, dans la ☌ de la onziême Lune on obsèrva à *Loyan* une Eclipſe de Lune. |
| 3e. Ecl. | L'an 165. A la prémière Lune on obsèrva à *Loyan* une Eclipſe de Lune. |
| 4e. Ecl. | L'an 221. on obsèrva à *Loyan* une Eclipſe de Lune à la ſeptiême Lune. On ne dit rien du temps ni des phâſes. |

| | An de J.C. | | | Obsèrvations. |
|---|---|---|---|---|
| 5e. Ecl. | 434. | 7e. ☾. | Commencement, 4e. Veille, 2e. *Tchang*. | Eclipſe totale, 4e. Veille, 4e. *Tchang*, obsèrvée à *Nanking*. |
| 6e. Ecl. | 436. | 12e. ☾. | Eclipſe totale, 1ere. Veille. | 3e. *Tchang*, obsèrvée à *Nanking*. |
| 7e. Ecl. | 437. | 12e. ☾. | Commencement, 2e. Veille, 4e. *Tchang*. | Eclipſe totale, 3e. Veille, 1er. *Tchang*, obsèrvée à *Nanking*. |
| 8e. Ecl. | 530. | 5e. ☾. | Eclipſe à minuit. | Obsèrvée à *Nanking*. |

*Obsèrvations des Eclipses de Lune.*

| | An de J. C. | | | Obsèrvations. |
|---|---|---|---|---|
| 9e. Ecl. | 543. | 3e. ☾. | Commencement, 3e. Veille, 3e. *Tchang.* | Obsèrvée à *Nanking.* |
| 10e. Ecl. | 592. | 7e. ☾. | Commencement, 1ere. Veille, 3e. *Tchang.* | Obsèrvée à *Siganfou.* |
| 11e. Ecl. | 595. | 11e. ☾. | Commencement, 1ere. Veille, 4e. *Tien.* Milieu, 2e. Veille, 3e. *Tien.* Fin, 1er. *Tien.* | |
| 12e. Ecl. | 596. | 11e. ☾. | Fin, 4e. Veille, 3e. *Tcheou.* | Obsèrvée à *Siganfou.* |
| 13e. Ecl. | 947. | 12e. ☾. | 4e. Veille, 4e. *Tien*, commencement. | Obsèrvée à *Loyan.* |
| 14e. Ecl. | 1063. | 10e. ☾. | Milieu, 6. heures, 39′. 24″. du matin. | Obsèrvée à *Caifongfou.* |
| 15e. Ecl. | 1071. | 11e. ☾. | Commencement, 5. h. 28′. 24″. du matin. Milieu, 6. h. 25′. 12″. | Obsèrvée à *Caifongfou.* |

*Obsèrvations*

*Obsèrvations des Eclipſes de Lune.*

on voit qu'àla Chine on a eu fort peu de ſoin du calcul & de l'obsèrvation des Eclipſes de Lune. Auſſi l'Hiſtoire n'en rapporte que très-peu.

| | An de J.C. | | Obsèrvations. | *Remarques.* |
|---|---|---|---|---|
| 20e. Ecl. | 1272. | 7e. ☾. | Après minuit. Com. 1.h 0'. 0''. Mil. 3.h 26'. 12''. Fin. 3.h 42'. 36''. | Ces 6. Eclipſes furent obsèrvées par les Aſtronomes des *Yuen* à *Péking.* |
| 21e. Ecl. | 1279. | 2e. ☾. | Après minuit. Com. 0.h 11'. 0''. Mil. 1.h 28'. 2''. Fin. 2.h 39'. 24''. | |
| 22e. Ecl. | | 8e. ☾. | Com. 2.h 11'. 0''. Mil. 3.h 0'. 0''. Fin. 3.h 56'. 48''. | |
| 23e. Ecl. | 1277. | 4e. ☾. | Après minuit. Com. 0.h 25'. 12''. Eclipſe totale 1.h 42'. 36''. Mil. 2.h 11'. 0''. Fin. 3.h 56'. 48''. | |
| 24e. Ecl. | 1280. | 8e. ☾. | Le ſoir. Fin. 7.h 24'. 12''. | |
| 25e. Ecl. | 1460. | 11e. ☾. | A 6. heures, 28''. 24''. du matin, on vit une Eclipſe de 4. doigts. | Le Tribunal n'avoit pas prédit cette Eclip. |

*Obsèrvations des Eclipses de Lune.*

| | An de J.C. | | Obsèrvations. | *Remarques.* |
|---|---|---|---|---|
| 26e. Ecl. | 1577. | 8e. ☾ intèrcalaire. | On ne vit pas d'Eclipse. | Le Tribunal l'avoit calculée. Commenc. matin, 5. h. 56'. 48". |
| 27e. Ecl. | 1589. | 12e. ☾. | On ne vit pas d'Eclipse. | Le Tribunal avoit annoncé le milieu à 11. heures, 28. minutes, 24. secondes du soir. |
| L'an 1589. à la 7e. Lune, on obsèrva une Eclipse de plus de 10. doigts. | | | | |
| 28e. Ecl. | 1061. | 5e. ☾. | Eclipse de plus de 4. doigts. Com. 1. h. 14'. 12". Fin. 2. h. 42'. 36". après minuit. | A la 11e. Lune, on obsèrva une Eclipse de 8. doigts. |
| 29e. Ecl. | 1062. | 4e. ☾. | Après minuit. Com. 0. h. 14'. 12". Eclipse totale 1. h. 14'. 12". Mil. 2. h. 14'. 12". | |
| 30e. Ecl. | | 10e. ☾. | Au lever de la ☾, Eclipse de plus de 10. doigts. Fin soir, 7. h. 14'. 12". | |

*Obsèrvations des Eclipses de Lune.*

<table>
<tr><th></th><th>An de J.C.</th><th></th><th>Obsèrvations.</th><th>Remarques.</th></tr>
<tr><td>31$^{e}$. Ecl.</td><td>1606.</td><td>2$^{e}$. ☾.</td><td>Au lever de la ☾, Eclipse de plus de 10. doigts. Fin. 7.$^{h}$ 14′. 12″.</td><td>A la 12$^{e}$. ☾ de l'an 1626. le Tribunal avoit annoncé le</td></tr>
<tr><td colspan="5">commencement d'une Eclipse. Il n'en parut pas.</td></tr>
<tr><td colspan="5">A la 12$^{e}$. Lune de l'an 1627. le Tribunal avoit annoncé une fin d'Eclipse à 7. heures, 42′. 36″. matin. Elle fut à 6. heure, 51′.</td></tr>
<tr><td colspan="5">Obsèrvations faites à Péking par les Jésuites.</td></tr>
<tr><td>32$^{e}$. Ecl.</td><td>1623.</td><td>9$^{e}$. ☾.</td><td>Fin, 8. $^{h}$. 40′. au soir. Depuis ce temps là il y a eu des obsèrvations faites à Chang-hay.</td><td>A Hamtcheou capitale du Tche-quiang, 8. $^{h}$. 52′. A Chang-hay, 9. $^{h}$. 15′.</td></tr>
<tr><td>33$^{e}$. Ecl.</td><td>1624.</td><td>8$^{e}$. ☾.</td><td>L'Eclipse fut de 6. doigts 13′. Commenc. après minuit, 1. $^{h}$. 36′. L'an 1617. à Canton, on obsèrva. A la 1$^{ere}$. ☾, la fin d'une Eclipse, soir, 10. $^{h}$. 13′.</td><td>Le Tribunal avoit calculé cette Eclipse de 13. $^{d}$. 65′. Commenc. à 2. $^{h}$. après minuit. L'an 1616.</td></tr>
</table>

*Obsèrvations des Eclipſes de Lune.*

obsèrva à *Péking* à la 1$^{ere}$. Lune la fin d'une Eclipſe de Lune vêrs 11. heures du ſoir.

L'an 1617. à la 1$^{ere}$. Lune, le Tribunal avoit calculé la fin d'une Eclipſe de ☾ au ſoir, 10. heures 30′.

| | An de J. C. | | Obsèrvation à *Péking* faite par les Jéſuites. | *Remarques.* |
|---|---|---|---|---|
| 34$^e$. Ecl. | 1627. | 12$^e$. ☾. | Matin. Com. 3.$^h$. 1′. 0″. Fin. 6.$^h$. 51′. 0″. Donc le milieu fut à 4. heures, 56′. & la durée 3. heures, 50′. Dans l'obsèrvation de *Péking* & de *Siganfou*, le milieu de l'Eclipſe fait voir que *Siganfou* eſt plus Occidental que *Péking* de 31′. Depuis ce temps là il y a eu des obsèrvations des Satellites de Jupiter faites à *Siganfou*. | Un Miſſionnaire (1) qui étoit à *Siganfou* avoit déja obsèrvé la latitude de *Siganfou* de 34°. 19′. Il voulut obsèrver éxactement cette Eclipſe, & par des hauteurs des Etoiles qu'il rapporte il détèrmina le Commencement à 2.$^h$. 33′. |

REMARQUE.

(1) Le Livre Chinois dont j'ai tiré cette obsèrvation, ne marque pas le nom du Miſſionnaire. *P. G.*

*Obsèrvations des Eclipses de Lune.*

La fin à . . . . . . . . 6. h. 17'.
Donc le milieu à . . . . . 4. h. 25'.
Et la durée de (1) . . . . . 3. h. 44'.

Il paroît que les Jésuites de *Péking* font la durée de l'Eclipse plus grande qu'elle ne fut.

Le Jésuite de *Siganfou* la fait aussi un peu trop grande.

Le P. Grand-Ami obsèrva cette Eclipse à Bourges le 20. Janvier 1628. Ce Père ne rapporte aucune obsèrvation en particulier.

Le P. Pétau l'obsèrva à Paris, M. Gassendi à Aix, Kœgler à Prague; & on peut voir les obsèrvations dans l'Almageste de Riccioli.

| | An de J. C. | | Obsèrvation à *Péking* faite par les Jésuites. | *Remarques.* |
|---|---|---|---|---|
| 35e. Ecl. | 1631. | 4e. ☾. | Comm. 1. h. 5'. (2) On prenoit des hauteurs d'Etoiles pour connoître le temps des obsèrvations. | Ce commencement fut obsèrvé à *Tching-tou-fou* capitale du *Setchouen* à |

14'. 38''. après minuit. Les Jésuites conclurent que *Tching-tou-fou* étoit plus Occidental que *Péking* de 50'. 22''. de temps. On ne dit pas le nom de celui qui obsèrva à *Tching-tou-fou*.

## REMARQUES.

(1) Le Tribunal avoit mal calculé cette Eclipse. *P. G.*

(2) Le Tribunal calcula le commencement à 11. h. 42'. 36''. après minuit. *P. G.*

## FAUTES A CORRIGER.

*Tome II. Page* 55. Remarque (2) 785. *lisez* 776. & *ajoûtez*, voyez *Tom I. pag.* 18.

*P.* 72. *lig. pénult.* Hing-yun-cou, *lisez*, Hing-yun-lou.

*P.* 78. *l.* 9. Kiao-theon, *lisez*, Kiao-tcheou.

*P.* 94. *l.* 3. y avoit un Gnomon, *lis.* il y avoit un Gnomon.

*P.* 105. *l.* 26. Traisoxane, *lis.* Transoxane.

*P.* 107. aux Notes (2), *lis.* (1). (3), *lis.* (2).

*P.* 113. *l.* 28. la moitié en 28°. *lis.* en 23°.

*P.* 116. *l.* 22. Hing-y-lou, *lis.* Hing-yun-lou.

*P.* 120. *l.* 10. Menmoni, *lis.* Menmoli.

*Tome III. p.* 100. 2e. *colon. lig.* 5. Tien, *lis.* Goey.

BIBLIOTHEQUE ROYALE

De l'Imprimerie de JEAN-BAPTISTE COIGNARD Fils, Imprimeur du Roi.

www.ingramcontent.com/pod-product-compliance
Ingram Content Group UK Ltd.
Pitfield, Milton Keynes, MK11 3LW, UK
UKHW012008240726
13965UKWH00001B/226

9 782013 417433